# MAURICE BARRÈS

DE L'ACADÉMIE FRANÇAISE
PRÉSIDENT DE LA LIGUE DES PATRIOTES

## L'AME FRANÇAISE ET LA GUERRE

## LES TENTACULES

DE

# LA PIEUVRE

PARIS

ÉMILE-PAUL FRÈRES, ÉDITEURS

100, RUE DU FAUBOURG-SAINT-HONORÉ, 100

PLACE BEAUVAU

1920

# L'AME FRANÇAISE ET LA GUERRE

**★ ★ ★ ★ ★ ★ ★ ★ ★ ★**

## LES

# TENTACULES DE LA PIEUVRE

# ŒUVRES DE MAURICE BARRÈS

## LE CULTE DU MOI



## LE ROMAN DE L'ÉNERGIE NATIONALE



## LES BASTIONS DE L'EST



## L'AME FRANCAISE ET LA GUERRE

# MAURICE BARRÈS

### DE L'ACADÉMIE FRANÇAISE
### PRÉSIDENT DE LA LIGUE DES PATRIOTES

## L'AME FRANÇAISE ET LA GUERRE

## LES TENTACULES

### DE

# LA PIEUVRE

PARIS

ÉMILE-PAUL FRÈRES, ÉDITEURS

100, RUE DU FAUBOURG-SAINT-HONORÉ, 100

PLACE BEAUVAU

1920

# ILS
# TENTACULES DE LA PIEUVRE [1]

## DIX-SEPTIÈME PHASE

DIFFICULTÉS INTÉRIEURES. — LES REVERS DE L'ITALIE.
LE TRIOMPHE DES MAXIMALISTES. — L'ARMISTICE
DE BREST-LITOWSK. — PRISE DE JÉRUSALEM.

*Du 1er octobre 1917 au 25 janvier 1918*

*Dans les premiers jours d'octobre 1917 le Journal de Genève notait que la guerre évoluait de plus en plus vers les difficultés intérieures, et dénonçait la campagne de corruption poursuivie par l'Allemagne. « Il ne semble pas, disait cette feuille neutre, qu'il y ait d'autres exemples dans l'histoire d'un gouvernement faisant de procédés criminels un emploi généralisé à ce point. »*

[1] Depuis longtemps déjà nous avions commencé à dénoncer la manœuvre de l'Allemagne pour déclancher la révolution dans tous les pays de l'Entente. (Voir les *Tentacules de la pieuvre* des 13, 16 et 27 avril 1917, tome X). Dès cette année 1917 la manœuvre allemande réussit en Russie, et c'est aussi le moment où nous allions périr, si les Almereyda, les Caillaux, les Malvy et les Bolo n'avaient pas été pris à la gorge par les bons Français.

*Les menées allemandes triomphent en Russie, où nous verrons le gouvernement tomber aux mains des maximalistes, provoquent en Italie un état d'esprit tel qu'il prépare une victoire facile des armes autrichiennes (Caporetto) mais se heurtent en France à une réaction violente du pays tout entier, qui se redresse dans un sursaut de patriotisme, balaie les traîtres et les hésitants, et porte au pouvoir M. Clemenceau.*

## I. — FRONT FRANCO-ANGLAIS.

*Les Allemands appauvris en hommes et en munitions, comptent sur l'action dissolvante de leur or et sur l'activité de leurs agents secrets pour miner les forces de l'Entente. Pour attendre les effets de cette politique ils ont, sur le front occidental, adopté une nouvelle tactique, dont un ordre du jour, trouvé sur un prisonnier, nous livre le secret. Il préconise une défensive active et pour mettre ce dispositif d'attente à l'abri de l'artillerie franco-anglaise dont l'efficacité n'a cessé de s'accroître, pour se trouver toujours prêt à riposter aux attaques locales, l'État-Major allemand substitue au* vieux système des positions repérables une zone de défense organisée en profondeur avec des troupes dont la densité va croissant vers l'arrière.

Ces savantes dispositions n'empêchent pas l'armée du général Maistre de prendre, le 23 octobre, une offensive heureuse. Elle nous livre dès la première heure le fort de la Malmaison, rejette les Allemands des carrières de Montparnasse, nous conduit le lendemain aux lisières de la forêt de Pinon, et le 25 jusqu'au canal de l'Oise à l'Aisne. Magnifique succès qui oblige l'ennemi à évacuer complètement le Chemin des Dames, et nous permet d'occuper dans les premiers jours de novembre tout le massif entre l'Ailette et l'Aisne.

La stratégie d'Hindenburg est également impuissante à parer les coups que les Anglais et les soldats du général Anthoine portent aux armées qui leur sont opposées en Belgique. Nous avançons durant le mois d'octobre jusqu'aux lisières ouest de la forêt d'Houthulst, et le 30 les Canadiens occupent la crête de Paschendaele. Mais le coup le plus hardi porté à l'adversaire est l'attaque brillamment menée par Sir Julian Byng le 20 novembre. Sans préparation d'artillerie, précédés de leurs tanks, qui leur ouvrent le chemin, les Anglais

## II. — FRONT ITALIEN.

Malheureusement les événements d'Italie et surtout de Russie viennent soutenir le moral ébranlé des populations austro-allemandes. A la fin d'octobre Berlin pavoise en l'honneur des victoires de Vénétie !

Les agents de l'Allemagne font croire depuis trois mois à une partie de la population italienne que les Austro-Allemands veulent la paix, que les troupes autrichiennes sont prêtes à fraterniser, que si les Italiens mettent crosse en l'air, les Autrichiens se jetteront dans leurs bras.

Le 24 octobre, quand dans un brouillard épais certaines unités italiennes voient s'avancer sur leurs tranchées les premiers bataillons ennemis, elles crient « Vive la paix », et livrent sans résistance leurs positions. A la faveur de cette trahison, et de défaillances partielles, les premières et les secondes lignes sont enlevées presque sans coup férir, entre Plezzo et Tolmino. Quelques régiments moins travaillés par la propagande ennemie, tiennent jusqu'à la mort et se font exterminer. Mais la

11e armée retraite en désordre. Le lendemain le plateau de Bainsizza doit être évacué, le Carso est abandonné.

Les jours suivants les Autrichiens occupent Gorizia et Monfalcone, le 29 octobre les Austro-Allemands entrent dans Udine. Les communiqués autrichiens annoncent que les Italiens ont perdu 200.000 hommes faits prisonniers, et 1.800 canons.

Le résultat de deux années et demie de guerre et de tant d'efforts est anéanti en trois jours.

A Rome l'angoisse de cette défaite étreint tous les cœurs. Le ministère Boselli suspect de mollesse est renversé. Le cabinet Orlando, qu'on appelle « le ministère de la résistance », est constitué. Les pacifistes voyant à quel désastre aboutit leur espoir, se reprennent. Un même élan jette toute l'Italie vers sa frontière.

A Paris, dès le 26 octobre, la coopération des Alliés sur le front de l'Isonzo a été décidée, et dès le 28 les troupes ont été dirigées vers l'Italie.

L'armée italienne a passé avec peine le Tagliamento. La Vénétie est envahie à la fois par les Alpes Juliennes et par les Alpes Carniques.

tard, le 6 novembre, il a déchaîné dans la capitale une insurrection qui a déterminé Kérenski à prendre la fuite.

Quand le 8 novembre s'ouvre le congrès général des soviets de toute la Russie, 14 maximalistes, Lénine et Trotski en tête, sont élus au bureau. Ils composent un Comité de salut public qui met les ministres en accusation et les emprisonne.

Cependant les Allemands s'installent dans le golfe de Riga et en occupent les îles.

Le 10 novembre profitant de l'angoisse que les progrès de l'ennemi jettent dans la population de Pétrograd, les maximalistes demandent la conclusion d'un armistice de trois mois, pendant lequel on négociera la paix, sur la base « ni annexion, ni indemnités ».

Dix jours plus tard Lénine publie une proclamation déclarant que tous les pouvoirs de l'État passent aux soviets, et donne l'ordre de commencer sur le front des négociations pour l'armistice.

Trotski de son côté informe les ambassades que le congrès général des soviets a constitué un nouveau gouvernement de la République russe sous la forme d'un conseil des commissaires nationaux. Le chef de ce gouvernement est Lénine. Trotski dirige la politique extérieure. Le nouveau gouvernement propose, formellement à tous les pays engagés dans la guerre, un armistice immédiat et l'ouverture des négociations pour la paix générale. Ce singulier diplomate ajoute que si les belligérants ne se sont pas mis d'accord le 2 décembre, la Russie fera une paix séparée.

La Russie est à la merci de l'Allemagne. L'aspirant Krilenko devenu généralissime propose une suspension d'armes aux commandants des forces ennemies. Les troupes fraternisent. Chaque régiment austro-allemand sur le front oriental comprend une « équipe de fraternisation » composée de trois sous-officiers et de dix soldats.

Les événements se précipitent. Lénine a lancé une proclamation autorisant les diverses nationalités de la Russie à se constituer en États indépendants. La Finlande n'avait pas attendu ce document pour s'ériger en République. Dès les premiers jours de novembre la Rada ukrainienne a, elle aussi, proclamé la république et rappelé du front tous les soldats ukrainiens. La Bessarabie et le Caucase suivent rapidement cet exemple, et le mois suivant c'est le Turkestan qui proclame son autonomie, c'est le congrès de Tomsk qui établit un gouvernement de la Sibérie confédérée, ce

A Salonique, le 23 décembre, le général Guillaumat remplace le général Sarrail. Ce changement est le prélude d'événements considérables.

# I

## UN GRAND DOCUMENT LORRAIN
## QUI BIFFE LE MOT DE "DÉSANNEXION"

*La rive gauche du Rhin.*

1<sup>er</sup> Octobre 1917.

Instruction contre le *Bonnet Rouge*, enquête à la Chambre, instruction contre Bolo, il faut unifier tout cela. Tout cela, c'est le grand complot des Boches de l'intérieur pour démoraliser la nation. A mort, les traîtres ! criait la foule. Elle est vigoureusement entamée, la lutte contre ceux que la *Ligue républicaine de Défense nationale* appelle justement « des inconscients ou des criminels, qui mènent, à l'arrière, et de l'arrière au front, une campagne de démoralisation, que favorisent sournoisement des agents de l'étranger... » Laissons donc aujourd'hui la justice agir, et pour un instant, détournons-nous de cette canaille antifrançaise.

Je veux mettre sous les yeux du public un document, un texte très simple, signé de noms obscurs, mais que je trouve très beau et très instructif.

J'aimerais en recommander amicalement la lecture à Painlevé, dont je sais l'ardent patriotisme alsacien-lorrain. Pourquoi Painlevé? Pour qu'il laisse de côté son mot insuffisant de « *désannexion* ».

Quand j'entendis dans la déclaration gouvernementale ce vocable étrange, je me retins pour ne pas interrompre. Qu'est-ce que c'est encore que cette variante-là? Le mot, me dit-on, nous vient de Belgique, et Vandervelde en est le père.

La caution est bourgeoise. Nous aimons tous, depuis trois années, Vandervelde, de qui nous connaissons de longtemps le talent. Mais ce grand orateur s'adresse aux Belges d'abord et parle au nom des socialistes ; sa pensée propre et ses auditeurs peuvent lui conseiller des précautions que je m'étonne de trouver dans une déclaration de notre gouvernement. Désannexer l'Alsace-Lorraine, cela peut signifier qu'on la constituera en territoire autonome, qu'on en fera une sorte de Luxembourg. C'est un système détestable. Disons-le clairement, de tous les systèmes imaginables, c'est le plus mortel pour les Alsaciens-Lorrains. Ils vivaient très mal avec les Allemands. Au moins duraient-ils. Pressés entre l'Allemagne et la France, ils ne respireraient plus. Pas d'équivoque ! Nos frères sont des Français et veulent que cesse l'abus de force dont ils souffrent depuis quarante-sept ans.

*La présente guerre rendra l'Alsace-Lorraine à la France. Elle la lui rendra purement et simplement, sans transactions, sans plébiscite. Les Alsaciens-Lorrains ne sauraient admettre que leur qualité de Français soit mise en question. Leurs représentants ont proclamé en 1871 que leur droit était inviolable. Ni le traité de Francfort, d'ailleurs déchiré par l'Allemagne elle-même en août 1914, ni les quarante-quatre ans passés sous la domination allemande n'ont porté atteinte à ce droit imprescriptible. Il subsiste tout entier. Il n'a pas plus besoin d'être confirmé que n'a besoin de l'être le grand principe qui domine cette guerre — le principe même du Droit. Plus que qui que ce soit sur la terre, nous sommes, nous Alsaciens-Lorrains, l'expression vivante de ce principe. Nous avons trop souffert de le voir méconnu pour admettre qu'aucune condition soit mise à son rétablissement.*

Voilà le langage qu'une fois de plus, il y a deux semaines, dans une déclaration collective, viennent de tenir les onze sociétés où se groupent en France tous les Alsaciens et tous les Lorrains annexés.

A ces voix officielles, joignons la pensée ardente qui fermente dans les prisons d'Alsace et de Lorraine (dans l'espace d'un an, trois mille années de prison viennent d'être infligées par les tribunaux allemands aux Alsaciens et aux Lorrains), et n'oublions pas de tenir compte des déserteurs alsaciens et lorrains qui, depuis 1914, ont, par dizaines de mille, décampé des rangs odieux de l'armée allemande.

Les braves gens ! En voilà qui, mieux que tous autres, ont affirmé leur désir de redevenir Français ! Leurs actes témoignent de leur pensée implacable ; ils se sont libérés, et ils abattent du Boche pour libérer Metz et Strasbourg. Ce n'est pas leur affaire de parler, mais vienne une occasion, vous serez émerveillés de la force, de l'éclat, de la noblesse avec lesquels s'exprime leur volonté de rentrer avec armes et bagages dans la famille française.

Une convention conclue entre la France et la Russie a décidé de rapatrier en France les Alsaciens et les Lorrains qui ont été faits prisonniers par les Russes ou qui se sont jetés volontairement dans les rangs russes. Le premier transport a été effectué au milieu de cette année. Voici le serment que ces braves (tous des Lorrains) ont prêté solennellement à bord du bateau qui les ramenait.

Je vous transcris un texte dont je possède la photographie et que m'ont remis Sadler et Jean, ces deux Messins, au nom de la Société Erckmann-Chatrian.

*Nous soussignés, enfants de la Lorraine, jurons devant Dieu, sur le drapeau et l'épée, qu'une fois débar-*

qués en France, nous nous engagerons de suite dans l'armée pour le front.

*Nous voulons de notre mieux aider la France à délivrer d'un joug infâme ceux qui souffrent de la séparation.*

*Nous voulons venger les crimes sans nom et sans nombre commis par les envahisseurs.*

*Nous voulons donner notre obole pour l'agrandissement de la patrie qui est nôtre.*

Chacun signe, en mettant auprès de son nom : « *Je veux. Vive la France !* » Et l'officier du bord certifie le tout en écrivant en travers de ce superbe document : « *Ce serment fut prêté à bord du Czar, le 14 juillet 1917, en ma présence. — L. DE BASILY.* »

Je n'ose pas, à cause des Allemands qui peuvent me lire, transcrire ici les noms de ces jeunes Lorrains qui jettent si allègrement leurs casques à pointe pour coiffer la bourguignotte. Mais ils ont voulu donner leurs lieux de naissance, inscrire les noms charmants de Lorry, Solgne, Montigny, Vigny, Arc-sur-Moselle, Landrof, Chicourt, Morhange, Maizières, etc., etc. Puissent ces doux villages qui se tassent, là-bas, au milieu des vignobles et sous les mirabelliers, entendre des accents si fiers et qui débordent d'espérance.

Ah ! voilà un langage que l'on comprend. Ce n'est pas moi qui voudrais nier que des idées qui m'échappent et que je crois fausses ont heureusement soutenu dans la lutte certains de nos frères français. Il est possible que quelques-uns trouvent leur réconfort à parler de « désannexion » et de « Société des Nations », mais comme ce langage de nos Lorrains me paraît plus beau, plus utile, plus pleinement national !

Il y a beaucoup de traits à travers l'histoire qui peignent la fidélité lorraine. Rappelez-vous cette vieille femme du peuple qui, voyant un jeune homme en peine sur les dalles de la basilique de Saint-Nicolas, court chez elle, revient et glisse sa bourse, toutes ses économies, dans les mains de son duc (René II), vaincu et fugitif, qu'elle vient de reconnaître. Songez à la douleur de Nancy au départ de ses ducs héréditaires ; retrouvez ce que le Grand Empereur disait des soldats lorrains et vosgiens, et comparez-le à ce que tous les chefs et les Allemands eux-mêmes, durant cette guerre, ont dit des 20e et 21o corps, dont l'esprit militaire, formé en Lorraine, pénètre et perfectionne tous les éléments qui, de toutes les provinces, y sont maintenant versés ! La gloire lorraine est attestée par d'innombrables faits. Mais, au-dessous du portrait de Jeanne d'Arc, et en regard de l'immortelle déclaration que firent, le 16 février 1871, à l'Assemblée nationale, les représentants de l'Alsace et de la Lorraine, je crois que dans beaucoup de maisons messines, après la victoire, on voudra suspendre ce glorieux serment des jeunes soldats qui se libèrent de l'Allemagne et, spontanément, courent servir la France, contre laquelle l'ennemi héréditaire avait vainement voulu les dresser.

Je conserve parmi mes papiers les plus précieux l'assurance que les jeunes ouvrières de Metz voulurent bien me donner, qu'elles acceptaient avec joie le portrait que j'avais tracé dans *Colette Baudoche*, de leur irréconciliable sentiment d'éloignement pour l'Allemand. Maintenant voici leurs frères, leurs fiancés, leurs maris qui, reniant violemment l'odieuse Germanie, sont parmi nous et ne veulent point se reposer qu'elle n'ait restitué l'Alsace-Lorraine à la France.

De tels sentiments, transmis de génération en génération durant quarante-sept années, et affirmés, selon les circonstances, avec une égale énergie, par les filles et par les garçons, ne pouvaient pas ne pas persuader le monde entier. La fidélité de l'Alsace et de la Lorraine à la France vient d'être unanimement saluée en Angleterre. M. Asquith, le grand libéral, joint sa voix à celle de M. Balfour, le grand conservateur, à celle de Lloyd George, pour proclamer qu'il faut que l'Alsace et la Lorraine reviennent à la France et soient restituées à la France.

Cela est nécessaire, dit-il, pour la paix du monde.

Nous serions impardonnables d'être moins Alsaciens-Lorrains que nos alliés et de laisser s'introduire dans notre vocabulaire officiel ce mot minimisant de « désannexion ».

## II

## L'ARME ÉCONOMIQUE

3 Octobre 1917.

Les Allemands insistent beaucoup sur les gages territoriaux qu'ils possèdent. Nous leur répondons que leur flotte commerciale est bloquée et que toutes leurs colonies sont passées aux mains des Alliés.

Mais ce ne sont pas là toutes les données du problème. Ils le savent bien.

A chaque instant, leurs publicistes répètent que le problème de la paix n'est pas d'ordre exclusivement géographique. Comment l'Allemagne pourra-t-elle se relever économiquement? C'est la question qui les angoisse.

Avant la guerre, disent leurs journaux, nous importions pour onze milliards de marks de marchandises, dont six milliards de matières premières et trois de denrées alimentaires. Quelle sera notre situation? La plupart des États de l'Amérique sont décidés à interdire les exportations. Dans quelle mesure pourrons-nous compter sur la Russie? Nous serons gênés pour nos vivres, et les matières premières manqueront à nos industries. Beaucoup de fabriques seront dans l'impossibilité de travailler et ainsi une multitude d'ouvriers condamnés au chômage. Le bassin de Briey contient une réserve de minette qu'on évalue à cinq milliards de tonnes. Nous ne devons pas le lâcher. Si nous le laissions à la France, même en l'obligeant à nous livrer le fer qu'il contient dans de bonnes conditions, nous serions dupes. Il ne faut pas compter sur les matières premières d'un pays dont le gouvernement est hostile. Il faut que nous rompions la coalition économique qui s'est formée contre nous; il faut que nous nous assurions le moyen de regagner notre ancienne situation et de renouer nos relations commerciales.

Ces réflexions de nos ennemis héréditaires expliquent l'empressement avec lequel ils se déclarent partisans de la Société des nations. Le loup qui entend que l'on veut prendre des mesures pour l'isoler, pour le mettre en cage, déclare fort honnêtement qu'il n'aurait aucune répugnance à prendre place dans la bergerie.

Belle idée vraiment de faire luire aux yeux des Allemands, pour le lendemain de la guerre, cette Société des nations, où nécessairement ils prendront place (sans quoi ce n'est plus la Société des nations), alors que nous avons l'Entente, toute-puissante pour les démoraliser, en leur montrant que leur rêve d'hégémonie économique sera brisé après leur rêve d'hégémonie militaire !

Servons-nous donc des armes qui sont dans nos mains, usons de la prise que nous donne sur nos ennemis la haine universelle qui les enveloppe.

Un journal américain souhaite que les Alliés se servent plus qu'ils ne font de la future organisation économique du monde, tout entier dressé contre l'Allemagne, comme d'un levier capable de soumettre celle-ci aux exigences de l'Entente. Non, répond le *Times*, l'arme économique n'est point une menace qu'il faille employer à la négociation d'un compromis, mais bien un moyen de hâter et d'achever la défaite militaire de l'Allemagne. En effet, avant toute conversation, il faut que l'Allemagne évacue les territoires qu'elle a envahis. Si un voleur entre dans ma maison et par la fenêtre me propose, à moi qu'il a mis dehors, de me restituer une partie de ce qu'il m'a volé, la seule réponse est de lui dire : Sortez d'abord de chez moi ; après quoi, nous verrons. Mais à quelque moment qu'on en fasse l'emploi, nos avantages économiques sont une puissante monnaie d'échange en face des avantages territoriaux que la carte de guerre semble donner à l'Allemagne.

Dès aujourd'hui, nous pouvons utilement nous en prévaloir. En juillet dernier, j'ai publié ici une lettre ouverte à M. Ribot, où je lui disais : « Il faudrait que les États-Unis prissent l'initiative d'une alliance économique couvrant le monde entier et décidant qu'aucun produit allemand ne sera admis sur aucun marché, aucun effet allemand à aucune Bourse, tant que l'Allemagne n'aura pas d'elle-même et spontanément réparé les ruines qu'elle a causées, c'est-à-dire remboursé les valeurs des navires coulés, restitué les titres volés dans les banques, reconstruit les villes, villages, exploitations et mines dévastés systématiquement par elle en Belgique, en France, en Russie, en Roumanie, en Serbie. « C'est de vous et de vous seule, lui dirait-on, qu'il dépendra de revenir sur le terrain des affaires commerciales et internationales du monde entier ; vous resterez soumise au blocus mondial, mise hors la loi de la nouvelle vie internationale, tant que vous n'aurez pas indemnisé les victimes de votre système de guerre. »

Là-dessus, le *Comité des intérêts économiques de Roubaix et Tourcoing,* « qui comprend plusieurs centaines d'industriels envahis, membres de 160 firmes textiles », m'a fait parvenir ses plus chaudes félicitations, en ajoutant : « Il est inutile de vous dire que nous ferons tous les efforts nécessaires pour appuyer votre initiative et la faire appuyer par le groupe des parlementaires de la région envahie et par toutes les associations de nos régions. »

De telles idées inquiètent horriblement les Allemands. Ah ! si l'union *s'organisait* au point de vue économique entre les nations antigermaniques ; si elles se concertaient, en quelque mesure, pour la fabrication et le commerce, en laissant l'Allemagne en dehors de leur entente ! Mais réduisons notre vœu. L'Allemagne prépare avec angoisse sa résistance sur le terrain économique. Elle y tient plus encore qu'à la fameuse ligne Hindenburg. Le jour où elle la sentirait tournée par un simple accord douanier, au moins momentané, des nations alliées, on verrait la démoralisation s'étendre sur les Empires centraux comme un drap mortuaire sur un cercueil, et des voix s'élèveraient de partout, disant : « Ach ! fertig. » C'est fini.

Les Allemands se rassurent en nous croyant trop frivoles, incapables...

Ces Français, disent-ils, devant qui, avant la guerre, nous étions dans une situation si favorable, qui semblaient dans un état voisin de la stagnation ou même de la décadence, les voilà maintenant qui ont la prétention de nous résister et de nous battre, même sur le terrain économique ! Ils demandent des mesures draconiennes pour paralyser nos efforts ! Ils font des enquêtes, ils multiplient les réunions et discutent des problèmes dont jadis ils ne s'occupaient guère ! Heureusement pour nous, ils ne sont pas orientés vers l'intelligence des questions économiques. En dépit de leurs rodomontades, ils ne sauront pas faire les organisations qu'ils méditent...

Ainsi parle la *Vossische Zeitung* du 31 août. A nous de lui donner tort ou raison.


## III

# LA SÉANCE DU 4 OCTOBRE

*La Canaille du Bonnet Rouge.*

6 Octobre 1917.

« *Comment vas-tu, mon vieux ?* »

C'est en ces termes que M. Malvy accueillait Vigo-Almereyda dans son cabinet de la place Beauvau. M. Charles Bernard, député de Paris, l'a affirmé publiquement, jeudi, à la Chambre, quelques minutes après que l'ex-ministre eût déclaré solennellement que jamais, jamais il n'avait tutoyé le bandit du *Bonnet Rouge.*

Qui croire? D'un côté, Clemenceau et Charles Bernard, et de l'autre, M. Malvy. L'histoire jugera, si elle veut. Je crois que les deux hommes étaient à pot et à rôt. Plût au ciel que le ministre n'eût payé le coquin qu'avec cette monnaie de singe de ses tutoiements ! Mais il lui donnait 8.000 francs par mois.

Pourquoi?

Pourquoi, durant des mois, M. Malvy a-t-il trouvé juste, élégant et politique de mettre les hommes les plus crapuleux à même de couvrir d'injures des Français qui, de tout cœur, s'employaient à recueillir, à glorifier et à propager ce qui fait la grandeur de notre patrie. J'eus ma part quotidienne, immonde et abondante de ces injures. Elles me furent prodiguées à moi, et ce qui est bien pis, aux miens (¹). Je ne m'en plains qu'à demi. L'injure des infâmes m'a valu les plus chaudes sympathies d'innombrables inconnus que je remercie ! Mais, enfin, dans quel but M. Malvy donnait-il à ces condottieri les moyens d'une telle besogne de guerre civile ?

Pour établir l'Union sacrée !

Parfaitement, c'est sa thèse, c'est sa défense qu'une fois encore, hier, il a longuement développée.

Quel insupportable malaise, dans tous les partis, ceux qui réfléchissent, éprouvaient d'entendre joindre la cause d'Almereyda à la cause de la République, à la cause des ouvriers, à la cause de l'Union sacrée ! Viviani le sentit. Son intervention est une protestation. Non, s'est-il écrié, ce n'est pas d'une entente avec aucun Almereyda qu'est née l'Union sacrée ; elle se leva de la tombe de Jaurès.

Permettez ! L'Union sacrée fut voulue par les soldats qui partaient à l'armée et fraternisaient dans les trains, par leurs familles qu'exaltaient les mêmes craintes et la même fierté, par tous les Français, convaincus au profond de leur cœur qu'il s'agissait de vivre ou de mourir ensemble. L'Union sacrée surgit du péril national et de notre amour filial de la France.

Renaudel a rappelé, au cours de la séance, dans quels sentiments j'avais applaudi aux paroles de Jouhaux sur le cercueil de Jaurès. Ah ! certes, je me souviens ! Je viens de me reporter à l'article que

---

(¹) Au moment où s'imprime ce volume, les journaux racontent le procès de dénonciation de Laon. L'un d'eux, Toqué, déclare : « Les Allemands me dirent un matin : « Si vous voulez gagner une grosse « somme tout de suite, faites donc une belle campagne contre Maurice « Barrès... » (Agence Radio, 13 juin 1919).

j'écrivis, aux bureaux de l'*Écho*, dans une pièce où, côte à côte, je travaillais auprès d'Albert de Mun, au sortir de la fameuse séance de la Chambre.

*Le cœur en feu, le front tout raisonnable, nous avons été remplis d'une espérance que l'événement ne démentira pas... Tous disaient : « Quelle séance ! Elle dépasse les meilleurs rêves. Pas une fausse note ! Voilà où il faut juger le pays. Tout le reste est superficiel. Nous venons de vivre des heures inoubliables. Promettons-nous de ne plus jamais en perdre la leçon. »*

*Et moi, je répétais avec joie : « Le plus beau discours de la journée n'a pas été de Poincaré, de Deschanel, de Viviani, ces maîtres de la tribune. Que n'avez-vous entendu, ce matin, aux obsèques de Jaurès, avenue Henri-Martin, la harangue de Jouhaux, de la Confédération générale du travail ? »*

*Ah ! viennent-ils jusqu'à vous, Déroulède, au fond de votre tombe, les applaudissements de nos frères les socialistes acclamant l'heure des réparations dues au droit ?*

Voilà des sentiments qui ne me quittent jamais. J'ai vu, j'ai entendu pour ma vie entière. Et je dis que confondre la classe ouvrière, la République, l'Union sacrée avec Almereyda et le *Bonnet Rouge*, c'est insoutenable et odieux. Quand M. Malvy explique ses complaisances pour ces gens-là par « le désir de réaliser intégralement l'union nationale », le moins qu'on puisse dire, c'est qu'il montre une détestable méconnaissance du cœur français ou de son auditoire.

Pour moi, la vérité c'est que M. Malvy, emporté par sa formation, par sa passion politique, a cédé au plaisir de transformer en armée partisane les troupes qu'il avait constituées pour être une armée nationale,

et il s'est trouvé insensiblement qu'il était à la tête
de bandes de guerre civile.

A la tête? J'imagine que bien souvent il dut être
entraîné par ceux qu'il employait.

(22 *lignes censurées*)

Tâchez de comprendre, si vous pouvez, les conditions dans lesquelles le chèque allemand fut rendu à
Duval. Nul moyen de nier la gravité de cette complaisance. J'ai frappé M. Leymarie pour ce fait, nous dit
M. Malvy. Mais de ma place je lui ai posé une brève
question qu'il n'a pas voulu entendre, parce qu'elle
est toute-puissante.

Vous avez frappé M. Leymarie, disais-je à M. Malvy,
parce qu'il a été d'avis qu'on restituât le chèque. Mais
cette restitution, vous l'avez connue en juin. Comment
se fait-il que vous ayez attendu le 20 août pour prendre
cette mesure contre M. Leymarie?

En présence d'un tel retard, il est impossible de
nier que sans les journaux bien des choses fussent
restées dans l'ombre. C'est à Clemenceau, c'est à
Léon Daudet que l'on doit pour une grande part que
Marion, Rabbat, Zucco, Garfunkel, Goldsky, Routier,
Jellineck, Margulies, Bolo (je crois que j'en oublie)
aient été mis dans l'impossibilité de nuire. Il est bien
vrai qu'une instruction avait été ouverte contre Bolo
dès le début de 1917 par Briand. Et c'est l'honneur de
Briand. Je ne veux pas limiter aux journaux le mérite
de l'assainissement auquel travaillent aujourd'hui
encore, en toute loyauté, M. Raoul Péret et le gouvernement, mais je demande que l'on rende justice aux
efforts que nous autres, écrivains, nous avons victo-
rieusement déployés pour mettre un terme au complot
de l'or allemand contre la défense nationale.

Je ne veux rien voter qui paraisse traiter de calomniateurs les justiciers. J'ai horreur de la calomnie et je répugne même aux polémiques sans courtoisie (encore qu'il ait pu m'arriver en trente-cinq années...), mais cet ordre du jour serait injuste et menteur s'il nommait une « campagne de calomnies contre la République » la suite de révélations portées courageusement en pleine lumière par le vieux Clemenceau, admirable d'autorité et de force, et par Léon Daudet, dont il est extrêmement bête de dire (comme il fut fait hier, paraît-il, à la Chambre) que son *Avant-Guerre* est un livre de chantage.

Léon Daudet, aujourd'hui, ajoute à des accusations qui furent reconnues vraies une accusation effroyable. Si j'avais été du gouvernement, je ne l'aurais pas laissé discuter à la tribune, cette accusation. Trop grave, trop extraordinaire, elle eût été examinée dans le cabinet du magistrat.

En effet, que pouvait vouloir la Chambre? En fin de séance, interminablement, elle s'est mise à chercher quelle vengeance elle pourrait bien tirer de Léon Daudet. A ce moment-là, nettement, elle avait perdu la boussole. Les plus forts juristes, successivement sont venus donner leur avis et confesser leur embarras. Peu à peu, on s'est aperçu que le sagittaire était dans un lieu imprenable. Alors les orateurs reprochèrent véhémentement au gouvernement de n'avoir pas apporté d'échelle. — « Il n'y en a pas », disaient MM. Painlevé et Péret. — « Il faut en fabriquer », leur répondait-on. Mais quoi ! Une loi d'exception? une loi de circonstance? et à laquelle il faudrait donner un effet rétroactif?

M. Malvy est « diffamé ». Qu'il poursuive en « diffamation ». C'est la loi. Certes sa situation est douloureuse. Me permet-il de lui dire que cette « atmosphère de guerre civile » fut créée par les journaux tels que le *Bonnet Rouge* qu'il déchaîna, ou plutôt auxquels il permit de se déchaîner, par une aberration insensée, quand tout était à la fraternité.

A cette faute impardonnable il a joint, hier, une double erreur. Il nous a donné des explications tout à fait insuffisantes sur sa complaisance pour Almereyda, et il eut le tort de confondre cette bande ignoble avec la République et avec « la classe ouvrière ».

Savez-vous que Jean Bon fut le sage? Vers huit heures, il proposa que tout se terminât par l'ordre du jour pur et simple. Comme il avait raison ! Les mots que l'on a votés ne sont pas un acte et respirent la gêne d'une situation générale, dont il faut, à tout prix, rapidement sortir, en débridant le chancre allemand.


## IV

## A BAS LE SILENCE ET LES TÉNÈBRES!

*La Canaille du Bonnet Rouge.*

8 Octobre 1917.

M. Malvy a laissé se constituer une presse boche ; il l'a favorisée par des sursis d'appel, il l'a tutoyée affectueusement, il l'a payée avec notre argent.

Cette presse vendue, aidée par un tas de métèques chassés de leur pays pour vol et pour faux, cherchait à salir, à déconsidérer les hommes chargés de la conduite politique ou militaire de la guerre, à présenter la victoire comme impossible, à traiter de « bourreurs de crânes », c'est-à-dire de menteurs, ceux qui s'emploient à maintenir la confiance et l'union, enfin ces agents de l'étranger cherchaient à amener au pouvoir les hommes que l'Allemagne préférait y voir.

M. Malvy connaissait ces manœuvres. Il entendait ces voix, il lisait ces écrits qui apportent le doute quant à la justice de la cause française, qui affirment l'impossibilité de la victoire et qui parfois renferment les pires conseils, voire des procédés pratiques de sabotage.

Pourquoi favorisait-il (je pense aux 8.000 francs par mois qu'il donnait à Vigo) ou, si le mot vous choque, pourquoi tolérait-il ces crimes?

« Inconsciente complicité ou crime avéré, écrit M. Clemenceau, le désastre pour la France est le même dans les deux cas. »

M. Clemenceau ne croit pas au crime avéré que dénonce Léon Daudet. Mais il sait, et, moins bien renseigné que lui, j'entrevois certains faits qui brillent effroyablement . . . . . . . . . . . . . .

. . . . . . . . . . . . . . . . . .

Ces ténèbres rendent inacceptable l'exigence de M. Caillaux réclamant immédiatement des bâillons et une loi de silence. Je ne conteste pas à M. Caillaux une pensée claire et une parole nette. Il demande sans ambages un projet de loi contre la presse.

Telle est, dit-il, la « réponse d'un gouvernement qui gouverne à des accusations portées contre un ministre de la République... »

Eh bien ! nous avons horreur des calomnies, voire des querelles, mais nous ne voulons pas de cette réponse-là. Nous n'admettons pas qu'on nous empêche d'entendre ceux des écrivains qui ont justement et courageusement dénoncé Vigo, Landau, Goldsky, Marguliès, Turmel, Bolo, Duval, et sûrement que j'en oublie ! Si d'autres journaux ont reçu des subventions boches, si d'autres Malvy ont encouragé d'autres

Vigo, si d'autres Leymarie ont été d'avis de favoriser d'autres Duval, enfin si d'autres Turmel font des voyages en Suisse, nous exigeons de le savoir. Dans ce complot de l'étranger, nous fûmes sauvés par les journaux honnêtes. Nous ne voulons pas d'une loi contre eux, au bénéfice des feuilles vendues.

Nous ne voulons pas ! Qu'est-ce à dire et quel est ce « nous »? Je parle au nom de mes lecteurs, de mes amis, et j'exprime la pensée de bien d'autres. Painlevé, n'entrez pas dans cette voie désastreuse. Parce qu'une lettre privée s'en alla de la maison de Léon Daudet au palais du Président et que vous avez eu la mauvaise idée d'en occuper, une séance entière, la Chambre, vous prétendez avoir l'occasion, le prétexte, le devoir (choisissez votre mot) d'immoler la presse. Il n'est pas possible qu'un honnête homme, tel que vous êtes, s'entête dans une idée qui remplirait la France d'innombrables soupçons désastreux.

Painlevé, vous voulez empêcher que je communique au lecteur certaines idées qui naissent dans mon esprit au spectacle des vingt affaires de corruption boche dont nous sommes infectés. Mais les lecteurs vont du même pas que moi, s'ils ne m'ont pas devancé.

Ils remarquent les pitoyables contradictions de M. Malvy qui ose dire : Nous avons mis Duval en filature depuis le 8 août 1916 et nous lui avons renouvelé, autant qu'il a voulu, tous ses permis de voyage en Suisse et en Espagne, afin de le prendre plus sûrement, mais quand par hasard, à Bellegarde (« *par le plus grand hasard un officier du deuxième bureau se trouvait là de passage* ») un chèque a été saisi sur lui, nous le lui avons rendu !

Ils remarquent qu'après que cette « restitution » inqualifiable eut été commise, M. Malvy a gardé en fonctions M. Leymarie, et que l'affaire Duval et ses suites eussent été étouffées sans la presse.

Ils remarquent que M. Malvy a quitté le ministère quand il fallut enfin arrêter Almereyda qu'il tutoyait (« *comment vas-tu, mon vieux ?* »), et puis est revenu, sitôt celui-ci mort.

Ils remarquent l'obscurité sinistre où Vigo s'est débattu dans ses dernières heures.

Ils remarquent qu'en dépit de la révélation de M. Rabier, ancien vice-président de la Chambre, on n'aboutit à rien quant aux procès-verbaux des séances secrètes qui ont été vendus.

Ils remarquent que Bolo, officier d'Académie et chargé de six décorations étrangères, se parait d'une décoration de la Légion d'honneur (voir dans le *Tout-Paris*), et que cette audace était tolérée, acceptée, favorisée.

Ils s'étonnent que ce faux chevalier de la Légion d'honneur et vrai chevalier d'industrie ait pu inspirer la moindre confiance à Bülow et à tous ces Allemands qui ne sont pas des bêtes, et ils se demandent de quels personnages, de quelle raison sociale s'étoffe ce mince rastaquouère.

Quel avantage trouveriez-vous à m'empêcher d'écrire sur tout cela ma pensée? Dans le même moment où vous souhaitez d'empêcher que je la répande, elle naît spontanément chez tous les lecteurs à qui vous m'obligez à remettre un papier blanchi.

Un seul moyen, Painlevé. Des juges et la plus complète lumière. Vous avez toutes les clefs, ouvrez toutes les portes. N'affectez pas de voir une campagne politique dans cette campagne nationale. La République ne serait en danger que si on essayait d'étouffer. Alors la chaudière éclaterait. Imposez le silence ; les soupçons feront tout sauter. La justice est soupape de sûreté. Une immense lumière détruit les calomnies. De cette boue, faite d'une centaine d'individus, dégagez l'immense France héroïque, intacte, irréprochable. A bas le silence et les ténèbres !

# V

## CE QU'ON VOIT DE CLAIR

*La Canaille du Bonnet Rouge.*

10 Oct.bre 1917.

Léon Daudet a fait savoir au Président de la République, par une lettre privée, qu'il prouverait le crime de M. Malvy contre la patrie.

La grande trahison du ministre de l'Intérieur ! Painlevé eut tort de faire de cette effroyable accusation privée l'objet d'un débat qui ne pouvait pas aboutir. Était-ce le rôle du gouvernement de mettre l'accusateur devant l'immense public ?

J'entends bien que M. Malvy, une fois qu'il connaissait l'existence de cette lettre privée, devait être pressé d'aller devant une assemblée où il a des amis. Aussi mon reproche ne va-t-il pas à Malvy, mais au président du Conseil, qui, dans la plus honnête intention du monde, n'a pas su limiter le remous.

Une fois dans les gestes vains, le gouvernement ne s'est plus arrêté. Prenant prétexte d'une situation qu'il avait créée, il a déclaré : « Nous ne tolérerons plus de telles publicités ; nous allons prendre des mesures contre la presse. » Prenez donc des mesures contre votre impulsivité et, mieux encore, contre toutes les canailles.

En trois jours, tout le monde a vu la gaffe. Le Conseil des ministres renonce à présenter une loi contre la presse. Il regrette d'avoir, un instant, accepté la suggestion impérieuse de M. Caillaux.

On se bornera à renforcer les lois existantes. Il existe une loi qui interdit de publier aucune information, aucun article ... « *de nature à favoriser l'ennemi ou à exercer une influence fâcheuse sur l'esprit de l'armée et des populations* ». On la renforcera, on la complétera par « des peines très sévères contre les auteurs d'accusations et de dénonciations calomnieuses ».

Rien à dire. Ah ! certes, nous avons horreur des calomnies et des calomniateurs. Mais comment ne pas remarquer que, pendant trois années, des journaux, au bénéfice de l'Allemagne, ont *favorisé l'ennemi, exercé une influence fâcheuse sur l'esprit de l'armée et des populations, multiplié les accusations calomnieuses,* et que le ministre de l'Intérieur Malvy les protégeait et commanditait.

Voilà ce dont ne peut pas se laver M. Malvy.

Léon Daudet a porté une accusation. A lui de la prouver. Mais ce que je sais et que tous nous savons, c'est que M. Malvy a donné notre argent et sa protection à une bande de canailles au service de l'Allemagne. Nous l'avons su grâce à des écrivains, parmi lesquels MM. Clemenceau et Léon Daudet. Très justement, on dut précipiter du pouvoir M. Malvy et, jamais plus il n'y pourra remonter, car les explications qu'il donne sont un amas de contradictions insoutenables.

L'attention de Léon Daudet me semble porter sur ce fait que M. Malvy a voulu prendre place au Comité de guerre où, ministre de l'Intérieur, il n'avait que faire et où son successeur, en effet, ne figure pas. Il n'est pas un homme de bon sens qui n'ait trouvé plus que déplacée et fâcheuse cette exigence de M. Malvy. J'y ai vu le désir de surveiller la conduite de la guerre, le désir d'avoir une action dans l'armée, le désir encore d'être tenu au courant et de tenir son parti au courant. Trois prétentions injustifiées, où je reconnaissais l'esprit d'envahissement d'un esprit effroyablement partisan.

Daudet va beaucoup plus loin. Attendons ses dépositions. Tenons-nous-en à ce qui est acquis ou qui a pris une forme intelligible.

Nous sommes devant une conspiration criminelle pour permettre à l'Allemagne d'agir sur l'opinion publique. Vous avez vu, n'est-ce pas, dans les papiers d'Amérique, deux, trois phrases pareilles à des torches au milieu des ténèbres ? Bolo offrait au gouvernement allemand de mener en France « une action pouvant comme résultat amener la paix ».

C'est le même travail auquel se livrait l'équipe du *Bonnet Rouge.*

Il s'agissait de démoraliser l'opinion publique et de l'amener à réclamer un gouvernement qui fît la paix séparée.

Il s'agissait d'amener la France, par la liquéfaction de l'esprit à l'arrière et par des émeutes militaires, au point où incline la Russie.

Passons, admettons et voyons ce qu'a donné votre filature ?

Pendant dix-sept mois, ces gredins ont continué leurs voyages en Suisse. Pendant dix-sept mois, vous leur avez maintenu vos permis. Pendant dix-sept mois, ils ont vu là-bas des agents allemands, ils ont rapporté de l'argent, ils ont reçu et envoyé des télégrammes. Ces télégrammes étaient rédigés dans un langage évidemment concerté. Marion et Duval se télégraphiaient au sujet de wagons de charbon ! Nous savons qu'ils publiaient des petites annonces dans les journaux. Enfin, j'y reviens toujours, vous lisiez leurs affreux articles. Et votre filature ne donnait rien !

Après dix-sept mois, un *hasard* a permis de saisir un

chèque sur Duval. Alors, froidement, vous le lui avez rendu. Avec des excuses.

Moi ! dites-vous. Ce n'est pas moi, ce sont les autres, c'est Leymarie.

Triste défaite dans la bouche d'un chef. Mais je veux accepter que vous reniiez votre responsabilité. C'est Leymarie le coupable. Vous avez connu la restitution du chèque dès le mois de juin. Comment se fait-il que vous avez attendu le 20 août pour prendre une mesure contre votre Leymarie?

Il fallut que vous y fussiez forcé par le cri des journaux.

Sous l'effort des journaux encore, la lumière continua de se faire. Quand il ne fut plus possible de ne pas arrêter Vigo, vous avez été malade, vous avez quitté le ministère, et quand ce misérable a disparu au milieu d'une obscurité sinistre (qui n'a pas été éclaircie), vous avez été guéri et vous êtes revenu au pouvoir.

Lecteurs de bonne foi, qu'est-ce que signifie tout cela?

J'ai écouté avec un soin scrupuleux les explications de M. Malvy. La tribune est très favorable aux développements oratoires ; elle se prête très mal à la recherche de la vérité. Mes inquiétudes subsistent, aggravées par la gêne terrible du défendeur.

Nous ne nous expliquons pas la faveur dont la canaille du *Bonnet Rouge* était entourée. Nous ne nous expliquons pas les complaisances qui permettaient à Bolo de se faire une figure honorable. Il n'était pas décoré de la Légion d'honneur et pourtant il en portait le ruban et prenait effrontément cette qualité dans les annuaires parisiens. Il avait un dossier judiciaire. On ne le démasquait pas. Quelles puissances le protégeaient et le portaient? Et puis, tenez encore, qu'est-ce qui empêche donc la Chambre de comprendre

qu'il faut en finir avec la trahison dont elle a été, elle-
même, la victime?

Les comptes rendus de notre dernière séance secrète
ont été distribués dans Paris. Je laisse de côté l'affirmation allemande. Je ne la tiens pas pour recevable
par des Français. Mais le fait a été certifié publiquement par un de nos collègues, ancien vice-président
de la Chambre, M. Rabier. Je croyais d'abord que ces
procès-verbaux se vendaient. On se trouvait alors
devant une spéculation ignoble. Mais si ces comptes
rendus dactylographiés ont été distribués gratuite-
ment par la poste, l'action de l'Allemagne apparaît
avec évidence. Qu'attendons-nous pour chercher à
découvrir une fuite qui peut vicier nos travaux et
parfois les rendre excessivement dangereux?

Nous sommes devant un complot. Nous en avons
vu les effets dans ce mouvement de démoralisation qui
fut conduit avec une habileté infernale au moment
de l'offensive. M. Clemenceau a dit au Sénat que
MM. Malvy et Leymarie avaient, sans prendre l'avis
du ministre de la Guerre, coupé les communications
entre le Grand État-Major général et les commissaires
spéciaux à qui est confiée la surveillance de la propagande défaitiste. Qu'est-ce que c'est encore que cette
terrible faute-là?

Nous avons la certitude et sur plusieurs points la
preuve qu'il y a toute une organisation défaitiste
machinée par l'or allemand. Les gens qui nous gou-
vernent et qui sont de fort honnêtes gens ont le pied
dessus. Qu'ils ne la laissent pas se reconstituer. Voilà
leur devoir.

Je suis convaincu qu'ils sauront le remplir. Mais
pourquoi diable faut-il que ce soient les écrivains qui
les y entraînent ! Les gouvernants doivent passer
devant. Et nous les avons toujours derrière nous.

Enfin ne laissons pas la situation se dénaturer aux

yeux des soldats. Quelques centaines de canailles leur tiraient dans le dos. On est en train de les démasquer et de les saisir. Elles seront fusillées. La blessure que le hideux groupe des traîtres porte aux flancs ne peut que s'élargir, et la brume empestée se dissiper.

# VI

## L'ALSACE RÉCLAME SA DÉLIVRANCE

METTONS DANS LES ESPRITS DES IMAGES ET DES FAITS

*La rive gauche du Rhin.*

12 Octobre 1917.

L'Allemagne déclare qu'elle ne lâchera jamais l'Alsace-Lorraine, qui est « le bouclier et le symbole de son unité ». Redoublons de force pour expliquer à tous les peuples que nous sommes devant un Empire qui se glorifie d'être fondé sur un vol.

L'Allemagne a cru qu'elle s'attacherait les Alsaciens-Lorrains en leur montrant une organisation matérielle comme le monde n'en a jamais vu. C'est vrai; grâce à l'abondance de sa natalité, grâce à son souci constant de coordonner tous les efforts, l'Allemagne possède une administration formidable et minutieuse. Mais nos frères possèdent dans leurs cœurs un beau trésor de fierté et de générosité, tout un monde d'idées et de sentiments, toute une France intérieure qui ne peut respirer que dans l'atmosphère française. Ils étouffaient au milieu des Allemands, et pour vivre avec eux auraient dû se dénaturer.

Ils résistèrent, se cabrèrent, demeurèrent quand même des hommes libres. Et voilà un des aspects les plus nobles, les plus émouvants, les plus vrais du problème d'Alsace-Lorraine.

Il y a entre ce petit monde d'Alsace-Lorraine et la Germanie impériale incompatibilité foncière. Rien ne sert d'objecter qu'il existe en Alsace certains éléments germaniques. Ces éléments, le cœur français avait su les accueillir et se les concilier. L'Allemagne, pour remédier à une opposition spirituelle dont elle s'irritait, n'a su que forger des chaînes.

Des centaines, des milliers de faits saisissants, criants, attestent la vérité que j'apporte ici, attestent que les Alsaciens et les Lorrains, dans la société de la France, produisaient avec allégresse une innombrable quantité d'hommes supérieurs et sous le joug allemand se contractent, se dépensent essentiellement à réagir contre des maîtres qu'ils détestent et mésestiment. Nos alliés et tous les peuples savent-ils assez cette situation, voient-ils ces faits, les leur a-t-on mis sous les yeux avec l'inépuisable surabondance qu'il faut? Je le demande à nos gouvernants.

Les explications didactiques, les polémiques sont utiles, nécessaires, mais il est indispensable de mettre dans les esprits des faits qui fassent image et qui grandissent d'eux-mêmes après que nous nous sommes tus. Se rappeler le service rendu par la *Case de l'Oncle Tom* à la cause antiesclavagiste.

J'ai essayé, avant la guerre, de montrer cette incompatibilité spirituelle qu'il y a entre des jeunes gens de tradition française et des jeunes Germains formés à la prussienne. J'ai montré la souffrance, l'indignation, la supériorité d'un Alsacien dans une caserne allemande, et la détresse morale, le recul d'une jeune Messine en présence d'un amoureux allemand. En vain, l'instinct de l'honneur et l'instinct guerrier et tous les instincts plus tendres à l'adolescence sont-ils sollicités, émus. Chez le jeune garçon et chez la jeune fille, le malaise est trop grand ; la France est la plus forte ; tout ce que ces deux enfants bien nés portent de France en eux leur interdit de se soumettre aux fils de la Germanie.

Et combien d'autres exemples plus brillants, plus tragiques, nous pouvons donner à l'univers, pour l'instruire du problème alsacien-lorrain, si seulement nous voulons consulter l'histoire de la Lorraine et de l'Alsace et la mettre en images.

Je n'irai pas dans le lointain passé. Il faut se borner et puis, à notre époque, les peuples, des affections du vieux temps, n'en prennent guère les enseignements. Je laisse les siècles où l'Alsace était sectionnée en une multitude de comtés, seigneuries, prévôtés, bailliages, évêchés, abbayes, villes libres et terres nobles. Plaçons-nous au moment où les Alsaciens, enfin, sous l'action de la France, se connaissent comme les citoyens d'une même petite patrie. Ils y appellent avec ardeur le génie de la France. En 1790, auprès de Strasbourg, face à l'Allemagne, un drapeau tricolore est planté avec cette inscription : *Ici commence le pays de la liberté.* Peu après, le plus beau hasard voulut que la *Marseillaise* fût créée dans Strasbourg. Et peu après encore, les Mulhousiens sollicitant de se donner, de s'unir à la France, le fameux traité fut signé : « *La République française accepte le vœu des citoyens de Mulhouse.* »

Et qu'a fait, tout au long du dix-neuvième siècle, l'Allemagne pour l'Alsace-Lorraine? Elle a bombardé Strasbourg, couvert de sang ces terres si françaises que la protestation qu'elles firent entendre par leurs députés, à l'Assemblée de Bordeaux, contre l'annexion, demeure un des cris les plus déchirants et les plus nobles de l'histoire.

Cette protestation, Teutsch la renouvelle à Berlin, au Reichstag. Les députés allemands faillirent en mourir de rire. Quand nous répandrons cette image, ne manquons pas d'y faire bien visible ce rire abject.

Des centaines de mille d'Alsaciens et de Lorrains quittèrent leur maison familiale et s'en vinrent vivre et mourir en France. Quatre cent mille Allemands, la plupart de l'espèce la plus vile, se précipitèrent pour prendre leur place. Quinze cent mille de nos frères restaient au pays ; quinze cent mille âmes entraient en captivité. Elles vécurent sous un régime d'exception. Le monde sait-il cette histoire? Faites voir au monde toute une suite d'incidents tragiques ou comiques qui révélèrent l'extraordinaire fermeté, allégresse et dignité des captifs.

Montrez le grand évêque Dupont des Loges refusant la décoration allemande. Montrez l'arrestation du patriote Antoine. Montrez la splendide élection spontanée, en deux jours, du patriote Siefferman. Montrez le chien du Kreisdirektor de Mulhouse peint en bleu, blanc, rouge et courant les rues au milieu de la double population enivrée d'amusement et de fureur. Montrez le noble patriote Wetterlé en prison. Montrez notre très cher et très charmant Zislin, dans sa prison, et Hansi devant ses juges. Montrez le cortège des étudiants de Strasbourg, tel que chaque année il défile devant la statue de Kléber. Montrez en Lorraine les foules de Noisseville, et en Alsace les foules de Wissembourg qui, chapeau bas, sur les tombes des morts de 1870-71, chantent la *Marseillaise*.

Montrez, peu avant la guerre, ce capitaine alle-

mand qui crie aux aspirants officiers de réserve :
*Ein Elsaesser ist uberhaupt blos ein Schwein.* « Un
Alsacien n'est en général qu'un cochon.» Insistez sur les
affaires de Saverne. On ne verra jamais le petit hobe-
reau prussien, lieutenant Forstner, hurlant aux cons-
crits alsaciens : *Wackes.* « *Voyous, je... sur le drapeau
français ?* » Et qu'on le voie bien aussi quand il sabre
le cordonnier ! Et qu'on entende le préfet de police de
Berlin, von Jagow, avouer : « *Les officiers allemands
en Alsace-Lorraine ont l'impression de camper sur un
sol hostile.* »

Voici la guerre. Première entrée des Français en
Alsace. Un vieil homme offre aux soldats du 35e de
ligne ses provisions, puis il leur crie : « Et maintenant,
mes enfants, allez vous battre.....

. . . . . . . . . . . . . . . . . . . .

. . . . . . . . . . . . » L'enthousiasme
délirant de Mulhouse. Atrocités des Allemands. Ils
incendient, ils exécutent certains de ses habitants.
Les cachots de la forteresse d'Ehrenbreitsten sont
remplis de patriotes alsaciens et lorrains. Partout des
otages sont saisis. Comment montrer à l'univers tous
nos frères qui, dans ces années terribles, souffrent et
meurent pour la France?

Au moins, faites voir le patriote Meyer fusillé, et
les religieuses Emerentine et Ludwina, de Guebwiller,
traînées devant les tribunaux pour leur amour de la
France. Donnez une idée de ces 30.000 soldats, Alsaciens et Lorrains, qui fuient de l'armée allemande.
Montrez ceux qui se jettent dans nos rangs. Un Lorrain captif en Russie s'était fabriqué un uniforme
d'alpin : on a respecté son choix ; il est maintenant
dans ce corps d'élite.

Il faut qu'on nous fasse voir, avec des légendes
vraies et fortes, le général Sibille, de Sarreguemines,
tué en Lorraine au service de la France ; le général

Dupuy, de Metz, tué sur la Marne au service de la France ; le général Diou, de Saint-Julien-lès-Metz, tué en Lorraine au service de la France ; le général Trumelet-Faber, de Bitche, tué à Ypres, au service de la France : le général Stein, de Mutzig, tué à Carency, au service de la France. Et qu'on m'excuse de ceux que j'oublie, et qu'on songe pieusement à la multitude de ceux qui ne sont pas généraux et qui payent de leur vie leur préférence pour la France.

Un dernier mot, une dernière image donnent la moralité de cette suite de traits. Les officiers allemands, aux premiers jours de la guerre, quand, marchant sur la France, ils arrivaient en Alsace-Lorraine, disaient à leurs hommes : *Hier sind wir im Feindesland.* « Ici nous sommes en pays ennemi. »

L'univers veut-il accepter, peut-il trouver juste qu'un petit peuple, et de si haute qualité, vive sous la botte de ceux qui se savent son ennemi?

Avant cette guerre, l'univers ne daignait guère comprendre la répulsion des Alsaciens-Lorrains. Il ne comprenait pas l'âme criminelle de l'Allemagne.

Aujourd'hui, l'insurrection générale du monde civilisé contre les méthodes de guerre allemandes s'accorde avec le « *non possumus* » des Alsaciens et des Lorrains.

L'Allemagne, folle de sa force, tout entière en proie au délire des grandeurs, véritable Nabuchodonosor des peuples, s'est déclarée plus forte que « les chiffons de papier ». Elle s'est jugée capable de déchirer impunément le traité qui garantit la neutralité belge, et capable de déchirer tous les traités préexistants. Elle prétend qu'elle se sent plus vivante que l'état de choses garanti par les titres et les contrats qui sommeillent dans la poudre des chancelleries. Elle veut, contre tout l'univers, créer un nouveau statut international plus analogue à sa valeur réelle.

Les peuples, pleins d'horreur et de crainte devant ce monstre sans foi ni loi, se sont successivement dressés pour se soustraire à son emprise. Lui abandonneraient-ils les Alsaciens et les Lorrains qui se débattent furieusement?

On ne peut obliger aucun individu, aucun peuple, aucun îlot humain à être incorporé dans un continent spirituel dont il ne veut pas faire partie et qui moralement lui est, de toute évidence, inférieur. Wilson a proclamé très justement qu'aucun peuple ne demeurera contre son gré sous la souveraineté d'un autre peuple. Ne nous arrêtons pas de donner une voix à travers le monde au noble peuple d'Alsace et de Lorraine qui, dans ses cachots, muet et garrotté, réclame sa délivrance.

# VII

# L'ATMOSPHÈRE
# DEVIENT PLUS RESPIRABLE

*Le Parlement.*

15 Octobre 1917.

Le « *jamais!* » de M. de Kuhlmann a rétabli ou, plutôt, fait apparaître l'union foncière de tous les Français. Ce « jamais », bien clair et bien net, supprime tout flottement dans nos lignes.

Les agents de l'Allemagne s'en allaient répétant parmi nous : « La paix est dans les mains du gouvernement français. S'il la veut, il peut la faire. Les Allemands ne vous demandent qu'un geste. Acceptez simplement le plébiscite, c'est une concession de forme, et vous obtiendrez l'Alsace-Lorraine... »

Ces propos troublaient l'opinion, se faisaient accueillir à la longue par d'honnêtes gens, dont ils flattaient les illusions doctrinales.

« Jamais », dit brutalement Kuhlmann, « jamais, de bon gré, nous ne lâcherons l'Alsace-Lorraine ! » Et voilà les yeux des honnêtes gens dessillés ; voilà ruinée toute la manœuvre des pacifistes de trahison qui cherchaient à nous compromettre dans les démarches honteuses d'une paix séparée.

La séance de vendredi à la Chambre a été raisonnable. Les orateurs Leygues, Briand, Ribot ont laissé de côté les turlutaines inopérantes. On éprouvait à les entendre le même plaisir qu'à lire, l'avant-veille, le discours de M. Winston-Churchill disant aux ouvriers et aux ouvrières de l'armement à Londres que « les Alliés veulent une victoire tangible et décisive et qu'ils n'ont pas du tout l'intention de se laisser duper par des phrases vides ou des platitudes sentimentales ».

Nos orateurs se sont dégagés de ce jargon de rêveries qui tend à devenir d'usage, de style, dans le Parlement et que des gens intelligents eux-mêmes se résignent à employer pour servir de passeport à leurs pensées les plus réalistes.

Ribot et Briand ont examiné la prétention qu'affiche bruyamment l'Allemagne (arrogante qui porte l'angoisse dans son cœur) d'être victorieuse parce qu'elle détient des gages territoriaux. « Un peuple gavé de territoires, mais sans liberté des mers, est voué à la mort », a répondu Briand. Ribot a ajouté : « Le monde entier, les États-Unis, les États de l'Amérique du Sud, le Japon, la Chine, entrent successivement dans l'Entente ; tous ces pays, qui se retirent du commerce avec l'Allemagne, qui s'isolent d'elle, ce sont les pays qui détiennent les matières premières, de sorte que l'Allemagne, si elle ne cède pas, si elle ne veut pas faire à la justice et au droit les concessions nécessaires, sera retranchée de la communauté humaine... »

Saisissons toute occasion de faire luire aux yeux des Allemands l'arme économique. C'est leur terreur. Entrés dans la guerre pour des fins commerciales et industrielles, ils s'épouvantent jusqu'au désespoir quand ils entrevoient qu'après la guerre ils pourraient être exclus des marchés mondiaux et même privés des matières premières indispensables à leurs usines.

On a quelquefois essayé de nous dire que le président Wilson était opposé à ce boycottage économique de l'Allemagne. Briand et Ribot aussi s'y résigneraient avec déplaisir. Et nous tous également, qui comptons que l'Allemagne devra avoir des ressources pour réparer les ruines qu'elle a accumulées chez nous et chez nos alliés. Nous espérons qu'on ne sera pas obligé de recourir à ce pis aller de maintenir l'Allemagne en dehors du commerce universel. Mais un télégramme de Washington a donné de la pensée de Wilson une explication « autorisée », qui satisfait pleinement le bon sens.

Le président Wilson veut une guerre qui produise des résultats décisifs, et pour les obtenir il compte sur une campagne militaire et navale, appuyée par l'embargo et le blocus. Mais il estime qu'une guerre sans décision serait fatalement suivie d'une guerre économique. Une union commerciale serait nécessaire pour combattre la « Moyenne Europe » allemande.

Voici le texte américain : « Dans le cas d'une guerre sans décision, les États-Unis et l'Entente ne regarderaient un traité de paix conclu avec le gouvernement impérial, tel qu'il existe actuellement, que comme une trêve. Dans ce cas, la ligue économique projetée l'an dernier à la Conférence de Paris serait maintenue, ainsi que toute autre combinaison propre à affaiblir l'autocratie allemande. »

Voilà qui est parler clair. Ce langage de nos alliés les plus hauts s'accorde avec la pensée française.

La Confédération des groupes commerciaux et industriels de France compte environ 400 groupes adhérents dans l'ensemble du territoire. Elle est probablement l'organisme le plus représentatif des classes moyennes commerçantes. Ses délégués, réunis à la Bourse du Commerce, sous la présidence de M. de Paloméra, membre du Conseil supérieur du travail, viennent de voter à l'unanimité une résolution à laquelle il n'est pas possible de refuser son adhésion.

*Les délégués de la Confédération des Groupes Commerciaux et Industriels de France, interprètes des sentiments de tous les adhérents vivants et des sentiments des familles de ceux qui sont morts pour la patrie, adressent aux chefs et aux soldats des armées alliées l'expression de leur admiration, de leur reconnaissance et de leur confiance, et, soucieux d'assurer à la France et au monde une paix durable, se déclarent disposés à tous les sacrifices jusqu'au jour où la victoire des Alliés leur permettra d'imposer une paix qui comportera :*

*1° — La restitution à la France de l'Alsace-Lorraine ;*

*2° — La restauration de la Belgique dans sa pleine indépendance ainsi que la satisfaction des légitimes aspirations nationales de tous nos alliés ;*

*3° — La réparation intégrale, aux frais de l'ennemi,*

de tous les dommages éprouvés par les régions et pays envahis, ainsi que de tous ceux occasionnés par nos ennemis aux personnes et aux biens, sur terre et sur mer ;

4° — *Des garanties réelles, ayant pour but et pour résultat, soit d'empêcher tout réveil du militarisme de l'Allemagne et de ses prétentions à l'hégémonie économique, soit de permettre aux Alliés de reconstituer leur outillage industriel et leur organisation commerciale et d'assurer la reprise de la vie économique par de justes indemnités payées aux États, aux provinces, aux communes, aux combattants et aux familles des héros tombés au champ d'honneur.*

*Tout traité conclu avec la nation de proie qui n'a jamais eu le respect de sa signature, qui ne comporterait pas ces garanties nécessaires sur les modalités desquelles il convient de laisser aux gouvernements responsables leur entière initiative, aboutirait à une paix trompeuse, précaire, source de conflits prochains. Il rendrait vains tous les efforts tendant à la constitution d'une Société des nations, qui, faute de ces conditions indispensables, serait incapable d'exister.*

Voilà le ton français, qui nous vaut l'estime, l'admiration et l'appui des nations. C'est quand ils nous voient penser avec cette fermeté que les Américains formulent sur nous ce jugement que je découpe dans la *Tribune de Chicago :* « Avant la guerre, les Allemands avouaient craindre la *furia* française, terrible, mais passagère. Ce qu'ils ont à craindre maintenant, c'est l'économie française, la résolution française, le sang-froid français, l'endurance française ».

Évitons de minimiser notre pensée aussi bien que de l'enfler. Soyons vrais. Ayons le souci d'apporter à la tribune et dans la presse des expressions qui donnent notre volonté dans sa plénitude, sans surplus et sans manque. Nous luttons pour rejeter l'agresseur et pour le mettre, nous l'espérons bien, dans l'impossibilité de recommencer. Une fois de plus, nous avons été les victimes d'une abominable machination ; nous nous battons pour nous défaire de l'envahisseur qui veut nous voler et nous assassiner, et nous désirons l'affaiblir pour que nos petits-fils soient garantis contre de telles épreuves. Les Allemands doivent être mis hors d'état de renouveler leurs crimes.

L'a-t-on suffisamment dit vendredi? On croit déjà sentir quelque bénéfice de l'épouvante où vivent en France les agents boches à demi démasqués. L'atmosphère devient plus respirable. Leygues a parlé heureusement de cette « pression atmosphérique » que l'Allemagne essayait d'établir sur les âmes à prix d'or, à grands renforts de feuilles vendues et de traîtres. Réjouissons-nous que cette centaine de misérables qui infectaient la France soient saisis ou à la veille de l'être.

L'assainissement commence. J'en veux pour preuve le relèvement sensible de la parole gouvernementale, qui, de concession en concession, s'abaissait vers un dangereux langage voisin du pacifisme. J'en veux pour preuve encore la décision de Kuhlmann, qui vient de briser net le piège pacifiste où ses agents, à grand renfort de millions, voulaient nous attirer.

Renonce-t-il à des manœuvres éventées et à un personnel brûlé. On peut l'admettre. Mais il est indispensable que, sans plus de retard, le gouvernement procède au nettoyage rapide et total, exigé pour le salut public.

# VIII

# M. MALVY A-T-IL FAIT SON DEVOIR?

*La Canaille du Bonnet Rouge.*

17 Octobre 1917.

« Après la clôture de l'instruction judiciaire, a dit le président du Conseil à Jules Delahaye, nous parle-rons des accusations de Léon Daudet contre M. Malvy. »

Painlevé semble avoir tout à fait raison. Sa faiblesse, c'est d'avoir lui-même parlé et apprécié l'instruction judiciaire avant qu'elle ne fût terminée ou même réel-lement commencée. Pourquoi, diable ! avez-vous parlé, monsieur le Président? Votre appréciation d'homme politique, votre attestation, ne nous apporte pas des éléments sur lesquels notre raison puisse fonc-tionner. Elle n'est d'ailleurs pas un jugement légal.

Le mystère subsiste sur les faits que M. Léon Dau-det a déposés devant le juge et que nous ignorons.

Il n'en va pas de même si l'on s'en tient à l'affaire du *Bonnet Rouge*. Au milieu de ses brouillards nous avons des points de repère certains.

Laissez-moi vous les exposer sans commentaires, le plus complètement que je puis.

Pour être bref, je ne demande pas à M. Malvy pour-quoi il a subventionné le *Bonnet Rouge*. L'événement montre assez qu'il s'est trompé lourdement. Mais je passe outre. Prenons les choses au moment où le caractère de trahison de ce journal et de ses h mmes lui a été s.gnalé.

« A la fin de 1915, au commencement de 1916 », M. Briand (ce sont ses propres paroles), « signalait à M. Malvy l'attitude du *Bonnet Rouge*, les agissements louches et antipatriotiques de son directeur et de quelques rédacteurs. »

Quelque temps après, il priait M. Malvy d'avertir certains députés qu'ils feraient mieux de cesser leur collaboration à une telle feuille.

Peu après encore, il invitait M. Malvy « à faire surveiller les dirigeants de ce journal d'une manière toute particulière. »

Il est étrange que ce soit le président du Conseil qui, par trois fois, ait eu à indiquer à M. Malvy les devoirs de sa charge. Mais quel fut l'effet de cette triple démarche?

M. Malvy a-t-il cessé de subventionner ces misérables? Nous ignorons la durée exacte, aussi bien que le montant, des subventions qu'a données le ministre.

M. Malvy a-t-il prévenu les collaborateurs du journal? Jusqu'à la dernière heure, nous avons vu dans le *Bonnet Rouge* des articles signés de noms considérables et qui pouvaient prêter à cette feuille une certaine autorité.

M. Malvy a-t-il fait surveiller sérieusement Vigo et ses rédacteurs principaux?

Ici, je réponds : Non, la surveillance sérieuse n'a pas existé. Il n'y a pas eu surveillance, mais perpétuellement une complaisance inexplicable.

Prenons le voyage en Espagne de juin 1916. On a dit que Vigo et Marion étaient allés en Espagne se mettre en relation avec un sous-marin. Oui, dit M. Malvy, un sous-marin avait été signalé à Carthagène pendant le séjour en Espagne de ces deux individus, mais ma police établit qu'ils étaient à Saint-Sébastien, et que matériellement ils n'avaient pas eu le temps d'aller à Carthagène. Ils ne se sont absentés de Saint-Sébastien que le 25 juin, pour aller à Bilbao, et en revenir le 26 au matin.

Eh bien ! sans avoir les moyens spéciaux d'informations d'un ministre, je sais et beaucoup savent ce qui se passe à Bilbao.. Deux bateaux allemands y séjournent sur la rivière profonde, en face de Portugalète. De fois à autre, des barques quittent ces bateaux et vont sur la haute mer, en partie de pêche ou bien en excursion de plaisance. Quand elles reviennent, on n'y voit plus les mêmes personnages. Au départ, c'étaient des hommes vigoureux ; au retour, ce sont des hommes hâves, épuisés. Qu'est-ce à dire? Les barques ont déposé leurs passagers sur un sous-marin et en ont recueilli l'équipage. Les bateaux allemands de Bilbao servent de lieux de repos et de ravitaillement ; ils sont les bases et les sanatoria des sous-marins allemands dans cette région.

Si Duval, Marion et Vigo avaient été fouillés à tous leurs voyages d'Espagne et de Suisse, auraient-ils pu recevoir de l'Allemagne non pas seulement le chèque de 150.000 francs, mais plus de 700.000 francs? (C'est le chiffre, à ce que je crois savoir, auquel est arrivée à cette heure l'instruction(¹). Je vous en laisse juges.

Tous ces gens-là passaient sans être fouillés.

Comment est-ce possible?

Nous avons un texte explicatif. Nous avons le témoignage qu'a donné, à la tribune, le 4 octobre der-

<hr>

(¹) Ce passage avait été censuré. Le lecteur remarquera combien mes articles à cette date ont été sabrés par la censure. On voulait m'empêcher de révéler les crimes de trahison, on couvrait les vendus, on sauvait des fossés de Vincennes et de l'exil les traîtres. Encore en bien des passages ai-je pu rétablir mon texte!

nier, M. Painlevé : « Par les indications du ministère de l'Intérieur, a-t-il dit, la Préfecture de police savait que Duval s'était rendu en Suisse, et elle avait tout lieu de présumer qu'il s'y était rencontré avec Marx ; elle pensait obtenir de Duval certains renseignements utiles... » ! !

Duval était chargé par la Préfecture de police, dans la personne du commissaire Dumas, de faire des rapports sur la situation économique de l'Allemagne.

Vous voyez le système. Vous voyez ce que vaut la filature dont M. Malvy nous a parlé et qui, d'après M. Viviani, aurait fonctionné 18 mois.

A côté de la filature, dure épreuve, nos maîtres avaient mis le remède pour le patient.

La Préfecture de police, avertie par le ministère de l'Intérieur, protégeait Duval. Elle en faisait son homme.

M. le président du Conseil nous a donné des renseignements complémentaires sur le mécanisme de cette protection : « Le 2e bureau, dit-il, en vertu d'une convention passée avec l'Intérieur, devait être chargé des surveillances à l'étranger et par conséquent c'est lui qui aurait dû effectivement être prévenu des passages de Duval à la frontière et des filatures qu'il y avait lieu d'ordonner à son sujet. Or jamais le 2e bureau n'a été averti de ces passages. »

Peut-on dire plus nettement que la filature de M. Malvy n'avait pas la moindre réalité et que l'ordre donné ne constituait qu'une dérisoire façade?

Pourtant Duval, un jour, fut pris. Comment la chose advint-elle ?

Par un merveilleux hasard.

Le 14 mai 1917, le capitaine X..., du 2e bureau, était en tournée d'inspection à la gare de Bellegarde. Un de ses agents vint lui dire : « Duval, du *Bonnet*

*Rouge,* est là. » Sachant quel est le personnage, le capitaine répond : « Fouillez-le et apportez-moi tout ce qu'il a dans ses poches. »

Duval crie, tempête ; on le fouille, on trouve le chèque.

— Qui donc ordonne cette saisie? demande Duval, en menaçant.

On ne lui répond pas. On lui dit :

— Revenez cet après-midi, vous aurez une réponse définitive.

Il va faire un tour en ville, revient et décidément s'entend refuser le chèque.

Il rentre à Paris, informe Vigo qui s'en va au ministère de l'Intérieur.

Quels propos furent échangés ? Tenons-nous-en à voir les effets de ce conciliabule. On évita de mettre en avant le directeur du *Bonnet Rouge.* C'est Landau que le ministère de l'Intérieur envoie au 2e bureau avec mission de reprendre le chèque. Landau entre dans le bureau du capitaine Y... et se présente de la part du ministre de l'Intérieur. Le capitaine en réfère au colonel Y... Celui-ci se met en relation avec le ministère de l'Intérieur.

M. Leymarie lui dit de restituer le chèque à ces messieurs.

Le 2e bureau n'a aucun moyen d'exercer à l'Intérieur une filature ni une recherche quelconque (c'est M. Painlevé qui le dit). La Sûreté refusait de s'occuper de cette affaire (c'est encore M. Painlevé qui le dit) ; l'Intérieur ordonnait de rendre le chèque (c'est toujours M. Painlevé qui le dit) ; tout conspirait pour sauver Duval.

Le 29 mai, un mardi, à 5 h. 30, le chèque fut remis à Duval, dans le 2e bureau, « par un capitaine qu'il ne faut pas attaquer, dit M. Viviani, car il avait été autorisé ».

Toutefois le 2ᵉ bureau gardait une photographie du chèque. Et la situation restait très grave pour les gens du *Bonnet Rouge* et leurs divers protecteurs.

Quatre jours plus tard, le 3 juin, M. Leymarie était nommé directeur de la Sûreté générale.

On commençait à causer. Le 17 juin, M. Ribot eut vent de cette histoire. Par ses soins et par les soins de la Guerre, le ministre de la Justice fut informé. Le 2 juillet, M. Viviani chargea le procureur de la République d'ouvrir une instruction judiciaire, qui fut confiée à M. Bouchardon.

M. Malvy prit un congé. L'arrestation de Vigo était devenue inévitable.

Vigo lui-même l'attendait. Il s'arrangea pour faire saisir entre autres un document secret concernant l'armée d'Orient, d'origine officielle, qui lui avait été remis par un de ses commanditaires (¹).

Vous savez le reste. Il mourut en prison dans des circonstances atroces qui demeurent inexpliquées.

Tirez vos conclusions. Elles sont certainement pénibles.

Je n'ai rien su des premières phases de l'affaire du chèque, dit M. Malvy. Et pourtant il reconnaît que, tout au moins en juin, il a connu la restitution. Comment se fait-il, dès lors, qu'il ait attendu le 20 août pour prendre une mesure contre M. Leymarie ?

Nous avons la certitude qu'il y avait toute une organisation défaitiste créée contre la France, à grand renfort d'or allemand. Pouvons-nous déclarer que l'ex-ministre de l'Intérieur a fait son devoir ?

(¹) Ce passage avait été censuré.

# IX

# POURQUOI LE MINISTÈRE CHANCELLE

*La Canaille du Bonnet Rouge.*

19 Octobre 1917.

Il eût paru déraisonnable de refuser vingt-quatre heures de réflexion supplémentaire à un homme à qui nous reprochons d'agir d'une manière peu réfléchie.

Painlevé ayant demandé un jour et une nuit pour préparer ses explications, trouver sa voie et rétablir son équilibre, nous les lui avons donnés hier. Cet après-midi, nous verrons, entendrons et jugerons.

De quelle manière le ministère compte-t-il s'y prendre pour démasquer et pour mener au poteau d'exécution les traîtres vendus à l'Allemagne?

Nos dirigeants vont-ils hésiter parce qu'ils rencontrent au cours de leurs recherches M. Malvy, qui se trouve avoir favorisé, dans des conditions à préciser, l'activité des traîtres?

Je ne prends pas à mon compte l'effroyable accusation portée par Léon Daudet; j'ignore comment il l'établit, mais je connais des faits graves à la charge de M. Malvy. Je les ai exposés ici dans des articles où le gouvernement a fait des coupures.

Le gouvernement lui-même (lisez avec soin son communiqué, c'est-à-dire le certificat qu'il a donné à M. Malvy) ne défend pas l'ex-ministre en termes décisifs et complets. Il n'est affirmatif que sur deux points. Le reste, il le laisse dans l'ombre et réserve l'action de la justice. Il refuse d'accueillir l'accusation de Léon Daudet et il déclare qu'à son avis M. Malvy n'a pas trahi dans le sens strict du mot, n'est pas entré dans le Comité de guerre avec la volonté de livrer à l'Allemagne nos secrets militaires. Mais cela posé, et sans empiéter sur ce que peut trouver de son côté le capitaine Bouchardon (devant qui Léon Daudet a déposé), il nous laisse toute liberté de croire qu'il y avait de sales affaires au ministère de l'Intérieur.

C'est qu'en effet on ne peut rien répondre à la série des faits que j'ai exposés dans mon article de mercredi.

Voyez la prudence significative du certificat gouvernemental.

D'abord, ce certificat ne s'appuie pas sur l'enquête Bouchardon. Le gouvernement ne connaît pas les dépositions que Léon Daudet a faites à M. Bouchardon. Le gouvernement nous apporte simplement le résultat d'une enquête qu'il a menée de son côté et sur deux points, sans plus. Il a constaté que les accusations « visant soit des communications à l'ennemi de documents militaires ou diplomatiques, soit des participations à des désordres militaires, ne reposent sur aucun fondement ».

Il y a des observations à faire sur ces deux affirmations. . . . . . . . . . . . . . . . . . . .

(4 lignes censurées)

. . . . . . . . . Il faudrait, en outre, étudier à l'aide de tous les documents militaires officiels la part qu'eurent dans les mutineries militaires les imprimés et les meneurs venus de l'intérieur du pays.

Nous ne pouvons pas admettre sans réserves le certificat du gouvernement. C'est une pièce sans preuves et indépendante des objections — que j'ignore — que pourraient y faire MM. Bouchardon, Léon Daudet et Clemenceau. Je vois des faits qui exigent des explications. Pourtant, je passe outre pour la commodité de la discussion et je dis que des faits sont acquis dont le gouvernement reconnaît la gravité puisqu'il évite de justifier totalement M. Malvy.

Comment nier que le ministère de l'Intérieur accueillait avec la familiarité la plus dégoûtante les bandits qui trahissaient la France? Il leur donnait notre argent. Quelle est la mensualité que M. Malvy versait à Vigo, et jusqu'à quelle date la lui a-t-il prolongée? M. Malvy a toujours refusé de nous donner là-dessus aucune réponse précise. M. Malvy ou le gouvernement nous la doivent. Ils doivent encore nous expliquer la comédie qu'était cette filature que le ministère faisait semblant d'exercer contre des hommes que, par ailleurs, il chargeait de missions à l'étranger pour la Préfecture de police, et qui pouvaient ainsi répondre : « Moi, un traître, un espion? vous voulez rire : je ne vais en Suisse, en Espagne, je ne cause avec Max de Mannheim que pour obéir à la Préfecture de police... »

M. Malvy ou le gouvernement devront de plus nous dire pourquoi le ministère de l'Intérieur donna l'ordre de restituer le chèque allemand aux traîtres Duval, Landau et Vigo, et si l'on persiste à nous raconter que M. Malvy désapprouva M Leymarie, nous demandons pourquoi M. Malvy mit M. Leymarie à même de continuer ses actes en le nommant directeur de la Sûreté. O faveur suspecte dans un tel instant de la tragédie !

« J'ignorais tout ! » Une telle ignorance est invraisemblable et coupable. Elle ne couvrirait pas toute la faute de M. Malvy, car celui-ci reconnaît qu'une fois son ignorance dissipée, il a tout de même gardé M. Leymarie. Il a su dès juin l'effroyable complaisance de son subordonné et ami, ordonnant de rendre le chèque allemand aux traîtres, et il n'a pris aucune mesure avant le mois d'août, et seulement quand les journaux l'y forcèrent.

Le ministre de l'Intérieur a-t-il fait son devoir? Toute la France répond que non.

Il y a un effort pour sauver les coupables. Il y a des grouillements dans l'ombre. De là l'hésitation que pour ma part j'éprouve à renverser le ministère. Raoul Péret me semble un honnête garde des sceaux. Il faut le garder.

Et pourtant ce ministère ne peut pas durer s'il continue de se montrer incapable d'apaiser l'opinion.

Painlevé en voit la nécessité. « Regardez du côté de l'armée », dit-il. Assurément, mais vous, chef du gouvernement, agissez de telle manière que les foyers d'infection qui nous inquiètent tous soient assainis et réduits. Délivrez-nous de tous ces traîtres qui, demi-assommés, demi-démasqués, font rage. C'est le seul moyen pour que la nation tranquillisée soit tout entière à l'espérance et à l'effort de guerre.

Ce ne sont pas les divulgations de Léon Daudet et de Clemenceau qui rompent l'union et qui diminuent le moral du pays. Le mal vient des Bocheries. Nous savons de source certaine que déjà pour une part immense l'événement a confirmé Clemenceau et Daudet. Nous voyons les prisons pleines des canailles qu'ils ont dénoncées. Alors personne ne peut admettre qu'on refuse de vérifier la suite de leurs accusations.

Le devoir du gouvernement, c'est d'exercer rapidement une action vigoureuse qui, en prodiguant la lumière sur tous les coins d'ombre suspects, ne laisse plus de place à ce qu'il est trop aisé d'appeler « la calomnie ».

Il ne s'agit pas de faire taire les accusateurs, mais de les mettre en mesure d'étaler leurs dossiers. Et puis quand ils ont parlé et que leurs dires ont été pesés, il faut saisir les coupables sans pitié.

Est-ce que la honteuse comédie de M. Turmel doit indéfiniment prolonger son scandale?

Turmel, Duval furent démasqués par le hasard. On a l'impression (et pour Duval la certitude) que la politique s'emploie ou s'employa à contrarier, à desservir ce hasard justicier.

Et voilà pourquoi le gouvernement chancelle. J'y vois des honnêtes gens qui ne se décident pas à passer à l'acte.

Ce soir ou dans peu de jours, nous aurons un nouveau ministère. Nos amis doivent agir sur sa composition. Moins sur le choix des personnes que sur son programme.

Les partis conservateurs, au cours de cette guerre, ont rendu des services immenses à l'armée et contribué puissamment à la belle tenue du pays : mais, pour diverses raisons, ils ne tiennent pas leur rôle avec une égale force dans le Parlement.

Sans doute ils comprennent mal l'utilité de ces interminables palabres en temps de guerre. Ils les redoutent. Ils eussent voulu les atténuer, et ainsi ils ont été amenés à s'y mêler moins que les socialistes. Si justifiée qu'elle soit dans son principe, cette réserve amène pourtant à la longue ce résultat fâcheux que les partis modérés pèsent insuffisamment dans les conseils du gouvernement.

L'heure est venue où il faut que les hommes autorisés expriment la volonté de la France conservatrice. Je ne leur demande pas de faire valoir des exclusions de personnes, mais d'empêcher que des passions partisanes prennent le dessus sur les intérêts nationaux.

Pas d'étouffement. S'il y a des coupables et quels qu'ils soient, le châtiment.

Tous ceux qui se sentent réunis (en dépit de divergences légères) par de grandes idées communes et qui les croient en danger doivent se rapprocher pour donner plus d'autorité à leurs sentiments et à leurs volontés et pour dire à ceux qui vont prendre le pouvoir quels sont, à leur connaissance, les moyens pour tendre vers la victoire l'effort total de la nation.

# X

# FAISONS JUSTICE SANS NOUS DÉSUNIR

22 Octobre 1917.

Quittons aujourd'hui l'affreux labyrinthe où le juge Bouchardon, son masque au visage, lutte contre les gaz boches et contre l'étouffement proboche. Vendredi, tous les députés se levèrent, se haussèrent sur la pointe des pieds, s'allongèrent, s'étirèrent, comme des personnages du Greco, vers le ciel où l'admirable lettre d'un soldat leur faisait voir le vol de Guynemer. Dans le même esprit, je vous propose de respirer l'air de Nancy. Aussi bien pourrons-nous en rapporter une leçon actuelle.

Nancy vient d'être rudement bombardé. Les blessés remplissent plusieurs salles des hôpitaux. Dans l'une de ces salles, l'autre matin, une pauvre fille, une noble et courageuse fille, qui de son métier est repasseuse et qui avait eu le bras arraché, parlait très haut :

— Qu'est-ce que vous voulez, disait-elle, il y a bien d'autres soldats qui sont blessés ! Avez-vous remarqué que les infirmes ont l'air diminué et triste? Ils ont l'air de s'excuser. Moi, j'aurais l'idée de me redresser. Seulement on ne peut pas crier sur tous les toits comment c'est arrivé. Si nous avions l'insigne, ça se verrait. On y a bien droit. Je pouvais m'en aller. Mais quand les soldats revenaient par charretées de blessés, je trouvais que ça ne serait pas beau. Et puis, quand j'ai été touchée, je rapportais justement du linge de soldat. Est-ce que je n'étais pas un peu de service?

C'était une belle et juste assimilation que faisait là cette courageuse fille. La tranchée morale que représentent les villes de la frontière peut équivaloir à la tranchée des soldats. L'idée avait pris comme une fusée dans cette salle d'hôpital. Tous disaient : « Il faut tâcher que nous ayons l'insigne des blessés. » Ils se consolaient dans la fierté d'être des soldats.

C'est mon compatriote et ami Henri Boucher, le sénateur des Vosges, qui me rapporte la scène. Il a recueilli ces propos à Nancy et les approuve vivement. Qui ne les admirerait et ne les appuierait? Nous demandons tous au gouvernement que l'insigne des blessés de guerre soit donné aux femmes, aux enfants, à tous les civils frappés par les projectiles ennemis.

Dans ce Nancy glorieusement frappé où d'humbles voix s'expriment avec cette fermeté, une voix encore s'élève et prononce des paroles exemplaires. Sur la tombe de Jean Buffet, royaliste et catholique, grand serviteur de la Lorraine et de la France, et qui a donné son jeune fils à la patrie, le préfet républicain Mirman a voulu apporter son hommage « au nom de la nation », et « pour dégager ce qui peut être un enseignement commun à tous les Français ».

« Union, confiance, labeur, a-t-il dit, c'est la consigne de guerre des Lorrains. »

Jean Buffet fut un des points d'appui sur lesquels reposa l'union, et nul ne contribua davantage à entretenir à Nancy, chez tous, la confiance dans le triomphe du droit et dans les destinées de la patrie. Il rappelait un jour qu'un de ses amis de Paris lui avait dit : « Ah ! vous êtes bien 20ᵉ corps ! » Il se parait de ce jugement comme d'une cocarde. Oui, du 20ᵉ corps il avait le cran magnifique.

Mirman, en énumérant les travaux de guerre de Jean Buffet a rappelé sa part dans l'œuvre de rééducation des mutilés. Mirman parlait sans doute de la Maison nancéienne des mutilés, mais nos lecteurs se rappellent que l'initiative que je leur ai demandé de prendre en faveur de nos grands blessés avait pour point de départ une lettre que, de Nancy, le professeur G. Michel, le notaire Howot et Jean Buffet m'avaient fait l'honneur de m'écrire. Jean Buffet occupait une des vice-présidences de la *Fédération nationale des mutilés*, entre Louis Barthou et Édouard Herriot (et avec M. Hébrard de Villeneuve). C'est dire qu'à Paris on sait faire de l'union des partis une vérité agissante. Mais le préfet de Nancy avait le droit de proclamer ce qu'a de salubre l'atmosphère des pays les plus voisins de la guerre ; il avait le droit de dire fièrement et douloureusement : « Quoi qu'il puisse advenir ailleurs, l'union demeurera dans notre département lorrain, sans un pli, sans un froissement, aussi longtemps que la patrie aura besoin qu'elle subsiste. »

Quelle force, quelle vertu dans une telle déclaration ! La faute indiscutable et initiale de Malvy fut de subventionner toute une presse d'accusations infâmes et d'y prendre au fond de son cœur du plaisir. Comme il nous a fait insulter pendant trois années, nous tous, gens de bonne volonté ! Mais nous deviendrions complices de sa coupable erreur si nous nous laissions irriter et contaminer par les jets de haine qu'il favorisait. Craignons qu'il ne nous entraîne à sa poursuite sur le terrain que nous lui reprochons. Limitons virilement l'opération. Pas de représailles ! Seulement la guerre implacable et clairvoyante aux Boches et aux bochisants, et l'extirpation de toute bocherie. Aussi est-il bon pour l'hygiène publique que nous respirions les textes que je propose aujourd'hui à mes lecteurs, et qu'après avoir mesuré le cloaque, profond mais limité, qu'il s'agit d'assainir, nous nous débarbouillions de cette vidange, sale et puante, au milieu de ceux « qui ont le sens national, je veux dire au milieu de ceux qui ressentent profondément ce que le mot Nation représente pour les hommes et qui savent de quelle noble communauté d'intérêt et d'idéal, de traditions et d'espoirs, de souffrances et d'enthousiasmes il est le symbole verbal, au milieu de ceux dont le cœur s'inonde de joie quand la patrie est en fête et se serre douloureusement quand elle est en deuil... »

Je n'en ai point trouvé d'autres que ceux-là dans les Marches de l'Est, ajoute Mirman. Travaillons tous pour qu'il en aille ainsi dans toute la France et pour que la propagande de trahison soit anéantie totalement sans laisser parmi nous aucun ferment de division.

*P.-S.* — J'ai reçu de M. le ministre de l'Armement et des Fabrications de guerre, pour la *Fédération nationale d'assistance aux mutilés*, « la somme de trente mille francs provenant d'un don anonyme ». La Fédération fera parvenir son remerciement à M. le ministre que j'assure de notre reconnaissance, mais je veux que le généreux bienfaiteur des grands blessés puisse trouver ici l'assurance d'une gratitude que nous regrettons de ne pouvoir lui exprimer directement.

# XI

# L'ÉLAN SUPRÊME DE NOTRE ARMÉE

24 Octobre 1917.

Remercions les combattants ! Nous savions tous, pour avoir consulté les chefs ou causé avec des permissionnaires, que le moral dans l'armée, à cette heure, est excellent. Mieux encore le prouvent de tels succès.

C'est admirable avec quelle fermeté les soldats s'engagent dans le tunnel sombre et froid au bout duquel luit le lointain printemps. Et tunnel, qu'est-ce à dire? A ciel découvert, des mois de pluie, de froid et de boue. On ne dira jamais assez le courage, l'esprit de sacrifice, la force d'espérance de cette armée qui a pour but de guerre d'arracher la France à l'envahisseur et d'empêcher qu'il renouvelle son attentat criminel. Avec quelle triomphante vigueur elle refoule les Allemands !

On avait cherché à saboter la résistance de l'intérieur. La propagande défaitiste, il y a quelques semaines encore, faisait rage. Déjà les bénéfices de la campagne d'assainissement se font voir.

M. Malvy a déclaré à la Chambre, dans la séance du 4 octobre, que « les responsabilités des incidents militaires de mai-juin 1917 ne sont pas des responsabilités de l'autorité civile... »

Il ne faut rien simplifier à l'excès. Les causes de ce drame du passé sont complexes. Il y eut de la déception à la suite de l'offensive d'avril, si considérables pourtant que fussent ses résultats. Et puis, tous, nous avons senti la justice et la nécessité de faire à des soldats qui peinent héroïquement les meilleures conditions de vie qu'il serait possible. Ici même, pour notre part, nous avons exposé, dans une suite d'articles sur *la vie quotidienne du soldat*, les améliorations que le généralissime s'appliquait à réaliser. Mais ceci dit, qui est exact, comment pourrait-on prétendre qu'il n'y eut pas de concordance entre le mouvement pacifiste et défaitiste et les mutineries?

Voyez les rapports des généralissimes successifs et les débats devant les conseils de guerre. Ils nous expliquent par quels moyens abominables le moral de quelques parties de l'armée fut, un instant, ébranlé.

Dans tous ces documents officiels, authentiques, qui fournissent une base certaine pour la discussion et pour l'intelligence de la situation, on constate que des faits se sont déroulés, que des réunions ont été tenues, des discours prononcés, des écrits distribués, où l'on voit souvent l'activité de l'étranger, et qui constituent une propagande allant de l'intérieur

(2 lignes censurées)

Il ne conviendrait pas et sans doute on ne permettrait pas que je fisse ici cette démonstration en apportant les textes auxquels je viens de faire allusion. J'ai pu les nommer parce que Clemenceau les a invoqués à la tribune du Sénat et qu'ainsi on ne peut pas accuser cet article d'aucune indiscrétion. Et d'ailleurs, si l'on veut supprimer mon raisonnement, il suffira que nous nous reportions aux paroles paisibles, fortes et claires prononcées par Clemenceau devant le Sénat, le 22 juillet dernier.

Tout s'y trouve ; écoutez le vieux républicain :

« On vous a donné lecture, a-t-il dit à ses collègues,

du réquisitoire terrible du général Nivelle ; il a été suivi d'un réquisitoire analogue du général Pétain. Savez-vous ce que M. Malvy a répondu au général Nivelle? Il a répondu : Mais tout ce que vous me dites là, je le connais ; c'est moi-même qui vous en ai informé... Quant aux promesses de sanctions, de poursuites : rien !... Bien plus, la Sûreté générale s'est mise en bataille contre le grand quartier général, auquel elle avait l'habitude d'envoyer tous les mois un rapport. Depuis ces événements, on a mis le grand quartier général au pain sec, il n'a plus d'informations. Il y avait pourtant un intérêt à le renseigner, puisque toutes les répercussions de ces mouvements (de l'arrière, tracts, excitations à la révolte, complots allemands, journaux vendus) devaient aboutir au front, où elles ont produit les résultats que vous savez... »

Le haut commandement connaît ces préparations défaitistes de l'armée et s'en plaint? C'est bien simple : de l'énergie! empêchons-le de continuer à les connaître.

Le chèque allemand venait d'être restitué. . . . . . . . . aux traîtres Duval, Landau, Vigo. On commençait d'en murmurer. M. Malvy nomma M. Leymarie à la direction de la Sûreté générale. Et le 5 juillet, ces deux messieurs élaboraient une circulaire « ayant pour but, nous dit M. Clemenceau, d'empêcher le quartier général de recevoir aucune information sur la propagande antipatriotique ».

M. Clemenceau a ajouté qu' « interrogé sur ce point (sur cette circulaire), quelqu'un d'important du ministère de l'Intérieur a répondu : Désormais c'est moi qui signalerai au grand quartier général les faits particuliers qui seront de nature à l'intéresser ». Et M. Clemenceau de continuer : « La vérité, c'est que le grand quartier général et les généraux de région doivent connaître la propagande pacifiste. Je ne vois pas quel intérêt a le ministre de l'Intérieur, ou plutôt je crains de le voir, à supprimer la connaissance directe des événements à l'autorité qui a pour mission de les réprimer dans le plus bref délai possible. »

Il est inutile que je donne ici une voix aux sentiments qui envahissent le lecteur à mesure qu'il médite ces textes. Dans les ténèbres qui subsistent, ils fournissent de fameuses lumières.

Va-t-on en rester là? C'est par l'Amérique que nous avons été sauvés des traîtres et des vendus. C'est l'Amérique qui a déchiffré les télégrammes où les agents boches exposaient leurs manœuvres criminelles. Nous, nous n'avons rien dû qu'au hasard. Le hasard a mis sous les yeux du public le chèque Duval, l'enveloppe Turmel. Que le gouvernement ne s'arrête pas dans le nettoyage et dans la lutte contre l'ennemi de l'intérieur. Qu'il aide le hasard. Il doit bien cela à notre armée victorieuse.

Hier, le ministre de l'Intérieur des États-Unis disait à ses compatriotes : « Ayez confiance et souvenez-vous que les prophéties de malheur ne se réalisent jamais aux États-Unis. » Nous pouvons en dire autant de la France. Mais « aide-toi le ciel t'aidera ». C'est un mot de Jeanne d'Arc passé en proverbe national.

Ces derniers jours, un journal dont l'apparition a été un scandale a publié (à propos d'un de mes derniers articles) un article infâme qui insulte toute une partie de la nation. C'est inacceptable. Le gouvernement se doit à lui-même d'exprimer son regret qu'une telle insulte à des Français ait été autorisée.

*P.-S.* — La Ligue des Patriotes tiendra une grande réunion populaire privée le vendredi 26 octobre, à 8 heures du soir, dans la salle des fêtes de la Mutualité, 325, rue Saint-Martin. Nos amis et lecteurs trouveront des cartes d'invitation aux bureaux de la ligue, 4, rue Sainte-Anne.

# XII

# NOUS SOMMES D'ACCORD !

*La Rive gauche du Rhin.*

29 Octobre 1917.

Pas de mot plus triste que celui-là, pour de vrais parlementaires, car s'ils sont d'accord la partie s'arrête et il n'y a plus moyen de continuer le jeu. « Nous sommes d'accord ! » Cette parole retentit comme un glas funèbre au milieu des opposants ; elle déçoit durement ces hommes de désir ; elle ruine leurs rêves, leurs plans, leurs préparations, toutes leurs chances d'hériter. L'horizon se ferme, les phares s'éteignent, les alliances se délient, les troupes se dispersent. La pauvre Perrette s'assied au fossé devant les débris de son pot au lait. « Nous sommes d'accord », tout est à recommencer : il faut trouver un nouveau motif de querelle.

Avez-vous entendu Barthou prétendre qu'il est d'accord avec lui-même, avec Painlevé, avec les socialistes ? Ceux-ci lui opposèrent une triple protestation. Il passa outre, maintint son dire et en fournit, point par point, la plus claire justification. Étant malade, je n'ai pu l'entendre, mais je l'ai lu et d'autant mieux contrôlé. Il a raison. Si pénible qu'il semble à quelques-uns d'en convenir, nous sommes d'accord sur les directions. En dépit des querelles que j'appellerai professionnelles, voulues par la règle du jeu, nous sommes unis par des sentiments, des instincts, des besoins qui nous sont communs, par une expansion de la vie qui est en nous, par une entente plus profonde et plus impérieuse que tout ce qui sort de la délibération des partis.

Les partis avaient inventé de se diviser sur la manière dont l'Alsace-Lorraine nous reviendrait. Il faut un plébiscite, semblaient dire quelques politiques, préoccupés de se nuancer. Mais non, Barthou a pu ramasser toute la Chambre autour du principe vrai : « Sur la question de l'Alsace-Lorraine restituée à la France sans conditions et sans plébiscite, il n'y a plus de discussion, a-t-il dit. Je constate l'accord. » Et quelqu'un à gauche souligna l'unanimité d'un mot : « Personne ne dit le contraire. »

Cette unanimité précieuse ne s'applique pas seulement au retour pur et simple de l'Alsace-Lorraine, mais à d'autres points où nous nous croyions divisés. Aussi bien pourquoi nous battons-nous? Le général Pétain, ayant posé cette question, y fait cette réponse que tous les Français contresignent : « Nous nous battons pour chasser l'ennemi de notre territoire et pour empêcher par une paix solide et complète qu'une pareille agression se reproduise jamais. »

Voilà posé le problème des garanties.

Nos pays de l'Est, effroyablement piétinés à toutes les époques par les gens d'outre-Rhin, les départements des Ardennes et du Nord dévastés, ensanglantés, et puis la Belgique veulent être protégés contre un retour offensif de l'Allemagne. Comment leur assurer cette sécurité? Comment la donner à la France? Comment créer la paix du monde? On le demande jusqu'en Amérique.

Des garanties pour la sécurité de la France, le groupe radical et radical-socialiste, qui est le groupe numériquement le plus important de la majorité républicaine, les a réclamées dans un manifeste. Chacun sent qu'il y a quelque chose à organiser sur la rive gauche du Rhin, au nord de l'Alsace-Lorraine. Mais quoi? Quel système trouver qui serve le mieux la paix du monde?

Écoutons les socialistes :

Hervé réclame pour la France le bassin houiller de la Sarre ; il demande « qu'on fasse de la rive gauche du Rhin un pays neutre détaché de l'Allemagne » et il place cette neutralité « sous la garantie de toute l'Europe nouvelle ».

Renaudel songe à la neutralisation de certains territoires sous certaines conditions. Et ces neutralisations sur la rive gauche du Rhin (en dehors de l'Alsace-Lorraine) qu'il juge nécessaires pour assurer la sécurité française et la paix mondiale, il les attend de la Société des nations.

Sembat écrit : « J'admets toutes les garanties possibles. Par exemple j'admets très bien la neutralisation de la rive gauche du Rhin au point de vue militaire ; l'interdiction aux Allemands d'y tenir garnison, d'y cantonner des armées, de l'artillerie, d'y garder des arsenaux, d'y occuper des forteresses. Mais je n'admettrais pas qu'on impose aux habitants des territoires rhénans l'oppression qui nous indignait quand elle s'exerçait contre les Alsaciens-Lorrains. »

Nous estimons avec Sembat qu'une intervention de la France dans la destinée de ces populations du Rhin, qui nous ont tant aimés, ne peut-être qu'en vue de fins bienfaisantes, et quand nous avons parcouru la basse vallée de la Moselle au-dessous de Thionville et de Sierck, c'était avec un prodigieux attrait de sympathie pour les forces qui sommeillent sur ce vieux territoire romain que la Prusse oppresse et contrarie. Mais ne cherchons pas à nous tromper nous-mêmes. J'entends quelquefois crier à ceux qui étudient la question du Rhin : « Prenez garde ! vous allez exciter les Allemands. » Si le reproche vaut quelque chose, il vaut contre toutes les conceptions de garantie, il vaut contre les propositions d'Hervé, de Renaudel, de Sembat, il vaut même contre celle que je crois la plus atténuée de toutes, et que met en avant la *Société pour l'étude des questions de politique extérieure*.

Cette société écarte l'idée d'une annexion soit à la France, soit à la Belgique, en même temps que l'idée d'un pays rhénan autonome sous le contrôle des Alliés ; elle propose la neutralisation d'un territoire allemand qui (afin qu'il échappe au sort de la Belgique en 1914) serait armé par les soins des Alliés.

Sur les confins belgo-allemands de la rive gauche du Rhin et sur les territoires aujourd'hui allemands qui ne sont pas l'Alsace-Lorraine, une zone serait établie qui passerait sous l'administration militaire des Alliés, tout en demeurant pour le reste sous l'administration germanique.

Ce système me frappe, disons-le en passant, parce qu'il est fort analogue en subtilité à celui que Jaurès rêvait pour l'Alsace-Lorraine. Jaurès me disait qu'on pouvait trouver dans l'ancienne vie de la rive gauche du Rhin, au XVIIe siècle, des types complexes d'après lesquels on modèlerait une forme d'existence mi-française, mi-germanique pour les deux provinces en litige. « Mais si ! me disait-il, mais si ! Pourquoi s'en tenir au brutal dilemme ? Lavisse dans son *Histoire de Louis XIV* fait voir de ces régimes de dominations enchevêtrées où les frontières politiques, économiques et militaires ne se superposent pas... »

Qu'en pensez-vous ? Sérieusement, vous imaginez que vous trouverez aucun moyen de prendre sur la rive gauche des garanties contre l'Allemagne qui n'irritent pas l'Allemagne? Déjà en lui arrachant l'Alsace-Lorraine vous la faites saigner. Vous entamez l'unité de l'Empire si vous reprenez les pays de Metz et de Strasbourg, aussi bien que si vous touchez aux provinces rhénanes et mosellanes. Pour les fils de Guillaume, de Bismarck et de Moltke, toute intervention, toute réorganisation sur la rive gauche, au delà des Vosges, c'est le dépècement et le démembrement de l'Empire.

Il faut cesser que les uns jettent à la tête des autres l'objection : « Vous irritez le sentiment allemand. » Cet argument vaut ce qu'il vaut et, selon nous, il vaut peu, mais en tout cas il atteindrait tous ceux qui, de quelque manière que ce soit, veulent prendre des garanties contre l'Allemagne pour la paix du monde, tous ceux qui ont mis leurs vues dans le dossier du Rhin.

J'ai sous les yeux une bibliographie que je me suis faite et que je crois incomplète, des ouvrages déjà parus sur la question. On en peut citer une trentaine, des Babelon, Aulard, Driault, A. Delaire, Dimier, Engerand, Marmottan, Onésime Reclus, Jullian, Stéphane Coubé, Albert Milhaud, Jacques Bainville, et toute la *Petite Bibliothèque de la Ligue des Patriotes* (Sirey, éditeur), à laquelle nous allons joindre la *Grande Route du Globe*, où M. Froideveau, l'éminent secrétaire de la Société de géographie, nous fait voir que le Rhin est pour nous le moyen indispensable de notre accès à la ligne gigantesque qui part de la mer du Nord (aux embouchures du Rhin et de l'Elbe) pour gagner Alexandrette et se bifurquer sur l'Égypte et le Cap, et sur Bagdad, les Indes et même l'Australie.

De telles vues sont utiles et nécessaires. Remercions les hommes compétents, venus des quatre coins de la pensée française, qui établissent, pour notre instruction, ce dossier d'études. Grâce à eux, déjà, le problème a pris forme. Sa solution doit être poursuivie dans un esprit sérieux, avec les méthodes qui président à la recherche de la vérité, en évitant d'y introduire la querelle des partis.

Il y a plusieurs raisons pour ajourner de porter à la tribune un débat qui n'a pas encore ses préparations suffisantes, ni son heure. Barthou a très bien dit qu'il ne peut pas y avoir de gouvernement sensé pour apporter, dès maintenant, au sujet des garanties, autre chose que des indications générales, des directions, et que des précisions seraient prématurées et dangereuses.

Mais de ce débat qu'il a voulu sagement écourter, tout de même une clarté jaillit, c'est que nous sommes bien plus d'accord que ne désiraient le voir ceux qu'entraînent la manie parlementaire et leur génie partisan. Petit à petit et comme instinctivement, il se forme chez nous tous une opinion commune, une terre solide, et voici que tous les partis, après des tâtonnements, voient se former en eux cette idée que le monde entier a besoin que des garanties efficaces soient prises sur le Rhin pour empêcher tout renouvellement de l'agression allemande.

*P.-S.* — J'ai reçu de M. Azeredo, vice-président du Sénat brésilien et illustre ami de la France, le télégramme que voici, daté de Rio de Janeiro, 27 octobre.

« *Enfin, nous sommes ensemble officiellement dans la lutte pour la victoire de la civilisation et de l'humanité contre la force brutale du despotisme. Tous mes vœux sont pour le bonheur des Alliés et spécialement pour la France...* »

Dans ce beau texte, chaque mot est à méditer : « *Enfin... officiellement* ». Oui, depuis longtemps, dès le premier jour, nous avons vu là-bas nos amis dont la France retient les noms. Et parmi les Alliés, c'est vers la France « *spécialement* » que le Brésil se tourne.

Grand service de la France à la cause commune. Elle fut debout la première, subit les plus rudes chocs. Et c'est elle encore qui attire, par l'amitié qu'elle inspire, successivement toutes les Amériques.

Nous remercions avec émotion Azeredo et avec lui tous les précurseurs de cette fraternité d'armes.

## XIII

## PAS D'ESCAMOTAGE!

*La Canaille du Bonnet Rouge.*

31 Octobre 1917.

On essaye de nous raconter que la République est mise en danger. Par qui? Je ne vois de danger que des Boches. Non, il faut la sauver de Maurras et de Daudet !

Quelle grossière malice !

Le régime n'a rien à craindre. Il n'a pas de remplaçant et le principe républicain est cher à l'immense peuple français. Mais les meilleurs principes n'ont leur vertu que s'ils sont servis par des personnes respectables et M. Malvy manque de valeur morale. Il a fait fermenter chez nous une effroyable pourriture ; il a jeté haineusement des bandits sur les Français qui, de leur mieux, travaillaient à l'union sacrée. En protégeant et en subventionnant les canailles du

*Bonnet Rouge*, en leur rendant le chèque allemand, quand elles furent pincées, il a manqué gravement à son devoir.

Cela est acquis. Cela, les Français le savent. Tous les cris, tous les gestes, toutes les dialectiques ne changeront rien à cette vérité. Du fait de l'appui qu'il a donné avec acharnement à Vigo et à d'autres traîtres, M. Malvy est dans une situation intenable.

C'est une question de savoir si l'accusation formidable de Léon Daudet est justifiée. Je ne la prends pas à mon compte, parce que je serais bien incapable de la prouver. Mais je jure que c'est une folie de dire : ceux qui attaquent Malvy, attaquent la République.

« La main au collet et la main sur les papiers. » Ce mot d'ordre fut lancé par le journal de M. Dubarry. En l'acceptant, nos ministres s'engagent dans une voie qui aggrave la situation de MM. Malvy et Leymarie.

Les papiers de Léon Daudet ont été chipés. L'accusateur n'a plus ses armes. Il déclare (je copie ses paroles) : « J'avais encore une vingtaine d'affaires de la taille des affaires Malvy, Almereyda, Lenoir-Desouches, Bolo, etc. En faisant placer mes papiers sous scellés, le gouvernement se trouve, sans le vouloir, avoir mis des scélérats, non encore démasqués, à l'abri de mes atteintes... »

Que peut-on là-dessus répondre à Daudet? Qu'il est un calomniateur.

Calomniateur ! Voilà des mois que les instructions, les arrestations et les condamnations se succèdent dans l'ordre qu'a choisi Daudet. C'est à la suite de ses appels retentissants et multiples que le nettoyage a commencé. Quand Malvy tutoyait et payait Vigo, Landau, Goldsky et autres crapules bochisantes, et se frottait les mains joyeusement à nous voir insulter, nous et les nôtres, par ces vendus, c'est tout de même Daudet qui voyait clair et qui défendait les honnêtes gens. Il assumait courageusement la besogne à laquelle j'ai le droit de dire que le gouvernement manquait. Voilà le service que nous n'oublierons jamais. Service national. Vraiment la situation de Daudet et Maurras ne peut être comparée à celle des Malvy et des Leymarie. Aucun Français ne le nie. Calomniateurs ! Diffamateurs ! Allons donc, nous savons tous qu'avec le républicain Clemenceau les royalistes Maurras et Daudet ont servi la France contre le boloïsme.

Mais Daudet s'est rendu coupab'e de dénonciation calomnieuse et de diffamation envers Malvy. Voire ! Nous avons des juges en France. Je ne saurai rien là-dessus tant que les ténèbres n'auront pas été éclaircies par une action régulière. Painlevé, Steeg et Raoul Péret ont conseillé à Léon Daudet d'aller devant M. Bouchardon. M. Bouchardon a-t-il conclu? Si M. Bouchardon ne suffit pas, il y a le Code pénal, la loi sur la presse. Quant aux perquisitions chez Daudet, chez Maurras, et aux suspensions de leur journal, ce sont des brimades inopérantes.

Nous avons des maîtres qui ne sont pas des faiseurs de calme. Pour étouffer l'affaire, ils s'y prennent comme s'ils voulaient l'enfler.

Painlevé, Steeg, Péret, vous croyez intelligent de mettre Léon Daudet dans la position d'un homme plein de secrets qu'on empêche de parler? Vous voulez ajouter à tant de terribles silences le silence de l'accusateur? Ce n'est pas assez du mutisme do Turmel?

Ah ! si vous aimez les tén'bres muettes. Que pensez-vous de la lueur sinistre qui vient de passer sur le cabinet du ministère de l'Intérieur et qui nous fait voir M. Leymarie convoquant le soldat Lenoir et sa mère, Mme Lenoir, et leur disant : « Lenoir, vous êtes un déserteur ; je vous fais arrêter et vous livrer à l'autorité militaire, à moins que vous ne cédiez le *Journal* à Bolo... »

De quoi se mêle donc le bras droit du ministre? Lenoir est un embusqué, Lenoir est un déserteur, mais il n'en aura nul ennui s'il consent à chanter sur un air allemand.

Ces honteux trafics viennent à la lumière dans le moment où paraît le rapport Jeanneney sur les embusqués et l'embuscade. L'honorable sénateur écrit que la loi militaire « est communément méconnue, souvent même violée sciemment et ouvertement... Le mal flagrant du favoritisme, l'omission générale de sanction ou même de toute recherche de responsabilité éclatent aux yeux ». L'honorable sénateur dénonce « la hideuse besogne de l'embusqueur ». Il s'écrie : « Qui oserait dire que des interventions variées n'y aient pas contribué souvent et que les dossiers n'en témoignent pas? » Ses deux cents pages ne contiennent aucun fait qui, de près ou de loin, approche de cette scène patibulaire du cabinet ministériel.

De tous côtés les cadavres remontent sur l'eau. Pendant des semaines, la censure m'a fait sauter dans chacun de mes articles les lignes où je demandais des clartés sur le document concernant l'armée d'Orient que Paix-Séailles a apporté au *Bonnet Rouge* et que Vigo s'est arrangé pour faire saisir quand on est venu l'arrêter. C'est un fait formidable. Clemenceau a pu le mentionner dans l'un de ses derniers articles. Si la censure fait sauter les lignes qui précèdent, elle ne pourra pas m'empêcher de transcrire Clemenceau, et j'en serai quitte pour me contenter de son X en place du nom propre que je désirais donner.

Clemenceau a écrit : « Pourquoi ne plus rien dire

de la remise d'un document secret du ministère de la Guerre aux mains du traître Almereyda? M. Painlevé, puérilement, a fait ouvrir une enquête contre X. Cet homme est nécessairement son subordonné, c'est-à-dire un homme dont il est responsable. A quoi ont abouti les recherches nécessairement laborieuses de M. Raoul Péret sur cet X dont le nom vole de bouche en bouche dans les conversations du boulevard ? »

Mais ce n'est pas tout. D'autres sentiers nombreux sont ouverts dans l'inextricable forêt. Au cours du récent procès du banquier syrien Rabbat, Me Hornbostel a déclaré : « Il est établi que Rabbat avait versé 30.000 francs à Vigo pour payer celui-ci d'avoir obtenu la suspension de l'arrêté d'expulsion qui avait été pris contre lui... » Nous désirons savoir à qui Vigo s'est adressé et en quels termes captivants. Nous voulons savoir par qui fut suspendu l'arrêté d'expulsion pris contre Rabbat.

Il est deux cents autres questions. Elles vont en plein contre les Boches de l'intérieur. Nous ne les posons pas à nos ministres, tant que nous jugeons qu'ils sont des honnêtes gens désireux de faire la lumière. Mais on pourrait se retrouver. Vite et tout, disaient Painlevé, Steeg et Péret. Je les crois sur parole. On désire toutefois qu'aux paroles ils joignent les actes. La saisie des papiers de Léon Daudet est-elle un acte? Rien qu'un acte de diversion.

En faisant un raffut de la Saint-Polycarpe autour de l'*Action Française*, on espère détourner notre attention du complot boche. C'est le truc de l'escamoteur qui dit à son parterre d'enfants : « Regardez là-bas, là-bas », quand il veut faire sauter le lapin de la soupière dans le chapeau. Pas d'escamotage. Nous demandons qu'on éclaire ces coins de ténèbres où circulent des lumières sinistres.

## XIV

# L'HOMMAGE AUX MORTS
# ET A LEURS FAMILLES

*In Memoriam.*

2 Novembre 1917.

L'église de Cuiry-Housse, au pays de Somme, est entourée, comme beaucoup de ses sœurs rustiques, d'un petit cimetière où, sous les tilleuls et les marronniers, reposent quelques soldats. L'herbe envahit leurs tombes où se défont d'anciennes couronnes. Mais au milieu de ce délaissement, dans un carré de terre bien net et bien propre, s'allongent deux tertres parallèles, entretenus avec un grand soin. Chacun d'eux a sa croix de bois noir. Entre les deux, comme pour les unir, une croix plus haute porte une plaquette de marbre blanc, où sont gravés en quatre lignes les noms de deux aviateurs allemands. Un officier, dont la compagnie cantonnait à Cuiry-Housse, faisait ces jours-ci observer à l'homme qui soigne ces tombes allemandes que sa sollicitude pourrait sans inconvénient s'étendre aux tombes françaises. L'homme répondit qu'il agissait comme il le jugeait bon.

Le fait peut être signalé dans un moment où de toutes parts l'immense public fait voir qu'il en a assez du boloïsme et de l'effroyable audace avec laquelle l'Allemagne agit au milieu de nous. Mieux qu'en donnant une voix à la piété que nous avons tous dans le cœur pour les morts, je puis être utile si je signale çà et là quelques négligences de cette piété.

D'un bout à l'autre de la France, d'immenses cortèges ininterrompus, aujourd'hui et demain, se presseront dans les cimetières. Mais nous devons entendre ce que me dit mon ami Niessen, le très méritant secrétaire général du *Souvenir français :* « Nous recevons des centaines de lettres sur l'abandon des tombes dans certaines régions... »

Allons dans la zone des armées. A plusieurs reprises, ici, j'ai écrit ce qui n'est que trop vrai, qu'un soldat a droit au sol sur lequel il est tombé. Il serait beau que chacun d'eux demeurât dans la place même qu'il a sanctifiée de son sang. La multitude des morts dispersés à travers l'horizon nous rendrait sensible la vie même de la bataille, et continuerait de crier aux générations successives : « Soyez prêtes ! » Au moins, s'il faut tenir compte des commodités de la culture, s'il faut que les pauvres morts disparaissent devant le soc de la charrue, transportons-les le long de la route qui traverse les terrains où ils se battirent, et qu'elle devienne une voie glorieuse. Je prends pour exemple les forêts du col de la Chipotte, où l'armée de Dubail soutint, pour la défense de la Moselle, les terribles combats d'août et septembre 1914. Combien de tombes au fond des bois, et sans chemins pour les visiter ! Certes, un tel repos est magnifique, et le chasseur, le forestier que le hasard met soudain en présence d'un de ces morts lui donne, en une fois, plus de sympathie que n'en reçoit peut-être, dans son cimetière urbain, le mort auprès de qui défilent des milliers de passants ; mais je ne discute pas et je cède à l'opinion de ceux que cette profonde solitude scandalise. Il appartiendrait donc à l'administration forestière, d'accord avec les communes ou les particuliers propriétaires des forêts, de créer un beau chemin des tombes, une voie le long de laquelle seraient créées des tranchées semblables à celles que l'abbé Collé, à Mesnil-sur-Deliette, et tous les prêtres vosgiens entretiennent auprès de leurs paroisses.

Isolées ou rapprochées des centres, beaucoup trop de ces tombes portent la mention : *Un soldat français inconnu.* Le colonel Lavigne-Delville (qu'il excuse mon indiscrétion) s'en plaignait à un ami après une visite aux champs de bataille de la Marne. « Souvent ces inscriptions, disait-il, donnent le matricule accompagné du numéro du régiment. Dès lors, il suffirait d'écrire au dépôt pour avoir le nom. En outre, cette expression de « soldat *inconnu* » pèse comme une note décourageante d'abandon dans la gloire de ces champs victorieux. Il y a là une faute de psychologie militaire et guerrière. Si vous ignorez le nom, mettez « *un Français tombé glorieusement face à l'ennemi* » ou quelque chose d'approchant. Voyez les Boches ; ils sont passés maîtres en psychologie guerrière ; ils inscrivent sur leurs tombes anonymes : « *Ici est tombé de la mort des héros un soldat allemand.* » Comme cela sonne plus chaud que notre « *inconnu* » !

Autre bonne idée, qui celle-ci, nous vient de Nice. Dans cette ville, le comité du *Souvenir Français* a autorisé, poussé les familles à placer une plaque commémorative sur la face intérieure des murs du cimetière militaire. Ces murs, à cette heure, sont couverts de plaquettes de marbre portant des inscriptions funèbres et glorieuses. Le mort repose au loin dans les régions de la guerre. Les familles se réunissent devant cette inscription, la viennent fleurir.

En visitant au cimetière de Charmes les tombes, très bien entretenues et fleuries par les dames de

Charmes, des braves qui tombèrent pour la défense de la trouée de la Moselle, je regrettais qu'on n'eût pas toujours inscrit sur les croix, au-dessous du nom du héros et de la date de sa mort, le lieu où il est tombé, la citation dont il fut l'objet, un rappel bref de la cause pour laquelle il s'est sacrifié, une indication du sens de la bataille. Ce n'est pas toujours possible? Il faudrait en chercher le moyen. Une tombe est un enseignement. Il s'agit de donner au mort une voix pour qu'il nous instruise, nous émeuve et nous oblige, nous passants, à nous souvenir de l'agression allemande et puis de nos obligations envers les combattants.

La grande affaire, pour bien honorer les morts de la guerre, c'est que nous les aimions. Là encore, les soldats nous doivent servir de modèles. « L'amitié des tranchées », « les Saints de la France », ces mots qui ne font que constater le sublime caractère de nos défenseurs, éveillaient les risées haineuses de ces vendus à la solde de l'Allemagne, qui furent, hélas ! trop longtemps favorisés, protégés et payés par M. Malvy. Gens de l'arrière, nous ne pouvons mieux faire que de tâcher de maintenir en nous quelque chose des sentiments qui animent nos fils et nos frères dans les minutes mêmes où ils sont à l'avant.

Qu'est-ce que le culte des morts au front? Au front, il n'y a pas de fête spéciale pour les morts. Les soldats ne se souviennent pas tout d'un coup, une fois par année, qu'il y a des morts aimés à honorer. Pour eux, cette commémoration, cette société des morts ne s'interrompt pas un seul jour.

Chaque jour, autant qu'ils le peuvent, les soldats entretiennent les tombes de leurs camarades, redressent la croix qu'un obus a renversée, réparent les balustrades rustiques, fleurissent des fleurs de la plaine ou de la forêt les tertres, et repassent avec leurs stylos les inscriptions à demi effacées.

Je me rappelle bien des traits que me racontait le lieutenant Pericard, celui qui cria le fameux *Debout les Morts* (et dont je vous conseille de lire les souvenirs dans *Face à Face*, dans *Ceux de Verdun*). Il me disait qu'un jour, dans une des tranchées d'Apremont, en creusant un boyau de renfort, ses camarades et lui remirent à la lumière la tombe d'un sergent longtemps enfouie sous un éboulis. « Pour ne pas la détruire, nous nous imposâmes de modifier le tracé de notre travail, et puis nous avons fait une croix neuve et mis un entourage. Trois mois après, je repassai par la même tranchée ; notre entourage, jugé insuffisant par ceux qui nous avaient suivis, avait été remplacé par une bordure de grosses pierres soigneusement disposées. Trois mois après encore (nos relèves se succédaient assez régulières dans cet endroit du front), la tombe s'ornait d'un faisceau de petits drapeaux tricolores et d'une douille d'obus où trempaient des marguerites. »

Autre exemple : à la Tête-de-Vache, toujours dans la forêt d'Apremont, il y a dans un ravin un petit cimetière de 5 à 6 tombes, datant des premiers mois de la guerre. C'était près de ce cimetière que le plus volontiers les chefs de bataillon remettaient à leurs hommes la Croix de guerre. Ils prenaient les morts à témoin du courage des survivants et les liaient, les uns les autres, dans une tradition sublime. Ils créaient une grande amitié mystérieuse.

Ce qui justifie et rend intelligible le culte des morts sur le front, c'est la profonde affection qui unit entre eux les soldats d'une même petite unité. Affection d'un ordre très particulier, et c'est bien le cas de parler avec une exactitude terrible, des liens du sang. Le soldat qui monte la garde sous les bombardements sait qu'il risque sa vie pour les camarades groupés dans l'abri, et ceux-ci reposent avec confiance sous la protection des veilleurs et du chef de section qui accomplit son quart.

Au combat, solidarité étroite. Machinalement on se porte aux points menacés ; on n'est plus qu'un seul corps, dont chaque membre travaille au salut commun. Songez à la grandeur de ce fait que l'on peut affirmer : il n'y a jamais un homme qui refuse son effort pour le service journalier aux tranchées. Des refus d'obéissance, à l'arrière, c'est toujours possible. En ligne, jamais. Chacun sent son obligation envers tous.

La vie de chaque soldat actuellement combattant est faite de deux, de quatre, de dix morts.

Et nous? C'est pour vous, lecteurs, c'est pour chacun de nous que ces soldats sont morts ou peuvent mourir. Il n'est pas de façon plus sûre, pour un chef de s'attacher le cœur de ses hommes, que d'entourer les morts de respect, de parler sur leur tombe, si possible, et de la faire entretenir de la manière la plus digne. Eh bien ! notre devoir, tel que le commande l'instinct et la raison, c'est de tourner notre affection et notre respect vers les familles des morts.

Qu'elles sachent, dans cette journée de leur deuil et de leur gloire, combien la gratitude de tous les Français les assiste. Ce matin, dans toutes les églises, on pensera à leurs enfants, et cet après-midi, à la Sorbonne, Lavisse, Barthou, Henri Bonnet seront l'interprète de notre hommage unanime.

*La Ligue des patriotes* et *la Conférence au village* ont créé un tableau, d'un caractère fort touchant, dessiné par Hansi, que nous sommes prêts à offrir à toutes les mairies pour qu'elles inscrivent le nom de leurs enfants morts pour la France. Je voudrais, en outre, que les ligueurs se demandent s'ils ne pourraient pas adopter et réaliser une belle idée du général Poulleau, président du *Souvenir Français*.

S'inspirant de ce que l'on voit dans quelques villages de l'Angleterre, où mes amis m'ont dit que sur
les ports, au long des rues, on voit çà et là, des pan-
cartes : « *Cette maison a envoyé un homme se battre
pour son roi et pour son pays* », le général voudrait
que les municipalités missent sur les maisons où ont
habité des militaires tués à la guerre, des plaques
avec l'inscription suivante : « En cette maison est né,
ou habitait un tel, tué le... à... en combattant pour
l'existence de la patrie et l'indépendance des peuples. »

Cette formule un peu générale pourrait être com-
plétée par des précisions particulières qui assureraient
la survie du mort dans notre mémoire et maintien-
drait le souvenir du crime allemand. Les Ligues du
souvenir, celle de Mirman, celle de Richepin, s'asso-
cieraient sans doute à cette action. Les morts de ces
quatre années ont une immense valeur d'ordre spirituel. Recueillons, écoutons leurs âmes qui nous com-
mandent de gagner la guerre pour qu'ils ne soient pas
morts en vain.

## XV

## POUR LES PRISONNIERS

2 Novembre 1917.

Après la reddition du fort de Vaux au début de
juin 1916, une généreuse lectrice de l'*Écho*, Mme Pom-
mery, m'a remis 500 francs, destinés à adoucir le sort
des défenseurs du fort pendant leur captivité. Le
commandant Raynal me désigna neuf de ses soldats
les plus malheureux. Depuis cette date, chacun d'eux
a reçu chaque mois un colis abondant.

Au bout de six mois, cette première somme de
500 francs épuisée, nous avons pu, sans faire appel à
nos lecteurs, continuer régulièrement nos envois.
Aujourd'hui, la caisse est vide, nos lecteurs croiront
certainement avec moi qu'il faut continuer à être
utile aux braves soldats du commandant Raynal.


# XVI

## POUR NOS MUTILÉS

*4 Novembre 1917.*

*Depuis trente-quatre mois que M. Maurice Barrès
a lancé son premier appel dans l'Écho de Paris en faveur des grands blessés de la guerre, la Fédération Nationale d'Assistance aux Mutilés a reçu 2.880.489 fr. 80.*

*Avec cette somme, des subventions ont d'abord été
données, à travers toute la France, à nombre d'œuvres
affiliées.*

*Puis, un Comité de Paris s'est formé qui reçoit toutes
ses ressources de la Fédération et constitue son principal
agent.*

*Notre but d'aujourd'hui n'est pas de détailler les
résultats obtenus soit pour la prothèse, soit pour la
rééducation et le placement. Le témoignage d'une légion
de mutilés, devenus nos amis, parle assez haut. Notre
président a d'ailleurs pris le soin de tenir ses lecteurs au
courant de toute notre histoire. Il voudra bien encore
appuyer notre appel.*

*Des ressources nouvelles nous sont nécessaires. Ce*

*n'est pas que notre trésor soit sur le point d'être épuisé. Après deux ans d'une féconde activité, sans aucun subside des pouvoirs publics, l'aide aux associations régionales, le don par le Comité de Paris de 3.200 appareils, l'entretien par lui de deux internats de rééducation et de nombre d'ateliers d'externes, il nous reste encore 634.653 fr. 25.*

*Mais les demandes continuent à affluer aux portes de nos écoles, comme à notre bureau de prothèse, et notre appui est chaque jour sollicité encore par des groupements départementaux.*

*Il faut que notre œuvre puisse ne rien diminuer de ses générosités jusqu'à la fin de la guerre. Son rôle ne doit même pas se terminer avec la paix. Il restera alors bien des membres artificiels à donner, bien des rééducations à entreprendre ou à terminer. Puis, plus d'une fois, ceux que nous avons déjà soutenus reviendront à nous dans des heures peut-être difficiles.*

*Des générosités sont donc encore nécessaires pour assurer l'avenir de la Fédération Nationale d'Assistance aux Mutilés. Mais nous avons la ferme confiance que notre appel sera entendu. Il est justifié par nos résultats et par nos besoins. Il s'adresse à un public qui a déjà prouvé comment il entend acquitter une dette sacrée envers ceux qui se sont sacrifiés pour le salut de la France.*

Pour la Fédération des Mutilés :

Le général PAU, *président d'honneur ;*

M. Maurice BARRÈS, de l'Académie française, député de Paris, *président ;*

MM. Louis BARTHOU, député, ancien président du Conseil des ministres ; HÉBRARD DE VILLENEUVE, président de section au Conseil d'État ; HERRIOT, ancien ministre, sénateur, maire de Lyon, président du comité de Lyon, *vice-présidents ;*

M. Olivier SAINSÈRE, secrétaire général de la Présidence
de la République, *secrétaire général ;*

MM. SIBEN, avocat général à la Cour d'appel de Paris ;
SILHOL, maître des requêtes honoraire au Conseil d'État, *secrétaires généraux adjoints ;*

M. Antoine de BOISSIEU, *secrétaire ;*

M. Philippe VERNES, banquier, *trésorier ;*

Mme ARCHDEACON, *présidente du Comité des dames ;*

MM. BETHENOD, président du Conseil d'administration
du Crédit Lyonnais ; Ernest CARNOT ; comte de
CHAUMONT-QUITRY ; Charles CHENU, ancien
bâtonnier de l'ordre des avocats ; le général DE-
LANNE ; Stéphane DERVILLE, président du
Conseil d'administration du P.-L.-M. ; J.-B. DE-
PELLEY-DUMAINE, ambassadeur de France ;
le général GOETSCHY ; Ch. GOMEL, président
du Conseil d'administration de la Cie de l'Est ;
P. HOTTINGUER, banquier ; docteur A. JALA-
GUIER, de l'Académie de médecine ; Gabriel
HANOTAUX, de l'Académie française ; vicomte
d'HARCOURT ; Henri LAVEDAN, de l'Acadé-
mie française ; comte Maurice PILLET-WILL ;
docteur S. POZZI, de l'Académie de médecine ;
Henry SIMOND, directeur de l'*Écho de Paris* ;
Maurice de WENDEL, maître de forges, *membres
du Comité de direction.*


Pour le Comité de Paris :


MM. Maurice BARRÈS, de l'Académie française, député
de Paris ; Frédéric MASSON, de l'Académie
française, *présidents d'honneur ;*

M. Louis BARTHOU, député, ancien président du Conseil
des ministres, *président ;*

MM. Louis AUCOC, membre de la Chambre de commerce,
conseiller municipal, ancien vice-président du
Conseil général de la Seine ; BOURLON DE SAR-
TY, président de l'Œuvre des Mutilés pauvres ;
Charles CHENU, ancien bâtonnier de l'ordre des

avocats ; KEUFER, secrétaire général de la Fédération du livre ; MUELLE, secrétaire du Comité inter-syndical d'apprentissage des industries
du vêtement ; général GOETSCHY ; professeur
LEGUEU, de la Faculté de médecine de Paris ; Henry SIMOND, directeur de l'*Écho de Paris*,
*vice-présidents ;*

MM.   Philippe VERNES, banquier, *trésorier ;* Paul
EYERRE, *trésorier adjoint ;*

M. Antoine de BOISSIEU, secrétaire de la Fédération, *dé-
légué près le Comité de Paris ;*

M. A. SOUCHON, professeur à l'École de droit, *secrétaire
général ;*

MM. Roger BERTIN, avoué au tribunal civil de la Seine ;
G. LAMIRAUT, receveur des finances à Paris,
*secrétaires généraux adjoints.*


Vous venez d'entendre cet appel. Il s'adresse à la
générosité du plus pauvre et du plus riche. Notre
œuvre est essentiellement une œuvre privée. Pour
garder notre indépendance complète, nous avons pré-
féré renoncer peut-être à des subventions. Ce n'est pas
par passion politique ; notre volonté d'union sacrée
s'affirme dans la composition de nos comités directeurs, où voisinent Louis Barthou, Édouard Herriot
et Keufer, le secrétaire de la Fédération du Livre. Ce
n'est pas non plus par esprit étroit de système. L'État
fait beaucoup pour les mutilés ; il leur fournit des
appareils qui deviennent sans cesse meilleurs ; il a des
écoles de rééducation, parmi lesquelles Saint-Maurice,
sous la direction éminente du docteur Bourillon. Mais
les méthodes de l'initiative privée, qu'on a trop tendance aujourd'hui à décourager et à reléguer, ont une
fécondité excellente.

C'est notre initiative qui a ouvert la voie, quant aux
appareils, et peut-être montré des devoirs. L'action
de la *Fédération* a eu une portée générale dans l'his-

toire des soulagements aux grands blessés de la guerre. C'est nous qui, les premiers, avons donné autre chose que de simples pilons, et c'est en suivant notre exemple que l'État est entré dans la voie de l'appareillage.

Aujourd'hui encore, malgré l'œuvre du service de santé, les mutilés nous assiègent de demandes. Nulle meilleure démonstration de notre utilité. Une œuvre privée forcément a plus de souplesse que l'État, peut mieux tenir compte de chaque profession, de chaque blessure, on peut presque dire de chaque caprice. Les mutilés ont le droit d'avoir des goûts et des dégoûts, et de s'accommoder mieux de tel ou tel appareil.

De même, la rééducation n'est pas une tâche seulement technique. Il y a, là surtout, des devoirs moraux. On doit collaborer avec le blessé pour le choix de sa future profession, le guider sans rien lui imposer, le soutenir aux heures toujours très dures des premiers essais, quelquefois l'empêcher de se croire trop vite suffisamment armé pour se mettre à son nouveau métier, quelquefois à l'inverse, ne pas le laisser s'endormir dans la quiétude de la période de rééducation.

Les lecteurs de l'*Écho de Paris* n'ont pas été seuls à songer aux mutilés. Nous rendons hommage à l'*Aide immédiate*, à l'*Œuvre des colonies étrangères*, à laquelle tous les Français doivent de la reconnaissance, à l'*Association générale* fondée par le général Malleterre, aux œuvres de la Ville de Paris et de certaines municipalités. Mais ces belles émulations, que notre initiative a fait surgir et qui rendent de grands services, nous persuadent de chercher toujours de nouvelles améliorations.

Depuis quelques mois, nous avons ouvert, dans notre maison de rééducation du 140 des Champs-Élysées, des cours à l'usage des officiers. Un grand nombre d'officiers mutilés, qui se trouvent dans les hôpitaux de Paris, sont déjà en état de travailler, et n'en ont pas les moyens. Ils souffrent de l'oisiveté. Qu'ils viennent chez nous. Ils y trouveront un enseignement d'ordre très général, préparatoire soit à des fonctions administratives, soit à la vie commerciale : enseignement des langues vivantes, des principes de comptabilité et de droit usuel, complété par des conférences que des professeurs de la Faculté de droit veulent bien faire à ces messieurs sur les grandes lignes de notre organisation politique, administrative et économique. Nos lecteurs savent la variété de notre action, nos internats et nos externats, notre bureau de placement, nos filiales de province, l'Association de nos anciens rééduqués, qui forme un centre de camaraderie où chacun d'eux nous fait part des desiderata de tous et où la *Fédération* peut apprendre utilement à se rectifier elle-même. La place me manque pour en donner aujourd'hui des détails, mais je devais au moins signaler cette nouvelle création, de grande utilité, que nous venons de faire en faveur des officiers mutilés.

A nos lecteurs de soutenir une œuvre qui est la leur et de répondre à l'appel pressant de nos comités directeurs. Que ces généreux bienfaiteurs reconstituent un trésor dont ils savent que l'administration fut habile et sage.

Ils le savent pour avoir entendu, dans nos assemblées générales, les rapports de notre éminent secrétaire général, M. Souchon, le professeur à la Faculté de droit, les comptes rendus de M. le général Goetschy (pour le quai de la Rapée) et de Mme la comtesse de Warren (pour les Champs-Élysées), et s'ils ne les ont entendus, pour en avoir lu l'*in extenso* ou l'analyse dans l'*Écho de Paris*. Et s'ils désirent les étudier, ils pourront les consulter au 63 des Champs-Élysées. Nos premiers souscripteurs, accrus par de nouveaux amis, voudront maintenir une œuvre dont ils sont fiers et qui depuis trois ans donne une forme agissante à leur profonde gratitude pour nos défenseurs.

En tête des nouvelles listes que l'*Écho de Paris* va publier régulièrement, c'est une profonde satisfaction pour nous de pouvoir inscrire un témoignage qui nous vient du Corps français le plus hautement respecté, je veux dire de l'*Institut de France*. L'Académie des sciences morales et politiques m'a fait l'honneur de m'attribuer, comme président et fondateur de la *Fédération nationale des Mutilés*, le prix Corbay (400 francs de rente viagère) « destiné à récompenser celui qui aura produit l'œuvre la plus utile dans l'ordre des sciences, des arts, des lois, de l'agriculture, de l'industrie ou du commerce ». Un tel hommage, et d'une si haute Compagnie, va tout droit aux hommes éminents dont on vient de lire les signatures au-dessous de notre appel et, plus encore, il va aux soldats de la France, à qui une fois de plus l'Institut de France a cherché à exprimer les sentiments d'admiration et de fraternité qui nous remplissent tous, devant leur vaillance victorieuse. Déjà l'Académie française, l'an dernier, avait magnifiquement inscrit notre œuvre sur son palmarès et, par la plume de Frédéric Masson et puis d'Ernest Lavisse, avait salué nos sauveurs et parmi eux ceux qui furent mutilés pour que la patrie cessât de l'être.

Naturellement, ces 400 francs de rente viagère, je les réserve aux mutilés, et c'est la *Fédération* qui en fera l'attribution. C'est grand honneur et beau symbole que nous puissions inscrire cette munificence de l'Intelligence française en tête des listes que nous prions de tout cœur nos amis et lecteurs de remplir.

# XVII

## EN REGARDANT AU FOND DES CREVASSES

### I

### LA CANAILLE DU BONNET ROUGE

7 Novembre 1917.

« Vite et tout », a dit le président du Conseil, voici déjà plusieurs semaines. Et depuis nous avons eu cet essai de diversion, « le complot de l'*Action Française* », invention où l'odieux se mêle au grotesque.

Il faut que le malaise soit dissipé, l'atmosphère assainie, la défense nationale réorganisée et raffermie contre la corruption par l'or allemand. Il faut que le gouvernement nous dise quel fut notre péril, de quelle manière la trahison nous avait envahis. Il faut enfin que la justice militaire montre à la nation les cadavres des traîtres — ou l'innocence des calomniés.

Des instructions judiciaires sont ouvertes. Des magistrats, à propos d'affaires particulières, recherchent des fragments de vérité. Je n'élève aucun doute sur l'activité, l'indépendance et l'ardeur que ces hommes respectés apportent à remplir tout leur devoir. Laissons-les faire leur travail. Mais est-ce bien toute la vérité que leurs enquêtes un peu éparses peuvent amener à la lumière ?

Le salut public ne serait pas assuré par des lambeaux de vérité. Les enquêtes judiciaires actuellement en cours ne peuvent suffire à nous apporter les solutions complètes qu'exigent des problèmes de vie ou de mort. On s'en sert pour nous mettre en pleine incohérence.

Prenez l'affaire Malvy. Officiellement, existe-t-il ou non une affaire Malvy? Clemenceau, devant le Sénat, accuse M. Malvy d'avoir trahi les intérêts de la France. M. Malvy donne sa démission. Mais l'accusation du vieux sénateur, au patriotisme ardent, n'est suivie d'aucune enquête. Il n'est procédé à aucune vérification contradictoire. Daudet écrit au Président de la République. On charge le capitaine Bouchardon, saisi de l'affaire Duval, d'entendre Daudet. Mais le capitaine Bouchardon n'est pas saisi de l'affaire Malvy; il n'y a pas d'information ouverte contre M. Malvy; le capitaine Bouchardon ne peut pas purger l'accusation portée par Daudet. C'est une impasse. Le gouvernement le sent si bien qu'il lance lui-même, par une procédure sans exemple, une sorte de sentence. Cette sentence, toutefois, prononcée sans enquête sérieuse par des gens sans qualité, est dénuée de tout effet.

Au reste, les instructions judiciaires n'établiront que des responsabilités judiciaires et pénales. S'il y a des responsabilités professionnelles et politiques, la justice n'est plus compétente. S'il y a, comme il apparaît dès maintenant, de profondes réformes à apporter dans l'ensemble de nos services de sûreté, dans leur personnel, dans leur esprit, dans leur organisation même, qui donc s'en préoccupe? En quel lieu et par qui se font les enquêtes qui devraient les préparer?

Le gouvernement est traîné par les affaires en cours et les suit en fermant ses oreilles et ses yeux.

Beaucoup de choses se disent chez les magistrats

instructeurs, qui n'intéressent pas directement leurs instructions, mais très gravement le salut public, et d'où le gouvernement devrait tirer des conséquences politiques.

Ainsi l'affaire du *Bonnet Rouge*; ainsi l'affaire du *Journal*. Qu'y voyons-nous?

Le ministre de l'Intérieur, M. Malvy, à qui incombe la responsabilité suprême de la sûreté nationale, subventionne le *Bonnet Rouge*, journal allemand.

Son chef de cabinet, M. Leymarie, transformé par lui en directeur de la Sûreté est mêlé, d'une manière coupable dans les affaires du *Bonnet Rouge* et du *Journal*.

Nous apprenons que la Préfecture de police confiait des missions à Duval, que l'on avait mis soi-disant en filature, et qu'elle donnait des passeports pour la Suisse et l'Espagne, où des misérables, déjà accusés de trahison, allaient rejoindre nos ennemis et vendre nos secrets.

Nous apprenons que le deuxième bureau du ministère de la Guerre, sans saisir son ministre, par une entente directe avec la Sûreté et le cabinet du ministre de l'Intérieur, a rendu à Duval le prix de la trahison.

Et voici qu'on prononce, à propos de l'affaire du *Journal*, une fois encore, le nom du capitaine Ladoux, appartenant à ce deuxième bureau.

Tout cela va-t-il demeurer sans aucune suite et dans cette effroyable équivoque?

Simples défaillances individuelles, dira-t-on. Nul n'admet que les services d'où dépend la sécurité nationale aient pu être aussi facilement désarmés par des défaillances individuelles. A côté de ces défaillances, il faut qu'il y ait eu des complaisances. On croit les voir qui se prolongent de plusieurs côtés en ramifications criminelles.

Et contre les défaillances d'ores et déjà commises,

pourquoi nulle sanction? M. Leymarie a donné sa démission, comme plus tard M. Malvy. Croit-on que cela suffise? Nulle enquête sur eux ! Et rien pour la Préfecture de police et le deuxième bureau de la Guerre? Mais le ministère de l'Intérieur, la Sûreté générale, la Préfecture de police, le deuxième bureau de la Guerre, c'est toute l'organisation de sûreté et de contre-espionnage. Ce sont toutes nos places fortes, auxquelles il faut ajouter la Chambre des députés et le Sénat, où l'on voit Turmel, ses billets de banque suisses dans la main.

Dors-tu, gouvernement? Et pourquoi? Tant d'inertie justifie les réclamations auxquelles je donne une voix. Sans parler des faits qu'on murmure et des piétinements affolés qu'on devine derrière les murailles, les crimes qu'on nous a révélés d'une manière officielle et les scélérats qu'on a arrêtés prouvent que l'ennemi a trouvé dans les organismes mêmes institués pour le combattre des complaisances.

J'atténue, je fais tout exprès grisâtre cette page; mais, en vérité, quel chaos ! Des traîtres, des vendus, des dévoyés, des suspects, des malheureux qui sont des victimes ou des misérables, une sarabande infernale, une « chaîne », comme a dit Vigo dans son testament effroyable. La chaîne tournoie dans les ténèbres, et sur elle passent par éclairs de grands coups de lumière.

C'est le hasard seul qui fournit ces brèves illuminations dont plusieurs hommes mourront. Le gouvernement des États-Unis nous a fourni sur Bolo ce qu'une commission rogatoire était bien impuissante à trouver. Turmel fut signalé par sa prodigieuse étourderie propre. Duval vraiment n'a pas eu de chance d'être dépouillé de son chèque quand les services administratifs s'appliquaient si paternellement à le protéger.

Autour de ces malchanceux, une machine policière en torpeur. Deux, trois hommes sans plus, justiciers de bonne volonté, qui se dressent avec le mandat qu'ils tiennent de leur clairvoyance et de leur énergie.

Il y a des responsabilités qui appartiennent au seul gouvernement. C'est à lui de les prendre. Mais jusqu'à cette heure, il hésite et ne sait que laisser faire.

Nous n'avons pas le pouvoir à notre disposition ; nous avons du moins, chacun, notre part d'intelligence. Servons-nous-en. La lumière est une force d'assainissement. Cherchons à réduire le domaine des ténèbres et de l'inintelligible. « L'enfer même a ses lois », déclare magnifiquement le poète. C'est-à-dire que même l'immonde, l'anarchique, l'inhumain, ce qui révolte notre goût et notre pensée, ce qui semble contredire la vie et la vérité, se développe d'après un plan, selon une logique et peut être compris. Comprenons donc cet apparent chaos.

Ce sera hâter notre délivrance.

Pour deviner combien étendu et profond a été le travail souterrain de l'effort allemand, nous avons de nombreuses fissures formées par d'heureux hasards qui nous permettent d'utiles sondages. Nous avons surtout ces deux grandes crevasses, l'affaire du *Journal* et l'affaire du *Bonnet Rouge*.

Je n'annonce rien de « sensationnel ». Simplement un essai de méthode. En partant des faits connus, nous essayerons de mettre de l'ordre aux alentours de l'inconnu. Et pour commencer par le commencement, cherchons, du mieux que nous pourrons, à mettre au clair, d'après notre expérience des dernières années, la politique de M. Caillaux.

C'est elle qui donne une philosophie de la situation.

## II

## JOSEPH CAILLAUX, LE MAITRE DU BAL

9 Novembre 1917.

Vigo, dans ses derniers abois, a jeté un cri terrible, à la fois menace et confession : « ... Quand l'*Action Française* et autres torchons de sacristie me traînent dans la boue, ce n'est pas moi qui en réalité suis visé : c'est Caillaux. Quand Hervé vilipende M. Dubarry et le *Pays*, ce n'est pas à Dubarry qu'on en veut, c'est à Caillaux. Je ne pense pas trop m'avancer en disant que ce qui est vrai pour moi, relativement à Caillaux, est vrai pour ce malheureux Duval, relativement à moi. Mon malheureux ami n'est que le dernier maillon d'une chaîne avec laquelle les ennemis ou les profiteurs du régime espèrent étrangler les empêcheurs de danser en rond. »

De toutes les crevasses que les convulsions de ce monde souterrain font s'ouvrir, on entend sortir le même nom. Au fond de tous ces puits, on distingue le même personnage. Caillaux, toujours ! C'est la lueur du commencement et l'étincelle première de l'incendie. Cherchons à écarter le voile du personnage. Il est de bonne méthode de s'adresser d'abord à ce qui porte en soi des signes, fussent-ils funestes, de supériorité et de force.

Il y a des ministres qui ne le sont que pour s'être tenus, en dissimulant leur bêtise, sur le chemin des hommes chargés de composer un cabinet. Ils ne peuvent se faire remarquer qu'autant que l'on bute du nez contre leur médiocrité. M. Caillaux n'est pas de ces néants. Il ne se fait que tro  reconnaître avec tous ses remuements enragés et ses pirouettements sur ses talons rouges dans la fange. Il y a une pensée sérieuse (encore que détestable) dans sa politique essentielle, mais si vite emportée dans le tourbillon des noires intrigues et des extravagances ! C'est un de ces hommes qui ne semblent jamais si heureux qu'alors que les affaires s'embrouillent, et qui éprouvent des délices et un sentiment de gloire à déchaîner et à manier les cupidités des individus et les imaginations des masses.

Dans la grande ménagerie historique des hommes bien doués qu'il vaudrait mieux, pour la paix des peuples, ne pas laisser courir à travers le monde, on peut placer la cage de M. Caillaux non loin de celle de François-Paul de Gondi, cardinal de Retz, dont le libertinage et la fureur d'intrigue du moins nous ont valu un chef-d'œuvre de psychologie politique. Toutes différences gardées, ce sont des hommes qui aiment être portés sur la tête des masses pour sourire de plus haut au cynisme de leurs propres pensées. Mais d'ailleurs passons aux faits.

M. Caillaux, chef unique et incontesté du parti radical-socialiste, pour attirer à son parti le nombre électoral et pour assurer son maintien au pouvoir, avait à enrayer une redoutable concurrence. Les socialistes soutiraient aux radicaux leurs troupes, en exploitant le rêve d'une paix universelle. Il sentait que l'anticléricalisme et la distribution des places ne suffisaient plus. Que faire, qu'inventer? Il accueillit une pensée noire, d'où découla par voie de conséquence tout le mal.

Les élections partielles témoignaient avec certitude que les masses populaires, mal informées du péril allemand, répugnaient aux sacrifices militaires que leur demandait la loi de trois ans. M. Caillaux jugea qu'il devait à tout prix adopter l'abandon des trois ans comme plate-forme électorale.

Toutefois, il avait un sens trop pratique des réalités pour ne pas se rendre compte que, de toute évidence, une politique intérieure de désarmement impliquait, comme corollaire nécessaire, une politique diplomatique d'accords avec l'Allemagne. Désarmer la France, sans s'être assuré au préalable d'une entente avec l'Allemagne (décidée à détourner contre l'Angleterre toutes ses forces militaires pour lui arracher l'empire des mers), c'eût été nous mettre sans défense à la merci d'une agression mortelle. Ainsi M. Caillaux conclut à une politique conjuguée de désarmement et d'alliance avec l'Allemagne.

Cette conception — détestable, puisqu'elle plaçait la France sous la servitude de l'Allemagne — avait à ses yeux l'avantage de faire descendre des nuées le rôle pacifiste de Jaurès, les théories de fraternité des peuples et d'internationalisme ouvrier, pour entreprendre leur mise en pratique et leur réalisation. Le programme socialiste s'en trouvait escamoté par le parti radical, à son profit électoral.

Cette double politique, M. Caillaux l'a réalisée lorsqu'il détenait le pouvoir. Mais, tandis qu'afin de pouvoir activer sa propagande électorale, il ne dissimulait pas son aversion pour le maintien de la loi de trois ans, il se gardait bien de pratiquer à visage découvert sa politique d'entente avec l'Allemagne, car il eût craint de compromettre son prestige, en alarmant le patriotisme de la nation.

Il s'accorda avec l'Allemagne, mais par des accointances personnelles, pratiquées à l'exclusion de nos agents diplomatiques et de son propre ministre des Affaires étrangères, M. de Selves. Il se réservait d'amener petit à petit l'opinion publique, par un lent travail de désagrégation patriotique, à se montrer moins farouche à l'égard d'un rapprochement avec l'Allemagne, en représentant que nous aurions, à nous unir avec nos ennemis héréditaires, un intérêt d'argent. La France ne tirerait-elle pas parti de ses réserves métalliques par des accords financiers? ne mettrait-elle pas en valeur ses richesses minières et métallurgiques, à l'aide de la puissante organisation industrielle allemande?

Aux yeux d'un tel homme, déraciné des milieux et des idées où il s'est formé, aussi dédaigneux du Collège de France que des églises de villages, et qui n'écoute aucune tradition, qu'y a t-il désormais dans le monde? Les masses et la finance. A la masse démocratique, il dit : « Plus de service militaire » ; aux financiers et à son entourage : « Des affaires ».

Cette froide politique, M. Caillaux l'a pratiquée avant la guerre. Le caractère personnel et occulte de son action diplomatique est prouvé par la démission de M. de Selves et par l'assassinat de Calmette qui l'avait dénoncé publiquement.

Est-ce dans ce moment que M. Caillaux acheva de se corrompre? Retz a pris soin de nous indiquer, lui-même, le moment où il décida posément de se livrer tout entier à sa passion et à sa haine et d'être délibérément un scélérat : « Quand je vis, dit-il, que la Cour ne voulait même son bien qu'à sa mode, qui n'était jamais bonne, je ne songeai plus qu'à lui faire du mal et ce ne fut que dans ce moment que je pris l'entière et pleine résolution d'attaquer personnellement le Mazarin... » Mettez tels noms que vous trouverez à la place de la Cour et du Mazarin. Sainte-Beuve, qui relève cette confession inouïe, ajoute : « A partir de ce jour, tous les moyens lui sont bons pour réussir, les armes, les pamphlets, les calomnies. Voilà le branle qui commence, et il ne songe plus qu'à demeurer le maître du bal, comme le disait très bien Mazarin lui-même. »

Je prie, pour cette période, le lecteur de se reporter aux crayons qui furent pris sur le vif durant les séances de la commission d'enquête parlementaire et recueillis dans le *Cloaque*.

Le 30 juillet 1914, M<sup>me</sup> Caillaux fut acquittée.

Le 31 juillet 1914, la guerre éclata.

L.. scandale de l'affaire avait été tel que manifestement le parti radical-socialiste ne pouvait imposer l'appel de son chef au pouvoir. Mais la Chambre comptait 340 députés élus par lui, à l'aide de ses organisations électorales et de ses préfets — et qui ne se fient qu'à lui seul pour assurer leur réélection.

Cette majorité parlementaire, que le Président de la République, non plus que les divers présidents du Conseil qui se sont succédé au pouvoir depuis la guerre, ne peuvent négliger, n'exigea donc pas la présence de M. Caillaux à la présidence du Conseil, mais elle exigea qu'il détînt le département politique pour y maintenir les organisations électorales et les forces administratives dont dépendent la prédominance politique du parti et la réélection de ses membres. De par la volonté irréductible de cette majorité durant trois années et jusqu'à ces jours derniers, M. Caillaux a donc été imposé, dans toutes les combinaisons, au ministère de l'Intérieur, sous les espèces de son lieutenant M. Malvy, qui, de l'aveu unanime, ne lui sert que de paravent.

Quel fut son rôle? M. Caillaux pouvait et aurait dû s'accorder avec la situation nouvelle, si tragique, de la patrie. Avec un cœur mieux né, et quelles qu'eussent été ses conceptions antérieures, il eût compris qu'il avait un grand et incomparable rôle à jouer, et de partisan il fût devenu national. Il eût visé à réconcilier avec la Défense nationale les forces mêmes qu'il avait groupées pour l'entente allemande. Je crois savoir que M. Caillaux, qui doutait des forces françaises et de nos alliances, s'est cru destiné à jouer le rôle réparateur d'un Thiers. Passons sur l'assimilation inexacte. Mais un Thiers ne se laissa jamais aigrir et dévier dans la lutte jusqu'à jouer contre la victoire.

Or, depuis la guerre, M. Caillaux, ministre de l'Intérieur effectif, et ministre des Affaires étrangères *in partibus*, et qui dans chaque autre ministère a ses agents, a continué sa politique d'avant-guerre.

C'est toute l'origine, tout le sens, toute l'explication des affaires Duval, Almereyda, Leymarie, Malvy, Lenoir, Desouches, Bolo, etc., etc., dont nous sommes empoisonnés. Quelle est la part exacte des responsabilités propres de M. Caillaux? Je ne puis la peser. Je vois en pleine clarté la position du problème, sans que je sois à même d'établir en quels cas M. Caillaux fut manœuvré par des infâmes ou manœuvra lui-même.

Ministre de l'Intérieur, et disposant de la Sûreté générale, il laisse impunément se développer les intrigues anarchistes, révolutionnaires, pacifistes dans les usines de guerre (Rapport Hudelo) ; il subventionne le *Bonnet Rouge* et se fait glorifier par les feuilles qui répandent le découragement, favorisent le défaitisme et préconisent ouvertement l'accord avec l'Allemagne.

Ministre des Affaires étrangères *in partibus*, depuis la guerre, il est, aux yeux de l'Allemagne, l'homme politique dont le retour aux affaires assurera l'accord. Qu'a-t-il négocié à Naples et à Rome et en Suisse? Dans quelle mesure est-il le patron et le dirigeant des Bolo, qui distribuent en France, d'accord avec Hearst, les millions de la propagande allemande?

Son autorité pèse toujours lourdement sur la Chambre. Et pourtant une politique constante d'accords avec l'Allemagne, qui avant la guerre était détestable, et qui, pratiquée depuis la guerre, comporterait les intelligences avec l'ennemi, jamais le parti radical-socialiste ne l'a véritablement voulue. S'il est prouvé qu'elle est celle de M. Caillaux, les hommes qu'il a engagés, à leur insu, auraient à se dégager de lui et, je le sais, voudraient le faire avec la plus juste indignation. De là une raison pour que, tous, nous examinions ce qui fut fait au ministère de l'Intérieur, sous l'immédiate responsabilité de MM. Malvy et Leymarie.

## III

## LA POLITIQUE DE GUERRE DE M. MALVY

11 Novembre 1917.

Le gouvernement rend tout travail extrêmement difficile par des censures qu'il est impossible de comprendre et, par suite, de prévoir.

Il y a des interdictions raisonnables et nécessaires. Il en est d'autres qui, pour injustifiées qu'on les juge, sont tout de même intelligibles. Mais si vous voyiez ce qu'ils ont sabré dans mon article sur la politique de M. Caillaux (¹) ! Ils m'empêchent de poser des faits d'un caractère historique incontesté !

Je pourrais mettre en regard de la protection qu'on étend sur certains clans, les torrents d'injures qu'on permet de verser sur toute une partie de la nation (voir entre autres l'article abominable du *Pays* sur les partis modérés et conservateurs). Mais ce n'est pas à cette indigne partialité que j'en ai aujourd'hui.

______

(¹) J'ai rétabli le tout dans ce volume.

Voilà près de trois ans qu'il nous faut supporter la complaisance officielle pour la rumeur infâme. Si je me plains, c'est simplement que l'on m'empêche d'étaler, selon les méthodes de l'histoire, des faits que je m'applique à soustraire au ton de la polémique.

Impuissantes cisailles ! Le public sait, voit et devine. Il nous assiste quand nous cherchons à dégager et à définir l'esprit qui a dirigé toute l'activité de MM. Caillaux, Malvy et Leymarie. Si la censure met en pièces, il dit que la vérité entre les lambeaux de ma prose se voit mieux à nu.

M. Caillaux, avons-nous dit, après les scandales de son procès, ne pouvait pas paraître au pouvoir et prendre nommément le ministère de l'Intérieur. D'accord avec ses amis, il y installa M. Malvy et sous ce prête-nom régna place Beauvau.

Que fut ce règne? Quel fut l'esprit, la pensée de derrière la tête, le secret du ministère de l'Intérieur durant ces trois années de guerre? Toute la France exige de le savoir.

Que de fois nous l'avons entendue se définir elle-même, cette politique, soit dans la bouche de ses hauts représentants, soit dans la presse subventionnée ! Et mieux encore que les paroles, les actes témoignent.

Politique de transaction, quand il fallait une politique de combat, elle est la politique de la guerre limitée. C'est ainsi qu'on sera bienveillant pour les intérêts allemands en France : n'y a-t-il pas en Allemagne des intérêts français? Pour les affaires allemandes : ne devront-elles pas, après la guerre, renaître selon la pensée de M. Caillaux? On sera bienveillant pour les anarchistes, les pacifistes, les alarmistes, les propagandistes de la défaite et les prôneurs de la paix à tout prix : ne faut-il pas « ménager la classe ouvrière », disait M. Malvy! Plutôt que de lutter de front, n'est-il pas sage de canaliser cette propagande, de la confier à des hommes dûment acquis, que l'on tutoie et que l'on paye? On sera bienveillant pour les embusqueurs : à quoi bon des scandales qui pourraient faire douter du courage de nos soldats? On sera bienveillant pour les Austro-Allemands en France : d'abord, il y a des Français en Allemagne. Et puis, niez-vous qu'il existe de bons Allemands? Enfin, il est utile d'entretenir la conversation, de tâter le pouls à l'ennemi, de garder le contact. Pourquoi dresser contre les Allemands une frontière morale trop rigoureuse et qui nous serait fermée, à nous comme à eux? Ménageons des fissures. Quand il faudra traiter, on sera content de trouver ces intermédiaires officieux qui parlent les deux langues. Dès maintenant, donnons-leur des passeports pour Genève. La Suisse est si commode ! Pourquoi même ne pas avoir une Suisse à Paris? Gardons ces naturalisés d'hier, ces hermaphrodites de la loi Delbrück. Et l'on distribue les permis de séjour. Quant aux espions, ce sont les fantômes d'imaginations malades. « Il n'y a pas d'espions à Paris, disait le bon M. Laurent, et d'ailleurs qu'y feraient-ils? »

Pendant trois ans, ces formules coururent dans les antichambres de M. Malvy, aux alentours du Parlement et à travers tout le pays, portées par les feuilles que M. Caillaux subventionnait avec ses deniers et M. Malvy avec les nôtres.

« Je me range parmi ceux qui veulent renouer les affaires avec l'Allemagne, proclame Vigo, et je le fais sans honte ni gêne. » (*Bonnet Rouge* du 2 mai 1916.) Aussi ledit Vigo ne souffre-t-il pas que l'on touche aux Swoboda, Ullmann, Jellineck, Geisler, Richard Heller, non plus qu'aux pacifistes de tous pays et de tous sexes dont l'apologie remplit ses colonnes. Il flétrit « l'embuscomanie » et s'élève contre les mesures

qui pourchassent les embusqués. Il fait campagne en
faveur des permis de séjour, et traite de délateurs
les bons citoyens qui signalent les Allemands. « Il y
a des gens qui sont chargés de surveiller les Allemands, ce sont les policiers : qu'on les laisse faire »
(15 novembre 1915). Enfin, il s'institue l'avocat de tous
ceux qui servent l'ennemi et qui nuisent à la France,
l'avocat de toute une clientèle bariolée d'Austro-
Boches, d'anarchistes, d'embusqueurs, d'espions et
de voleurs.

Une telle politique, que nous risquons d'ennoblir
en lui donnant la formule idéologique derrière laquelle
s'abritaient les plus basses combinaisons, ne trouva
pas que des admirations et des docilités. D'autres
hommes comprenaient autrement leur devoir. Avec
eux, MM. Caillaux, Malvy, Leymarie et les bandes
qui les suivaient « comme les reptiles suivent le cours
des torrents » (ainsi parle Saint-Just) devaient fatalement se heurter. Et c'est dans ce duel qu'apparaît
en action toute la malfaisance audacieuse de leur plan.

Au début de la guerre fonctionnait à Paris une
police au service de la Défense nationale. Il y eut vraiment à cette heure première de rudes et honnêtes
chiens de garde, des « bergers » français qui flairaient
le Boche et tournaient fidèlement autour du grand
troupeau de l'arrière pour le protéger, tandis que les
fils, les maris, tous les meilleurs de la nation étaient
sur le front. Les braves gens ! Je veux parler du
deuxième bureau du gouvernement militaire de
Paris. L'État-major du gouverneur, constitué en
état-major d'armée, possédait, conformément aux
règlements militaires, un deuxième bureau, chargé
d'une façon générale des renseignements et de tout
ce qui concerne la sûreté de l'armée (surveillance des
suspects et contre-espionnage dans le camp retranché).
Son chef était le commandant Baudier. Au-dessus de

lui, le général Clergerie, dont on sait le rôle de première importance sous Gallieni et sous Maunoury, présidait avec une vigilance froide et méthodique à tout ce travail de salubrité nationale.

De tels hommes, dans le même temps où ils faisaient la guerre aux Boches en armes, avec une vigueur dont von Kluck, dans sa retraite, porte encore les marques, n'entendaient pas tolérer et favoriser au nom de sophismes suspects la conspiration souterraine des Boches de l'intérieur. Ils savaient la nécessité de maintenir dans le pays, sous l'égide de l'Union sacrée, un moral intact, et la nécessité encore d'assurer l'isolement absolu de l'ennemi. Ils savaient également l'importance d'enfermer les Empires centraux derrière un haut mur, massif, sourd, sans lézardes.

Ce blocus moral, cette solitude de l'Allemagne, cernée par la haine universelle, c'est le meilleur de nos gages. M. Malvy par morceaux le livre. En latin : *tradit.* Le gouvernement militaire veut le maintenir et le renforcer.

Le camp de concentration pour l'Allemand, quel qu'il soit; l'interruption immédiate de toutes les affaires allemandes, sans égard aux façades menteuses ; la guerre impitoyable aux suspects, aux embusqueurs, aux propagateurs de la défaite, aux serviteurs de l'ennemi, tel est le programme. Il est appliqué sans violences inutiles, sans publicité, avec sang-froid, avec une résolution implacable.

Combien un tel instrument n'aurait-il pas dû être estimé, aidé et (s'il était parfois inexpert) guidé par un ministre patriote, qui aurait eu le sens de sa fonction en temps de guerre ! Nous aurons à dire de quelle manière M. Malvy fut entouré, cerné, entraîné hors de sa voie. Nous aurons à décrire les diverses équipes officielles et privées qui s'opposèrent à l'œuvre du deuxième bureau. Aujourd'hui, sans l'analyser, notons seulement le conflit. Il est né presque tout de suite. Il s'aggrave d'affaire en affaire. A chaque enquête du deuxième bureau, qu'il s'agisse d'Austro-Boches ou de malfaiteurs comme les Garfunkel et les Lombard, d'obscures menaces éclatent. La tourbe des maîtres chanteurs que l'on voit remuer dans les eaux basses de la presse et de la politique, les Vigo et les Landau, s'agitent. Enfin, M. Malvy, qu'ils manœuvrent, se dresse.

Mais c'est tout un long drame, à peindre sur le vif, et que nous ferons comprendre par quelques épisodes d'effet irrésistible. Aujourd'hui, nous devons courir, pour être brefs, au dénouement.

Un jour du mois d'avril 1916, une note de l'*Agence Havas*, grise et indifférente, apprit au public ignorant que le vainqueur de l'Ourcq quittait le commandement militaire de ce Paris qu'il avait sauvé. On ne sut même pas que le général Clergerie l'accompagnait et que le deuxième bureau était supprimé. Les généraux Maunoury et Clergerie furent congédiés sans être entendus. Les vainqueurs de la Marne furent chassés, parce que la Maffia qui est aujourd'hui en prison avait exigé leur départ.

Désormais il n'y avait plus à Paris ni de contre-espionnage, ni de surveillance des étrangers. Elle va pouvoir se développer sans gêne, cette politique de transactions et de complaisances dont le *Bonnet Rouge* était le moniteur, et que nous apprendrons à mieux connaître encore, en reprenant à loisir quelques-unes des scènes du drame, dont nous venons d'indiquer le dessin général et le dénouement : autant de crevasses sur lesquelles il y a profit à se pencher pour y voir s'agiter les mêmes ombres.

## IV

## LA POLICE SOUS M. MALVY

13 Novembre 1917.

Que la politique de guerre de MM. Caillaux, Malvy et Leymarie ait été une politique de transaction, et le ministère de l'Intérieur un lieu de refuge pour ceux mêmes qu'il avait le devoir de traquer, chacun le voit dans le cas des Vigo, des Duval et des autres. Nous l'avons rendu intelligible en dévoilant le plan d'une maffia, aujourd'hui en partie condamnée ou inculpée, pour détruire le deuxième bureau du Gouvernement militaire de Paris, c'est-à-dire une police vigilante et rude aux Boches et à tous les suspects. Et maintenant, *sous l'œil de la censure* (ô lecteur, comprends-le, si notre manque d'indignation te faisait bondir), nous allons continuer à décrire les faits, l'immense déluge des faits.

Les cataractes du ciel sont ouvertes. Mais précisément, devant cette abondance, jamais nous n'avons eu plus besoin de méthode. Un peintre, s'il veut nous faire voir le déluge, ne cherche pas à représenter l'ensemble de la catastrophe ; un sujet d'une telle richesse déborderait sa toile ; il s'attache à quelque détail énergique, significatif et qui conduit bien au but. Ainsi Michel-Ange nous montre une famille groupée sous un arbre, pleine de douleur et de terreur, et le flot qui monte. Et nous, pour donner une idée de l'audace avec laquelle une bande, qui allait du monde officiel à la plus basse pègre, a protégé en plein Paris les Boches et les bochisants, nous n'allons pas tenter de

7*

peindre des centaines de figures qu'il nous serait impossible de grouper et d'éclairer à la fois. Nous allons étudier soigneusement un ou deux épisodes et descendre dans quelques-uns de ces puits de boue. Aujourd'hui, ce sera l'affaire Garfunkel.

Rien de plus instructif que de revoir dans la masse touffue de cette noire intrigue — dont on a beaucoup et pas assez parlé — toujours les mêmes hommes, la même presse immonde et, dans le fond, les mêmes ombres puissantes.....

Dans l'été de 1915, un nommé Garfunkel, d'origine russe, fut signalé au deuxième bureau du gouvernement militaire de Paris comme un personnage suspect, se livrant à toutes sortes d'activités criminelles, et, pour retenir seulement ce qui concerne la sûreté de l'armée, au trafic des réformes frauduleuses et probablement à l'espionnage. Une enquête fut ouverte. Elle révéla que ce juif polonais, arrivé assez jeune à Paris, y avait d'abord vécu dans la bohême apache. J'aime qu'il ait été joueur de mandoline. J'aime moins qu'il ait fait le guet tandis que deux de ses camarades assassinaient un bourgeois sous le pont de Flandre. Arrêté, il livra ses complices et pour abréger sa prison, passa au service de la police. Devenu mouchard en restant malfaiteur, il exploita avec virtuosité cette double situation ; et, mandoliniste expert, il employait les gendarmes pour faire chanter les voleurs, et les voleurs pour faire chanter les gendarmes. En outre, escroc, proxénète, charlatan, commissionnaire en influence, probablement espion. C'est le Frégoli de la pègre.

À l'heure où le deuxième bureau commença de s'occuper de lui, il s'était élevé en pratiquant ces diverses industries, toutes illicites, à une vie presque brillante. Il était devenu non seulement le collaborateur, mais l'ami et le familier des plus hauts fonctionnaires de la Préfecture de police, entre autres M. Mouton, chef de la police judiciaire, et Dumas, celui-là même qui comblait Duval de missions et de passeports.

Fâcheuses accointances et qui révèlent un mal profond de notre police. C'est toujours cette idée de la transaction, que nous avons dénoncée dans la pensée même de M. Malvy, et qui nous a menés à ses tutoiements avec Vigo. Sans doute, la police ne se fait pas avec rien ; sans doute la conception romanesque d'un Sherlock Holmes, c'est-à-dire d'un homme ayant des yeux plus nombreux que les nôtres, est absurde : il faut laisser à la police ses moyens spéciaux. Mais peut-on accepter que sa méthode normale soit la collaboration des gredins? La police ne se fait pas avec des premières communiantes ; il est possible qu'elle soit contrainte d'employer un certain nombre de mouchards qui sont eux-mêmes des malfaiteurs ; il y a pourtant une mesure, un équilibre à garder. Ce n'est pas aux chefs de s'engager dans ces contacts ; des relations exceptionnelles et dont l'objet est limité ne doivent pas se transformer en une familiarité dangereuse, et des deux partenaires, il faut que ce soit la société qui mène le jeu et qui finalement gagne. C'est grand malheur et grande honte, si des malfaiteurs prennent une influence sur les gardiens de l'ordre.

L'enquête suivait son cours, lorsque brusquement le deuxième bureau du gouvernement militaire reçut du Ministère l'ordre de s'arrêter et de passer le dossier à la Préfecture de police. Disons-le en passant, cet ordre fut transmis au deuxième bureau par un coup de téléphone du capitaine Ladoux, dont le nom apparaît dans les affaires Lenoir et Bolo.

La Préfecture fit l'enquête. Elle recueillit un seul témoignage, celui de Garfunkel lui-même. On peut croire que Garfunkel ne se desservit pas. Il résultait de sa déposition qu'il était un homme des plus honorables, victime de basses vengeances. Ce fut le thème du rapport que le préfet de police, M. Laurent, fit parvenir à M. Malvy, en y joignant la lettre que voici :

« Je vous remets cette enquête très confidentielle en attirant votre attention sur *le caractère impondérable* des accusations portées contre Garfunkel, accusations provenant toutes d'ailleurs d'anciens employés de Garfunkel aujourd'hui brouillés avec lui. J'estime qu'en raison même de la nature des accusations et de l'impossibilité de l'administration à les prouver, cette enquête ne peut entraîner aucune sanction, si ce n'est la vérification possible des affectations militaires dont Garfunkel a paru s'occuper. » (Lettre du 19 octobre 1915.)

Il n'est pas dans notre pensée d'incriminer en rien M. Laurent. C'est un brave homme. Il a accepté la Préfecture de police dans des conditions et des circonstances où personne n'en aurait voulu. Mais il n'était pas de taille à résister à M. Leymarie qui, appuyé sur MM. Mouton et Maunoury, le manœuvrait comme un aveugle.

Le deuxième bureau n'accepta pas l'audacieuse simplicité de cette procédure. Le général Clergerie ordonna que l'enquête fût reprise et menée jusqu'au bout.

La Préfecture abattit son jeu. Elle se rangea autour de Garfunkel. C'était la bataille. M. Maunoury lança le défi : « Vous ne nous ferez pas le coup de l'affaire Desclaux, ou bien nous aurons la peau du commandant Baudier. »

A cette parole allait faire écho, quelques semaines plus tard, une menace toute pareille de Landau :

« Nous aurons la peau de Clergerie. » Voyez aux mêmes dates la campagne du *Bonnet Rouge*. Le journal allemand défendait à la fois Garfunkel et Lombard.

C'est qu'en effet le nom de Lombard venait de sortir. On apprenait que ce personnage, conseiller d'arrondissement de Sceaux et collaborateur du *Bonnet Rouge*, présidait à une vaste entreprise d'embusquage dont Garfunkel était le plus actif rabatteur.

Pressé par l'enquête du deuxième bureau, averti certainement qu'il allait être arrêté, Garfunkel prit la fuite. Avec quel sauf-conduit gagna-t-il Besançon? Un matin le sénateur Grosjean le vit arriver sur le paillasson de son escalier, tout tordu par de fausses douleurs. « C'est moi, c'est votre petit Georges. Je vais mourir; une seule chance de salut me reste, gagner la Suisse où un médecin pourrait me guérir. Mais il faut un passeport, et c'est si long! » M. Grosjean tomba fort honnêtement dans le panneau; il conduisit en automobile le gredin au delà de la frontière.

Dès ce moment, Garfunkel se trouvant en territoire étranger ne relevait plus de la Préfecture de police, mais de la Sûreté générale. C'est à celle-ci qu'il appartenait d'exécuter le mandat d'amener décerné contre lui.

Elle choisit, pour remplir cette mission, deux commissaires de police, MM. Benoist et Debruille, qui avaient l'habitude de s'asseoir familièrement à la table de Garfunkel et de faire avec lui des promenades en automobile. Ils se gardèrent d'arrêter leur ami. La presse s'en mêla. Il ne fallut rien moins, pour que le directeur de la Sûreté, M. Richard, connût ce qui se passait chez lui et qu'il n'eût certes pas toléré. Un troisième agent envoyé par lui eut tôt fait de saisir en Suisse Garfunkel, qui en montra l'étonnement le plus comique.

Était-ce fini des chances de ce beau monde? Au début de mars 1916, peu de jours avant que Lombard et Garfunkel vinssent devant le 3ᵉ Conseil de guerre, le gouverneur de Paris reçut une lettre du ministère de la Guerre lui faisant savoir qu'un député demandait la suppression de ce 3ᵉ Conseil de guerre. Le gouverneur répondit qu'il n'y avait aucune raison de modifier l'organisation existante.

Lombard et Garfunkel furent condamnés, et avec eux un bon nombre de comparses, tout un morceau de la chaîne. Pourtant, un des hommes les mieux placés pour connaître ce puits d'ombre et de fange a dit : « La justice n'a soulevé qu'un coin du voile. »

Nous aurions rendu un grand service à la santé nationale et à l'intelligence publique, si nous avions pu vider cette affaire de toutes les choses qu'elle contient. Il ne nous suffit pas d'analyser les motifs secrets, les tours de passe-passe et les voies souterraines de l'intérêt particulier, ni de peindre les mœurs policières sous le règne de M. Malvy, ni de poursuivre des hommes qui, déjà condamnés dans l'esprit public, achèvent de se pourrir dans la fermentation de leur épouvante. Nous demandons au gouvernement s'il comprend que de profondes réformes sont à apporter dans tous les services de la Sûreté publique. Estime-t-il que des hommes qui commettent de pareilles erreurs nous donnent la sécurité? A-t-il la pensée d'agir et la force de réaliser sa pensée? Faut-il que nous continuions de lui apprendre ce qu'il est inexcusable de ne pas savoir mieux que nous?

## V

# LA LETTRE DE M. CAILLAUX

14 Novembre 1917.

M. Joseph Caillaux, hier, m'a envoyé son portrait. C'est une jolie peinture, mais la ressemblance n'y est pas. M. Caillaux se peint tel qu'il voudrait qu'on le vît et non tel que nous le voyons en chair, en os, en action, se démener au milieu de nous, et passer tour à tour des zones de lumière dans les espaces d'ombre.

Monsieur Caillaux, avec quelle prestesse charmante, vous abandonnez tous vos points délicats, et glissez, fuyez hors de vos positions propres, pour vous installer dans les lignes mêmes de vos adversaires !

Je ne discuterai pas avec vous. Les accusations portées contre vous relèvent de la justice. Elle les retiendra ou les écartera. Ce que vous avez à dire d'essentiel, ce que la nation attend de vous d'abord, dites-le au juge d'instruction, chez qui vous êtes appelé.

Pour moi, j'ai voulu, c'est mon droit, étudier de haut votre rôle et prendre une conception élevée de votre action politique. Chef de parti, ancien président du Conseil, vous appartenez à la critique. Je me suis borné à jeter un flot de lumière sur votre action politique et diplomatique d'avant-guerre, en la mettant en parallèle avec votre action durant la guerre. J'ai fait un rapprochement, qui de lui-même a paru éblouissant, entre votre œuvre passée et votre œuvre présente, entre votre action politique et diplomatique occulte avant la guerre et votre action politique et diplomatique occulte pendant la guerre. Elles s'expliquent, s'illuminent l'une par l'autre, et des clartés en naissent qui nous épouvantent.

Qu'ai-je dit ? Qu'avant la guerre, pour vous attirer le nombre électoral, vous avez combattu la loi de trois ans et soutenu une politique intérieure de désarmement. Vous désarmiez la France, aussi vous fûtes obligé de négocier une entente avec l'Allemagne et de vous joindre à sa politique contre l'Angleterre. Ce dessein qui eût terriblement alarmé le patriotisme de la nation, vous n'osiez pas le poursuivre à visage découvert. De là dans les ténèbres, vos manœuvres plus que louches, pratiquées à l'exclusion de nos agents diplomatiques et de votre propre ministre, M. de Selves.

Et ce qui fait plus affreux votre crime, c'est que depuis la guerre, ministre de l'Intérieur effectif (sous le nom de M. Malvy) et ministre des Affaires étrangères *in partibus*, ayant d'ailleurs dans chaque autre ministère vos agents, vous avez continué votre politique d'avant-guerre. Vous êtes aux yeux de l'Allemagne l'homme politique dont le retour aux affaires assurera l'accord.

M. Caillaux, en pleine guerre, a-t-il négocié avec nos ennemis? Qu'a-t-il négocié? Dans quelle mesure est-il le patron et le dirigeant des Bolo? Il en cause avec le juge. Mais nous, de science certaine et pour l'avoir vu de nos propres yeux, nous savons qu'il est embrigadé au milieu, à la tête des défaitistes.

Le mot est-il trop fort? Vous ne voulez pas, monsieur Caillaux, que je dise que vous dirigez la presse effroyable dont le *Bonnet Rouge* n'est qu'une des hontes? C'est donc alors qu'il faut dire qu'elle vous dirige? Soyons vrais, elle se sert de vous et vous vous servez d'elle.

Je pense que plus d'une fois M. Caillaux dut avoir des rancœurs de telles accointances. Il était né pour une autre destinée. Je relève dans la lettre qu'il m'écrit une partie bien curieuse, c'est quand il laisse percer son regret de n'avoir pas été appelé, depuis trois années, à donner son avis, au moins officieusement, dans les conseils du gouvernement. C'est un sentiment qu'exprime, à plusieurs reprises, dans ses *Mémoires*, ce cardinal de Retz à qui, l'autre jour, je le comparais. Retz sentait qu'on ne faisait pas fond sur lui : il eût été homme à ressentir un procédé tout généreux ; un de ses plus vifs griefs contre ses adversaires (contre la reine, contre Mazarin) était qu'ils ne croyaient jamais qu'on pût leur donner un conseil à bonne intention. « On ne m'a pas consulté sur les grandes opérations financières, sur les problèmes de fiscalité, où pourtant j'ai quelque compétence », dit avec amertume M. Caillaux. Mais comment se fier au personnage ! « Retz, remarque Sainte-Beuve, semble avoir eu par instant des intentions sincères de se ranger, de redevenir honnête homme et fidèle sujet, mais sa réputation passée pesait sur lui autant que les habitudes prises, et le rangeait bientôt dans les voies de la sédition. »

La position de M. Caillaux, douloureuse, effroyable, ne lui permet pas d'offrir à personne une leçon de patriotisme et de fraternité française. Qu'il nous épargne ses appels à l'Union, lui qui marche environné d'une bande de guerre civile et de qui le mieux que je pense, c'est qu'il amasse des forces de tempête en se réservant de dire : « Cette révolution, seul, je puis la calmer. »

Je suis avec d'autres, avec beaucoup d'autres, de tout mon cœur et de toute ma raison, un ardent champion de la concorde. Et cette concorde, je l'aime, je l'appelle, je la veux d'un amour qui n'enferme pas son regard dans les heures tragiques. Après la victoire, nous continuerons de prendre pour modèles les heures sublimes qu'a vécues la France de 1914, afin d'appeler tous les partis et sous-partis à faire trêve aux luttes politiques passées, à s'accorder dans un effort commun pour unifier la patrie et substituer à l'action politicienne un mouvement d'action économique et de régénération sociale. Mais d'abord il faut vaincre.

Et pour vaincre, il faut combattre l'effort conjugué que l'Allemand déploie contre nos armées et dans le dos de nos armées. Le respect de l'Union sacrée nous commande de ne pas laisser gangréner le pays. Assainissons d'abord, fût-ce par la chirurgie.


# VI


## M. MALVY ET LES BOCHES DE PARIS


16 Novembre 1917.

En décrivant à fond l'épisode Garfunkel, nous avons montré par quelle déviation redoutable la police s'est mise au service d'un criminel, dont originairement elle prétendait se servir. Sur cet exemple, on peut voir le danger des collaborations infâmes pratiquées sans mesure. C'est grand'pitié si les brigands vivent à l'ombre de la justice, et festoient sous le chêne de Saint-Louis !

Aujourd'hui, je pense établir que les Allemands trouvaient aide et protection dans les services de M. Malvy. Mes preuves sont prises de source ; leur vérité ne peut pas être mise en doute ; et si, faute de place, je dois en resserrer l'exposé, eh bien ! nous n'en ferons que mieux jaillir toute la leçon ignominieuse qu'elles renferment.

Le sort des sujets ennemis, en août 1914, avait été nettement réglé. On les mettait dans un camp de concentration.

Ils ne pouvaient l'éviter qu'à la condition d'obtenir un permis de séjour, strictement réservé toutefois aux Tchèques, aux Polonais, aux Trentins, aux Croates, etc.

Les naturalisés eux-mêmes n'étaient pas à l'abri de toute surveillance. Beaucoup d'entre eux ne semblent guère sincères. A côté d'excellentes gens décidés à se fondre loyalement dans notre société, combien de fripouilles condamnées pour vol et pour faux à Genève, et faisant chez nous du défaitisme ! combien de Boches, n'attendant qu'un signe de Berlin pour jeter leur faux nez français, au nom de la loi Delbrück ! Qu'on les enquête, et s'il y a des doutes sur leur loyauté française, qu'on leur retire la naturalisation.

Une fois dénaturalisés, ils subiront le sort commun des Austro-Allemands, c'est-à-dire le camp de concentration.

Telle est la doctrine officielle. Elle fut respectée au gouvernement militaire, et méprisée par les services de M. Malvy. Sans doute le ministère de l'Intérieur et la Préfecture de police ne niaient pas la règle, mais ils cherchaient à la tourner, à biaiser, à gagner du temps. Ils protégeaient ceux qu'ils eussent dû frapper.

Passe que les bonnes allemandes et l'humble fretin soient traités selon la rigueur des justes lois, mais ce sort grossier convient-il à de nobles seigneurs tels que MM. Horace Rappaport, Max Eschig et autres Boches de vertu sonnante et trébuchante ?

Horace Rappaport, sujet autrichien et frère du consul d'Autriche à Salonique, était à Paris sous-directeur de la Compagnie d'assurances *La Victoria*, dont le siège social est à Berlin. Lorsque la guerre éclata, pourquoi ne fut-il pas mis, comme les autres, dans un camp de concentration? Il s'en alla paisiblement en Bretagne. Le 4 octobre 1915, le gouvernement militaire signala son heureuse villégiature. Sans succès. M^me Rappaport faisait de fréquents voyages à Paris. Nouvelle lettre du gouverneur militaire au préfet de police, qui répond : « L'autorisation a été donnée à M^me Rappaport en raison de son origine française et de l'origine polonaise *établie* de son mari. » Le gouvernement militaire demande à la Préfecture de police sur quelle preuve elle établit cette nationalité polonaise de Rappaport. Réponse : « En ce qui concerne Rappaport, son origine polonaise, sans être établie par un certificat, paraît assez probable. » M. Rappaport tomba malade. La Préfecture de police l'autorisa à venir se faire opérer à Paris. — C'est un genre d'autorisation qui est très difficilement obtenu par un soldat blessé pour la France par les Boches.

L'Autrichien Eschig, qui n'aime pas les bains de mer, préféra rester à Paris. Il y dirige une maison d'éditions musicales où s'écoule, vous pensez bien, toute la marchandise allemande. Encore qu'il soit né en Silésie et ne sache pas un mot de la langue tchèque, M. Malvy lui dit : « Je te baptise Tchèque. » Grâce à quoi, M. Monier leva son séquestre et lui permit de continuer à nous débiter du Brahms et du Richard Strauss.

Meyer Léopold avait vu venir les choses de plus loin, et s'était fait naturaliser Français. Il y eut lieu de le dénaturaliser, au début d'août, parce qu'il semblait être un agent du service des renseignements allemands de Genève. Pensez-vous qu'on le mit dans un camp de concentration? Nullement. Le 25 octobre 1915, le gouverneur militaire le signalait à Paris et demandait qu'on le soumît à la règle commune. Le préfet de police répondit que Meyer était parti pour la Suisse, le 25 septembre, et que sa présence à Paris depuis cette époque n'avait pu être établie. Il négligeait d'ajouter que Meyer venait de gagner la Suisse, muni d'un passeport et emportant au fond de sa poche son acte de naturalisation, qui ne lui avait pas été retiré.

Même histoire pour le nommé Levi-Michel, dit Max, Allemand dénaturalisé qui partit le 25 novembre 1915 pour la Suisse, avec ses papiers.

Lecteurs, jugez-vous raisonnable que des gens tenus pour suspects (puisqu'on les dénaturalise) et qui viennent de se promener, les yeux grands ouverts, au milieu de nous, soient mis à même d'aller conter leurs souvenirs à leurs compatriotes d'outre-Rhin? On soupçonne qu'ils sont capables d'espionnage, et on s'empresse de leur en donner toute la facilité!

Ce système, d'une criminelle absurdité, on l'applique aux pires suspects.

Herleyn, espion dangereux, est traduit devant un Conseil de guerre, qui l'acquitte, faute de preuves décisives. Le gouverneur militaire ordonne de l'évacuer dans un camp de concentration, mais l'homme gagne tranquillement la Suisse, et vous ne doutez pas qu'il n'y ait trouvé à s'embaucher dans sa partie.

Le ministre de la Guerre demande au gouverneur de Paris de faire une enquête sur une femme Unkel, établie à Paris, de nationalité indécise, maîtresse d'un Allemand. Le gouverneur charge le préfet de police de cette enquête. Deux mois après, le préfet répond que la femme Unkel est portugaise et qu'en raison des renseignements défavorables recueillis sur son compte, elle a été mise en demeure de quitter le territoire français. Elle est partie. Non pas pour le Portugal, mais pour la Suisse... Qu'est-ce à dire? Vous avez bien compris. Le préfet est chargé de faire une enquête sur une espionne : il lui donne un passeport et la fait filer.

Il y a pis. Certains Austro-Allemands, après leur dénaturalisation, ont obtenu des permis de séjour! Cela passe toute créance. Comment? vous retirez à des Allemands la naturalisation dont ils sont indignes, et vous leur en laissez les avantages? Par quelles raisons expliquer une pareille aberration? Quelle est cette providence qui, du fond d'un nuage épais, étend sur les Allemands sa toute-puissante protection?

La providence Malvy se manifeste sans voiles dans l'affaire de M<sup>lle</sup> Kovacs. Cette affaire, Clemenceau l'a déjà contée au Sénat, mais elle est exposée plus complètement dans la lettre que voici, du gouverneur militaire au ministre de la Guerre :


« Paris, le 5 novembre 1915,


« La présence de la nommée Kovacs Julia, de nationalité autrichienne, m'ayant été signalée, 60, avenue du Bois-de-Boulogne, dans le courant du mois d'octobre, j'ai prié M. le Préfet de police de vouloir bien me faire connaître les raisons qui avaient motivé le retour à Paris de cette Autrichienne, qui sortait du camp de concentration de Garaison.

« M. Laurent m'ayant répondu, à la date du 16 octobre, qu'il avait délivré à cette étrangère, sur la demande de M. le Ministre de l'Intérieur, un permis de séjour provisoire d'un mois, je l'ai prié de faire évacuer du camp retranché de Paris, à l'expiration de ce permis provisoire, le 12 novembre, la nommée

Kovacs, qui rencontre une vive hostilité dans le voisinage et dont la présence est une cause de trouble en raison de sa nationalité...

« J'ai l'honneur de vous faire connaître que M. le Préfet de police m'adresse à la date du 4 novembre la lettre suivante :

« Vous avez bien voulu, à la date du 18 octobre, me
« demander de retirer le permis de séjour provisoire
« que M. le Ministre de l'Intérieur m'avait donné
« l'ordre de donner à M^{lle} Kovacs, demeurant 60, ave-
« nue du Bois-de-Boulogne. J'ai l'honneur de vous
« faire connaître que j'ai reçu de M. le Ministre de
« l'Intérieur l'ordre formel de donner à M^{lle} Kovacs
« un permis de séjour définitif.

« Le Préfet de police,

« LAURENT.

« Je vous serais obligé de vouloir bien me donner des instructions à ce sujet. »

Nul commentaire. C'est le fait du prince. Mais si le prince est un Malvy, jeune homme assez désarmé au milieu d'une cour où foisonnent les maîtres chanteurs, que devient son autorité? La destinée de M^{lle} Kovacs nous importe peu, mais c'est par de tels abus de pouvoir qu'un ministre donne barre sur sa personne, et quand on voit autour de M. Malvy les Leymarie, les Vigo, les Landau, on devine le parti qu'ils en purent tirer. En temps de guerre le métal ne doit pas avoir de paille, ni les murs de brèche, car l'Allemand surveille et s'insinuera. Nous distinguons une troupe dans l'ombre, demi-officielle, demi-officieuse, qui se réjouit de voir le patron se compromettre, et partant se livrer.

La presse immonde prodiguait à M. Malvy ses félicitations. La continuelle transaction du ministère de
l'Intérieur avec les étrangers de Paris était justifiée et
louée, chaque matin, par les journalistes vendus. A
leur tête, le *Bonnet Rouge*. Voici une brève citation qui
donne l'esprit de cette longue campagne :

« Les gens qui ne pouvant et ne voulant combattre
les Allemands sur le front veulent tout de même faire
parade de nationalisme belliqueux, se sont mis à pour-
chasser, la plume à la main, les étrangers qui sont à
Paris... En agissant ainsi, ils dénoncent surtout leur
ignorance ou leur perfidie... Les vrais Allemands sont
en Allemagne, les vrais Autrichiens en Autriche, les
vrais Hongrois en Hongrie... La campagne qui prétend atteindre « les sujets ennemis » ne peut donc
frapper que des amis de la France, des hommes dont
la nation est asservie par nos ennemis et qui se
sont réfugiés dans la France libérale et démocratique
pour échapper à la tyrannie de l'Empire exécré. C'est
une raison qui s'ajoute à toutes les autres, pour que
ni les autorités publiques, ni le peuple de Paris ne
s'associent à cette campagne, qui est contraire aux
intérêts du pays comme à son honneur. » (Le *Bonnet
Rouge*, 22 juin 1917.)

Disons-le en passant, les hommes qui philosophent
de ce ton sur les intérêts et l'honneur de la France
nous ont bien l'air d'être des rabatteurs qui, moyennant argent, faisaient des démarches pour la protection de tout ce personnel boche.

Ces hontes révoltèrent beaucoup de Français clairvoyants. Chacun autour de soi voyait vivre tranquille
un Allemand. Les plaintes s'accumulèrent ; la presse
s'en fit l'écho ; les députés des quartiers les plus infes-
tés demandèrent des explications.

M. Malvy se décida à convoquer sous la présidence
d'un conseiller d'État une commission spéciale, char-

gée de reviser les permis de séjour dans le département
de la Seine, et le gouverneur fut invité à y envoyer un
représentant.

Au cours de la première séance et comme on s'occupait de répartir les dossiers russes, polonais, tchèques
ou croates, quelqu'un parla des Austro-Allemands.
« Permettez, dit le représentant du ministre de l'Intérieur, nous n'avons pas à nous occuper des Austro-
Allemands, puisqu'on ne leur accorde pas de permis
de séjour, et que nous sommes ici pour reviser les
permis de séjour. D'ailleurs lisez le texte de l'arrêté du 30 décembre qui nous a constitués. Il est
formel. »

En effet, lisons-le ; c'est un modèle d'escamotage :
« Il est institué une commission spéciale chargée d'examiner la situation des étrangers résidant dans le département de la Seine, ayant obtenu un permis de séjour
en qualité de Russes et d'Italiens, ou bénéficiant du
même traitement en raison de leur origine, bien que
sujets de nations en guerre avec la France, tels qu'Ot-
tomans, Polonais, Tchèques, Trentins, Croates, etc.
(Alsaciens-Lorrains exceptés). »

L'officier qui représentait le gouvernement militaire de Paris protesta et rendit compte à ses chefs,
qui lui donnèrent comme instruction d'obtenir pour
la commission un droit de contrôle sans réserve ou de
se retirer.

La commission délégua son président et deux de ses
membres auprès de M. Malvy, qui dut s'incliner.
Qu'en résulta-t-il? Une besogne sérieuse? Je vous
laisse en juger. La commission, sans aucun doute, se
décida librement et dans le meilleur esprit sur les cas
qu'on lui soumettait. Mais, qui lui préparait les dossiers? C'était M. Leymarie. Et une fois les décisions
prises, qui se chargeait de l'exécution? M. Leymarie
encore.

Après cela étonnez-vous, qu'en juin 1917 M. Clemenceau ait pu se plaindre que « sous couleur de permis de séjour les étrangers pullulent parmi nous » et « soient là pour mettre à profit l'occasion longtemps guettée de jeter le désarroi parmi nous ».

Aujourd'hui, MM. Leymarie et Malvy sont partis. Leur politique de guerre a-t-elle disparu avec eux? Pendant trois ans ces hommes néfastes ont plié les grands services de la Sûreté nationale à pratiquer le système de transaction avec l'ennemi. Leur départ ne servirait guère si leur esprit demeurait. C'est le devoir du nouveau gouvernement que nous attendons, de poursuivre, où qu'ils se soient réfugiés, des virus mortels et de les détruire. Et nous, pour collaborer à cette besogne d'assainissement, achevons de montrer la nature intime, la logique intérieure de l'œuvre poursuivie par MM. Caillaux, Malvy et Leymarie.


# VII

## LA SUITE DES PENSÉES DE M. MALVY

18 Novembre 1917.

Nous en avons assez dit, je crois, pour qu'à travers ce qui reste d'ombre, le lecteur voie maintenant le développement général du drame. Il y eut une lutte détestable entre le ministère de l'Intérieur et le gouvernement militaire de Paris. Elle s'est terminée par la destruction du deuxième bureau, c'est-à-dire par la suppression du contre-espionnage et de la surveillance des étrangers. Nous avons raconté quelques épisodes de ce duel. La matière n'est pas épuisée. L'opposition était quotidienne, et innombrables les conflits qui révèlent le heurt de deux doctrines. Mais faut-il vider mes cartons? Je ne cherche qu'à donner à mes lecteurs, au long de ce labyrinthe, un fil conducteur.

Trouver la logique de ces erreurs et de ces crimes, dégager la vérité intime de ces affreuses choses, bref les rendre intelligibles, c'est quasi les rendre désormais impossibles.

Que voulons-nous encore comprendre? Jusqu'ici, dans le commentaire des documents que je produisais, nous avons surtout insisté sur l'état d'esprit de M. Caillaux et cherché à nous expliquer sa politique occulte durant la guerre en la mettant en parallèle avec sa politique publique et occulte d'avant-guerre. Et M. Malvy? D'où dit-on, cet abandon de sa fonction, d'où provient-il? Comment, à quelle minute, a-t-il déraillé?

On ne peut que faire des hypothèses. J'incline à croire qu'originairement il eût tout autant aimé rester dans le droit chemin. Il y aurait trouvé moins de tracas. Sa santé est mauvaise, il goûte le plaisir de vivre : pourquoi tout compliquer par de grandes combinaisons et ne pas s'en tenir aux avantages normaux du pouvoir?

Quelques-uns pensent que l'aventure de M. Malvy, c'est l'histoire horrifique d'un excellent petit garçon qui sera trompé par son ange gardien. Imaginez le jeune Tobie cheminant la main dans la main d'un ange perverti. On raconte que M. Leymarie lança le train ministériel sur une voie de bifurcation, sans que son patron, absorbé par une interminable partie de poker, eût l'idée de jeter les yeux à travers les glaces du wagon.

M. Leymarie semble avoir eu une influence décisive. Il y a les gens avec qui l'Allemagne traite ; il y a les gens qu'elle cerne. M. Malvy a été cerné par son entourage officiel et extra-officiel. La place Beauvau, en dépit de tout ce qu'elle renferme de régulier et d'honorable, sert de ralliement à tout un peuple de mauvais garçons, tangents à la basse police et au journalisme suspect, grands rabatteurs d'affaires et fertiles en ruses et coquineries. Ils se groupèrent autour du ministre et l'entraînèrent. Malvy, dans ses débuts, au milieu d'eux, me semble assez le jeune taureau que tout le troupeau vient chercher et décide à entrer dans les voies où il répugnait. J'ai vu cela aux environs de Séville, quand le taureau est acheminé de nuit vers l'amphithéâtre de mort, avec ses camarades de pâturage, qu'il suit docilement.

Mais, enfin, à quel moment M. Malvy ouvrit-il les yeux? Sur quel incident commença-t-il de se dire : « Il y a dans cette maison quelque chose qui ne sent pas bon ! » Mystère ! Il ne sut rien, puis il sut tout, et n'en fit rien de plus.

« On finit par douter si la voie lactée est composée d'étoiles, tant il y en a. » Dans le même sentiment poétique, M. Malvy se disait en rêvant : Il n'est pas possible que tous ces Duval, Marion, Vigo, Landau et leurs compagnons et ceux qu'ils me recommandent soient des canailles. Pourquoi aurais-je le privilège de les attirer si nombreux? Le reste de l'univers en serait dépeuplé.

Et puis, Malvy appartenait à l'école de la familiarité. On ne lui en fait pas de reproche. Vauvenargues, dans ses conseils à un jeune homme, s'écrie : « Aimez la familiarité, mon jeune ami, elle rend l'esprit souple, délié, maniable et donne sous un air de liberté et de franchise une prudence qui n'est pas fondée sur les illusions de l'esprit, mais sur les principes indubitables de l'expérience. » Malvy pouvait penser avec Vauvenargues qu'avec de la familiarité il allait chercher l'esprit de ses visiteurs, bien mieux que s'il se fût roidi. Le procédé se voit sur le vif dans une conversation qu'il eut avec Sébastien Faure, et dont celui-ci nous a conservé le récit. Mais en tout il faut de la mesure. Il faut savoir passer de la familiarité à la dignité. Ses familiers ont mis M. Malvy dans leur poche.

Jusqu'où l'ont-ils emmené? Quelle prise purent-ils prendre sur lui? Les passions des hommes sont autant de chemins ouverts pour aller jusqu'à eux, nous disent les moralistes. J'ignore les habitudes par où M. Malvy aurait donné prise à son entourage. Je ne prétends pas l'avoir percé à jour et le qualifier éternellement. Mon travail est bon, s'il apporte, sans être complet, quelques aperçus utiles pour mettre de l'ordre dans la masse des faits.

Il y a des mots qui furent prononcés dans une minute rapide, dans un élan d'irritation et recueillis par des témoins divers, et qui marquent ou baptisent d'une manière saisissante les temps principaux, les étapes de l'action néfaste qui se développait au ministère de l'Intérieur.

Au cours de l'affaire Garfunkel, le chef du cabinet du préfet de police dit à un officier du gouvernement de Paris : « Vous ne nous ferez pas le coup de l'affaire Desclaux, ou nous aurons la peau du commandant Baudier. »

Peu après, Jacques Landau, qu'il faut, paraît-il, considérer comme l'un des membres les plus dangereux de la canaille du *Bonnet Rouge*, annonçait qu'on aurait « la peau de Clergerie ».

Vers mars 1916, M. Malvy lui-même déclarait devant

la Commission du budget qu'il y avait une certaine
police au gouvernement militaire de Paris qui était
dirigée contre lui. La Commission lui demanda vainement d'apporter des faits.

Cette formule de M. Malvy est à retenir. Son entourage avait su le manœuvrer, le persuader que le
deuxième bureau le visait et le persécutait. Le centre
de cette manœuvre, d'un machiavélisme savant, est
dans l'histoire de M^{lle} Kovacs, qui avait été signalée
au deuxième bureau par la Préfecture de police elle-
même, désireuse de jeter M. Malvy sur le gouvernement militaire de Paris.

Enfin, à la fin de 1915 ou au début de 1916, le commandant Baudier fut introduit auprès de M. Malvy
par M. Charles Humbert (qui d'ailleurs n'assistait pas
à l'entretien), et le ministre lui dit : « J'ai imposé au
gouvernement le départ du général Maunoury et du
général Clergerie. »

Au 31 janvier 1916, tout est consommé. On
remplace au gouvernement militaire de Paris le
deuxième bureau par un bureau central de renseignements. Ce B. C. R. reçoit pour instructions de
ne faire aucune enquête et de se borner à passer
les affaires qui lui sont signalées, soit au deuxième
bureau de la Guerre, soit à la Préfecture. Il n'y a
plus de police militaire à Paris (le deuxième bureau
du ministère de la Guerre n'étant compétent que
pour l'étranger).

Dès lors, c'est la liberté absolue pour les machinations allemandes et la propagande infâme. Les journaux du ministère de l'Intérieur se multiplient et
développent à l'infini les thèmes qu'on leur fournit de
Berlin. Les tracts pullulent et arrivent en ballots sur
le front, au milieu de nos soldats et de nos alliés belges
et russes. Les permissionnaires, dans les gares et jusque
dans les trains sont catéchisés par des agents défai-

tistes et menés dans des réunions anarchistes, voire dans des agences de désertion.

Ces manœuvres se développent d'autant plus impunément qu'un de leurs principaux auteurs avait pu se vanter d'avoir reçu les déclarations du ministre de l'Intérieur, lui disant qu'il avait empêché toute répression de la part de l'autorité militaire et brûlé lui-même les dossiers. (Voir l'interview de Malvy publié par Sébastien Faure.)

Les généralissimes Nivelle, puis Pétain, se faisant l'écho de leurs chefs d'armée, se plaignirent énergiquement d'une propagande infâme qui nuisait au moral des troupes. Mais qu'advint-il de leurs plaintes? M. Malvy et son entourage n'étaient pas d'humeur à tolérer du grand quartier ce qu'ils n'avaient pas supporté du gouvernement de Paris. Une circulaire du 5 juillet 1917 le fit bien voir. Elle interdit aux agents de la police et de la Sûreté l'envoi direct de leurs rapports aux autorités militaires. Celles-ci ne devaient plus être informées que par le canal de l'administration de M. Malvy. M. Clemenceau a très bien résumé la situation, quand il a dit au Sénat que la Sûreté générale avait riposté aux plaintes du grand quartier en le mettant au pain sec.

C'en était trop. Comme il arrive régulièrement à toutes les bandes criminelles, le monde allemand qui se massait autour du ministère de l'Intérieur devait se perdre par l'excès de son audace. Duval, en trébuchant à la gare de Bellegarde, entraîna dans sa culbute toute la chaîne. Lorsque sous ses pieds imprudents une trappe s'ouvrit, on commença d'y voir disparaître derrière lui Vigo, Landau, Goldsky, Marion. Leymarie essaie de se cramponner à Malvy, de qui M. Caillaux se détourne.

De quoi demain sera-t-il fait? Pour nous, maintenant, il nous convient d'attendre. Que Gustave Hervé sache bien, comme le savent mes amis immédiats, qu'il ne nous était pas agréable d'écrire ces pages. Il fallait pourtant que les puissances qui jouissent d'une activité immense dans l'ombre fussent désignées et que leurs mystères coupables vinssent échouer à la surface. Lui-même, dans des occasions pareilles et récentes, ne nous fit-il pas voir des formes redoutables dans les nuages, *numina magna deûm ?* Une grande attaque boche se produit depuis des mois contre la pensée et la sensibilité françaises. C'est notre devoir à tous d'inonder de lumière ceux qui la mènent et ceux qui, conscients ou inconscients, la favorisent. Voici Clemenceau à la tête des affaires. Autant que personne, le vieux patriote connaît les faits et les gens, tous les cas que nous avons exposés et ceux qui nous restaient à étaler, et qui, les uns et les autres, font partie d'une entreprise générale pour créer la lassitude morale dans le pays. Il a la volonté et le pouvoir. Puisse la guerre trouver en lui un grand ministre dirigeant ! Dès que l'autorité régulière agit, nous n'avons qu'à nous taire et à reprendre notre campagne d'union, plus heureux d'applaudir un gouvernement qui sait et qui veut, que d'instruire un gouvernement qui ne veut pas savoir.

# VIII

## LA MORALE DE LA GRANDE SÉANCE

### *Le Parlement.*

22 Novembre 1917.

Qu'aimions-nous, hier, en ce vieil homme ? Son expérience et sa flamme. Avec ces deux vertus, comme c'est beau la vieillesse !

De l'expérience, on le vit bien quand il osa dénoncer à l'Assemblée le grand danger que c'est de croire qu'une chose existe, par cela seul qu'on l'a nommée, définie, appelée. Tout son développement sur la Société des nations est excellent, dans le ton de Voltaire. « La Société des nations, quel bel idéal ! Il y a au ministère des Affaires étrangères une commission pour la préparer. Parmi ses membres siègent les maîtres du droit les plus autorisés. Je prends un engagement : quand leur travail sera terminé, je le déposerai sur le bureau de la Chambre, si je suis encore ministre à cette époque, ce qui n'est pas probable. » — Et Albert Thomas, fort piqué : « Vous dites cela avec scepticisme et pour vous moquer. » — « Mais non, mais non, je n'ai aucune intention de cette nature, je vous en donne ma parole... »

Je cite un peu de mémoire, n'ayant pas encore l'*Officiel*, mais c'est le thème, auquel il faudrait que je puisse joindre l'accent. C'est là un de ces morceaux d'un comique inestimable et profond, bien faits pour déniaiser la jeunesse. Je voudrais que l'on mît ce dialogue sur un disque de gramophone. Cela nous change, il faut bien le dire, de la diplomatie parlementaire de mon éminent confrère M. Ribot, dont la pensée prudente et savante s'habillait trop complaisamment avec les mots à la mode et négligeait un peu la sagesse éternelle pour céder aux attraits de la phraséologie la plus récente. Quant à Painlevé, je ne l'incriminerai pas de diplomatie ; c'est avec un vrai délice qu'il se plongeait jusqu'au menton dans le tiède verbiage.

Ce n'est pas que nous ne puissions nous rallier tous à ce projet d'une Société des nations, mais il faut l'analyser, le préciser et en chasser ce qui ferait le jeu de l'Allemagne. Si on creuse l'idée, il semble qu'elle procède du désir d'éviter à l'avenir les conflits armés entre nations, ou tout au moins d'en restreindre les risques. Voilà le but visé, but essentiellement légitime et louable. Quant au moyen de réalisation proposé, c'est la réunion d'une sorte de congrès universel, où siègeraient les représentants attitrés de tous les États du globe.

La mission de ce congrès, soucieux de parer au danger de l'explosion des guerres, consistera essentiellement à veiller au maintien d'un équilibre de forces entre les puissances voisines ou concurrentes. Il devra monter une garde vigilante autour des États qui, sous la poussée de leur natalité abondante, de leur essor économique, de l'ambition dynastique, tendraient à rompre cet équilibre, et constitueraient par leur suprématie militaire une menace pour leurs voisins. Son œuvre essentielle apparaît donc comme la lutte, nécessaire au salut universel, contre l'hégémonie mondiale allemande.

La Société des nations, si elle a une raison d'être, ne peut en 1917 que s'assigner un but : l'écrasement de l'Allemagne, qui seule met en danger l'indépendance politique et économique du monde entier.

Pauvre humanité, toujours menacée, éternellement livrée à la possibilité des fléaux et de la guerre. La besogne que font aujourd'hui les Alliés, c'est celle que leur demanderait le congrès des nations.

Rien n'évitera aux individus et aux nations la nécessité de l'effort. Nul de nous, aucun peuple n'échappera aux dures lois de la vie, encore qu'il soit juste et salubre de désirer toujours plus de justice. Et Clemenceau est sage de laisser de côté la palabre mortelle des Soviets, pour se servir de ce que lui a enseigné la longue suite des années qu'il a vécues. « Quand on est engagé dans une action de guerre, il faut parler de paix le moins possible. Pendant que des soldats se battent, faire courir le bruit que des délégués discutent les conditions de la paix, c'est un système pour désarmer le peuple et le démoraliser. »

Un vieil homme qui a profité des expériences de sa longue vie, pleine de tumultes, voilà Clemenceau. Et ajoutez qu'il est un vieil homme plein de feu. Alors on s'aperçoit qu'on l'aime.

« Est-il un homme qui, plus que moi, ait été un homme de parti? » s'est-il écrié. Et aussitôt il ajoute : « Je l'ai été beaucoup trop, je le vois aujourd'hui. » Depuis le début de la guerre, on attendait ce cri-là. De Clemenceau? Non, pas de lui seul. De toi, lecteur, de chacun de nous.

Et si, déjà, ce cri fut sur nos lèvres et dans nos cœurs, qu'il commande encore mieux nos actes !

Pour obtenir la paix, il faut abdiquer les anciennes passions et faire front contre le Boche de l'extérieur et de l'intérieur.

On me demande, ce que je suppose que Clemenceau va faire de « la chaîne » des défaitistes. Il a répondu clairement que nous avons des juges civils, des juges militaires et la Haute-Cour, pour châtier les criminels et les demi-criminels.

Par où voudra-t-il commencer? J'ignore ; je sais seulement qu'au milieu des ténèbres, un fait se détache, inondé de lumière. Les hommes du *Bonnet Rouge* ayant eu leur argent allemand, que rapportait Duval, saisi en gare de Bellegarde, M. Leymarie, chef du cabinet de M. Malvy, leur a fait restituer ce prix de la trahison. C'est un fait d'intelligence avec l'ennemi M. Malvy l'a-t-il ignoré? Non pas. Informé par M. Ribot (si toutefois il ne le fut dès la première heure), il a couvert son ami et subordonné Leymarie. Il l'a gardé, il en a fait le directeur de la Sûreté. Un tel poste, après un tel acte, en pleine guerre ! Quelle complicité apparente ! Je suis sûr que M. Clemenceau n'admettra pas que le problème demeure sans examen.

L'erreur, que nul n'est tenté de commettre, serait de mêler quelque politique que ce fût à des fautes qui sont individuelles et ne peuvent atteindre aucun parti.

L'assainissement est la condition même de l'Union sacrée. Il faut briser les hommes qui, pour le compte de l'Allemagne, organisaient chez nous la guerre civile, comme en Russie. Nos divisions, c'est l'espoir suprême de l'ennemi. Que Clemenceau anéantisse la conspiration infâme. Et nous, à ces heures qui sont le sommet, le moment décisif de la guerre, recueillant la moralité de la séance de mardi, assurons-nous que plus que jamais il est nécessaire que nous cessions de nous dire antiradicaux, antisocialistes, anticléricaux, pour être unanimement antiboches.


# IX


## M. MALVY RELÈVE DU CONSEIL DE GUERRE


28 Novembre 1917.

Hier, dans cette admirable réunion de Nancy, où je m'étais rendu à l'appel de la section locale de la Ligue de l'Enseignement, il y eut, l'espace de quelques secondes, un incident qui éclaire d'une façon fulgurante l'état d'âme de tous les Lorrains, et sans doute de tous les Français.

Parlant des combats d'août 1914, je dis qu'un traître fut saisi et passé par les armes. Longs applaudissements. « Je vous entends, dis-je, vous vou-driez qu'ainsi fussent frappés tous les traîtres de l'intérieur. » Et la manifestation unanime de redoubler violemment.

Il y a une affaire Malvy. C'est M. Malvy lui-même, maintenant, qui le proclame. De son banc, il se lève pour se mettre, *motu proprio*, en accusation. Mais aussi voudrait-il qu'on lui sût gré de son initiative, qu'on le laissât se faire juger à sa guise, et il institue des procédures extraordinaires.

Le pays ne comprend pas ces subtilités. Il s'en tient au mot de Clemenceau : « Il y a des lois pour M. Malvy comme pour tout le monde. » Il y a aussi des juges. Ces lois et ces juges, chacun les connaît. Qu'est-ce donc que ce tumulte, que ce raffut qui prétend masquer l'honnête et simple légalité?

Comment s'ouvre une instruction, une information judiciaire contre « tout le monde »?

Un crime a été commis. Une enquête est ouverte. Des indices, des présomptions, la rumeur publique, des dénonciations désignent les criminels. Ils sont inculpés. Un juge instruit l'affaire, pour aboutir à un non-lieu ou bien à un renvoi devant les juges compétents.

Il n'en peut être autrement pour M. Malvy.

Plusieurs instructions sont ouvertes sur divers crimes qui se ramènent tous à l' « intelligence avec l'ennemi ». C'est ainsi que le capitaine Bouchardon instruit l'affaire du *Bonnet Rouge*. M. Malvy est mêlé à cette affaire. Son nom depuis des semaines y est chaque jour prononcé. Contre lui s'amassent les présomptions, les indices, les rumeurs. Une dénonciation intervient-elle contre lui, on charge M. Bouchardon de la recueillir. Léon Daudet ayant accusé Malvy de trahison, le ministre de la Guerre, chef de la justice militaire, a ordonné au capitaine Bouchardon d'entendre Léon Daudet. C'était la bonne méthode. En vain Painlevé en est-il sorti pour donner des certificats inopérants à M. Malvy ; en vain M. Malvy cherche-t-il à s'en aller en Haute-Cour : c'est de la fantaisie inefficace. Le capitaine Bouchardon a entendu l'accusateur ; qu'on le laisse vérifier l'accusation et en tirer la conclusion judiciaire.

Cette conclusion pour nous s'impose. Nous ne savons pas tout ce que sait le capitaine Bouchardon ; il a d'énormes dossiers, et nous simplement quelques faits. Ces faits suffisent. Si les lois valent pour M. Malvy comme pour les autres citoyens, M. Malvy doit être inculpé dans l'affaire du *Bonnet Rouge*, pour intelligence avec l'ennemi et complicité.

Quels sont les faits?

Les Allemands ont eu en pleine guerre un journal à Paris. Ils ont traité la France en pays envahi, et nous ont infligé notre *Gazette des Ardennes*. Le *Bonnet Rouge* était un journal allemand. Le bureau de la presse, où travaillent à Berlin des centaines d'officiers, et qui donnent le *la* à toute la presse boche ou bochisante, y développait ses thèmes favoris : l'assaut quotidien contre l'unité morale de la nation ; le ridicule jeté à toutes les manifestations du sentiment patriotique ; l'insulte à tous ceux qui, en France ou chez les Alliés, sont à la tête de l'opinion ; la défense de l'Allemagne, de ses chefs, de ses méthodes, de ses projets ; l'opposition à tous les efforts tentés pour augmenter nos forces matérielles et morales, qu'il s'agisse de la revision des réformés, de l'appel des nouvelles classes, de l'établissement de la conscription en Angleterre, du blocus économique ou de la lutte d'après-guerre, enfin partout et toujours la parti de l'Allemagne pris avec une effronterie venimeuse contre le parti de la France.

Tel est le *Bonnet Rouge* que nous lisions. Mais que dire du *Bonnet Rouge* que lisait M. Malvy? Le jour où il sera permis de remplir les blancs que la censure y a faits, le jour où, dans les audiences du Conseil de guerre, l'accusation présentera aux traîtres les ordures que la censure y a lavées, et qui n'offusquaient pas beaucoup les narines de M. Malvy, l'opinion sera prise de stupeur. En vérité, l'accusation n'aura plus rien à ajouter, la preuve sera faite.

Cependant M. Malvy a lu tout cela. Il n'a rien fait. Il a continué de protéger, de tutoyer Vigo. Landau, Marion et Duval ont continué de fréquenter, la mine effrontée et le verbe haut, ses antichambres. Enfin il a payé de votre argent, lecteurs, ces infamies. Il y a un journal vendu à l'ennemi. Ce journal, Malvy le protège et le paye. Qu'il s'explique !

Ses explications sont piteuses. Fussent-elles vraies, elles ne le libéreraient pas.

M. Malvy affirme sans force et aussi sans précision, qu'à la fin de 1915 et au commencement de 1916, sur une démarche de M. Briand, il a cessé de subventionner Vigo. C'est vrai, M. Briand a fait cette démarche. « J'ai signalé, dit-il, à M. Malvy, l'attitude du *Bonnet Rouge*, les agissements louches et antipatriotiques de son directeur et de quelques rédacteurs. » Comment, monsieur Malvy, les articles imprimés, répandus à grands frais dans l'armée et dans tout le pays, et ceux que la censure supprimait ne vous avaient pas ouvert les yeux ! Il fallut une démarche de votre chef, du président du Conseil ! Dans toute l'affaire du *Bonnet Rouge*, Malvy n'a jamais agi — s'il a agi, et de son propre aveu — que contraint et poussé, la pointe dans les reins. D'ailleurs, il dit : « J'ai cessé ma subvention », mais il ne le prouve pas. Ce point ne peut être laissé dans l'ombre. Il faut qu'il soit élucidé. Quelles sommes mensuelles, et jusqu'à quelle date (1) ?

(1) « S'il faut en croire M. Malvy, c'est au premier avis de l'hono-

M. Briand adressait à son collaborateur d'autres avertissements. Quelque temps après sa première démarche, il priait M. Malvy d'avertir certains députés qu'ils feraient mieux de cesser leur collaboration à une telle feuille. Peu après encore, il invitait M. Malvy « à faire surveiller les dirigeants de ce journal d'une manière toute particulière ».

Il est étrange que ce soit le président du Conseil qui, par trois fois, ait eu à indiquer à M. Malvy les devoirs de sa charge. Quel fut l'effet de ses démarches?

M. Malvy a-t-il prévenu les collaborateurs du journal? Jusqu'à la dernière heure, nous avons vu dans le *Bonnet Rouge* des articles signés de noms considérables et qui pouvaient prêter à cette feuille une certaine autorité.

M. Malvy a-t-il fait surveiller Vigo et ses rédacteurs principaux?

Ici je réponds : Non ! La surveillance sérieuse n'a pas existé. Il n'y a pas eu surveillance, mais perpétuellement complaisance inexplicable, ce qu'en langage judiciaire on appelle complicité.

M. Malvy a prétendu qu'il avait fait filer la canaille du *Bonnet Rouge*. M. Viviani a précisé que cette filature avait duré dix-huit mois. Contre l'affirmation de M. Malvy, les faits se dressent avec une force souveraine.

Voilà des gens suspects, signalés comme tels par le président du Conseil, signalés comme tels par leur

rable M. Briand, à la fin de 1915, que furent retirées ce qu'il appelle les faibles subventions au *Bonnet Rouge* (8.000 fr. par mois). Sur cette date comme sur tant d'autres choses capitales, M. Malvy se trompe; il ne peut et ne doit pourtant pas ignorer que les pièces comptables du *Bonnet Rouge* ont été saisies et qu'elles attestent que ses faveurs ont persévéré sans conteste possible jusqu'à la fin de décembre 1916, sinon jusqu'en mars 1917 ». (Jules Delahaye au *Journal officiel* du 29 novembre 1917, page 3076.)

passé, par leurs écrits, par leur audace même. Ils sont surveillés, filés. Pourquoi? Sans doute pour être mis d'abord hors d'état de nuire, ensuite pour être percés à jour et, le moment venu, coffrés.

Or, qu'arrive-t-il? Indéfiniment et jusqu'au jour où intervient une main étrangère, ils font ce qu'ils veulent. Ils vont en Suisse et en Espagne rencontrer des Allemands. Ils en rapportent, par centaines de mille francs, l'or allemand.

Que fait M. Malvy? Il leur donne des missions et des passeports.

J'ai entendu les malheureux amis qui s'entêtent à défendre M. Malvy esquisser une plaidoirie et dire : Il leur donnait des passeports pour les envoyer se garnir en Suisse, — de façon à les prendre au retour, les poches pleines.

Dégoûtante bêtise ! Si tel est le profond dessein de Malvy, quand passe-t-il à l'acte? Où, sur quelle frontière, des gens à lui, sur un ordre de lui, mettent-ils dans ces poches criminelles leurs mains justicières?

Un jour, par hasard, en dehors de Malvy, à son insu, Duval est pris. La voilà qui aboutit, cette patiente filature de dix-huit mois, et le gibier tombe au piège. Qu'ordonne l'Intérieur? On lâche l'homme et on rend l'argent.

C'est trop fort ! Tout éclate. Duval est arrêté. Après lui, Landau, Marion, Goldsky. Vigo même est arrêté. Ah ! comme il menace ! Il meurt au milieu d'un effroyable mystère. Leymarie est inculpé.

Toute la France, toute la France qui ignore les misères de la politique, toute la France crie : Et Malvy?

Les faits, ici, veulent être serrés de près. Pour quiconque ne se paye pas de mots, et qui, libre de préjugés, laisse venir à lui les faits, laisse s'opérer en lui le travail naturel de l'induction, il est impossible que, touchant Malvy, il se libère d'un soupçon qui est presque déjà une certitude.

Le 14 mai 1917, le capitaine Ladoux, du deuxième bureau du ministère de la Guerre, était en tournée d'inspection à la gare de Bellegarde. Un de ses agents (non pas un agent de M. Malvy) vint lui dire : « Duval, du *Bonnet Rouge*, est là. » Sachant quel est le personnage, le capitaine répond : « Fouillez-le et apportez-moi tout ce qu'il a dans ses poches. » Duval crie, tempête : on le fouille, on trouve le chèque.

Dès ce moment, Duval est pris. Mais un homme comme lui se défend. Il a des complices, il a des protecteurs, il a derrière et devant lui les autres maillons de la chaîne.

Pour un magistrat curieux, c'est le moment intéressant. C'est le moment où l'homme pris n'a plus le loisir des savantes dissimulations, ni le temps de la prudence. Il n'y a qu'à suivre Duval. Il nous mènera chez ses complices.

Rentré à Paris, Duval va chez Vigo. Vigo va chez Malvy.

Là, que se passe-t-il? Vigo voit-il Malvy lui-même? Quels propos s'échangent, quelles menaces? Il y a un mystère qui doit être percé. Il faut que le juge ait dans sa main tous les éléments du drame, tous les personnages du drame. Malvy est un de ces personnages. Le drame se passe chez lui, et si ce n'est pas dans son cabinet, c'est dans une pièce voisine. Et si les menaces et les adjurations ne lui sont pas jetées en pleine figure, il en perçoit au moins les échos.

En tout cas, il est décidé que le chèque sera rendu. C'est Landau qui est envoyé au deuxième bureau de la guerre comme ambassadeur de Malvy, avec mission de reprendre le chèque.

Landau entre dans le bureau du capitaine X... et se

présente de la part du ministre de l'Intérieur. Le capitaine en réfère au colonel Goubet. Celui-ci se met en relation avec le ministère de l'Intérieur. M. Leymarie lui dit de restituer le chèque. Le deuxième bureau n'ayant aucun moyen de suivre l'affaire (c'est Painlevé qui nous l'a expliqué à la Chambre), obéit à cette invitation.

« Je n'ai rien su, dit M. Malvy. Je n'ai rien connu de ces événements, sinon au cours du mois de juin. »

Système de défense insoutenable. N'avoir pas su, avoir su, c'est dans tous les cas la complicité. Comment ! ce ministre avait ordonné la filature, et on ne le tenait pas au courant des résultats de la filature ! Bien plus, on décidait d'annuler ces résultats, et on se passait de son avis ! Alors c'est qu'on tenait pour certain son acquiescement et pour acquise sa complicité. La restitution du chèque n'est pas une opinion théorique sur une affaire, n'est pas la solution bonne ou mauvaise d'un problème administratif : c'est un crime. On a engagé M. Malvy dans un crime.

Un jour, le crime se découvre. Le 17 juin, M. Ribot, président du Conseil, a été mis au courant. Viviani, garde des sceaux, ouvre une instruction. Cette fois, M. Malvy ne peut plus nous dire : « J'ignorais tout, on se servait de mon nom, j'étais trahi par mon entourage. » Il sait. Il va donc bondir, éprouver la plus effroyable colère. Il cassera tout, il cassera au moins Leymarie.

Pas du tout. Il vient de mettre Leymarie à la direction de la Sûreté, et, malgré le scandale, il l'y maintiendra jusqu'au 20 août, jusqu'à l'extrême moment, jusqu'à la minute désespérée où lui-même va être emporté par la tempête de l'opinion publique.

Cette incroyable longanimité, cette acceptation de

M. Malvy, le néant de ses réactions lorsque le crime se découvre, judiciairement c'est une preuve. Ou bien il a connu la saisie du chèque à Bellegarde, a pris part aux pourparlers avec Vigo, Duval et Landau, a donné l'ordre d'exiger la restitution ; ou bien, ce qui à mon avis, est encore plus grave pour lui, la bande des traîtres était en possession d'une sorte de blanc-seing général qu'il leur avait consenti, et qui leur permettait de se servir du ministre en toute circonstance, sans avoir même besoin de l'informer.

Dans les deux cas, il est un complice, et l'inculpation de Leymarie entraîne la sienne. M. Bouchardon est chargé d'une affaire ; il a inculpé M. Leymarie, il rencontre des charges contre M. Malvy, il doit poursuivre l'ex-ministre.

Cette poursuite conduit normalement M. Malvy avec tous les autres inculpés au Conseil de guerre. Telle est la logique. Mais l'ex-ministre prétend avoir d'autres droits que le commun des citoyens ; il réclame la Haute-Cour. La Commission des trente-trois (au moins sa majorité) et M. Forgeot prétendent que la Haute-Cour n'est pas une juridiction d'exception. Les mots importent peu. C'est une juridiction facultative. Elle n'est pas de droit. Il n'y a donc qu'à consulter l'intérêt de la vérité et l'intérêt public. L'intérêt de la vérité veut que M. Malvy ne soit pas séparé de ceux qui, s'il est coupable, sont ses complices. L'intérêt public est manifestement opposé à une procédure lente, compliquée, saturée de politique, où les juges parlementaires seront suspects de camaraderie. Et puis quoi ! cette procédure, on sait bien qu'elle ne peut pas aboutir : le Sénat ne se chargera pas du rôle où la Chambre pour se désempêtrer le voudrait embourber.

Comment un tribunal accepterait-il une affaire où il n'y a ni instruction, ni dossier, ni accusateur, mais seulement un accusé, qui s'accuse lui-même, en choisissant avec soin les griefs qu'il veut bien laisser à l'examen des juges?

Qu'on laisse donc M. Malvy aux juges de tout le monde. M. Baihaut, poursuivi pour crime commis dans l'exercice de ses fonctions, passa en Cour d'assises. Dans l'espèce, M. Malvy relève des juges militaires. Seuls ils possèdent tous les éléments, et seul leur verdict pourra purger l'affaire. Si M. Malvy veut faire éclater son innocence, il n'a pas d'autre voie à suivre. Quand il eut dans sa poche le certificat de M. Painlevé, il se déclara satisfait. Son contentement fut de courte durée. Un certificat parlementaire n'assurerait pas mieux son repos ni le nôtre.

## X

## L'ACCUSATION DEVANT LA CHAMBRE

20 Novembre 1917.

Le même jour, 28 novembre, où je venais de réclamer dans l'*Écho de Paris* le Conseil de guerre pour M. Malvy, je fus mis en cause à la Chambre.

D'une façon aussi courtoise que pressante, M. Marcel Sembat me reprocha d'avoir voulu « créer une opinion publique » afin de contraindre « le libre arbitre du juge militaire » et d'avoir essayé de « dicter son devoir à la justice ».

Je demandai la parole et sans quitter ma place, je répondis.

Par le compte rendu du *Journal officiel* du 29 novembre, que je cite sans y changer un mot, on devinera dans quel vacarme d'injures et de convulsions j'eus l'honneur de parler. Peut-être pensera-t-on aussi que M. Malvy ne dut pas savoir beaucoup de gré à ses camarades qui le forcèrent de recevoir à bout portant mon réquisitoire.

M. MAURICE BARRÈS. — Voulez-vous me permettre, monsieur Sembat, de vous répondre?

M. MARCEL SEMBAT. — Je vous en prie ; mais je tiens d'abord à vous dire que, si vous trouvez l'expression « dicter son devoir » abusive, je suis prêt à lui substituer cette autre phrase : « Il me semble qu'il y a là, sous votre plume, comme sous celle de M. Daudet, encore plus que sous la vôtre, un effet tel sur l'opinion publique qu'il est impossible que le juge militaire n'en soit pas impressionné. » (*Très bien ! très bien !*)

M. LE PRÉSIDENT. — La parole est à M. Maurice Barrès, avec l'assentiment de l'orateur.

M. MAURICE BARRÈS. — Je ne trouve pas mauvais un seul instant que M. Sembat me mette en cause. (*Interruptions sur les bancs du parti socialiste.*)

M. MARCEL SEMBAT. — Je supplie mes amis d'écouter en silence. (*Très bien ! très bien !*)

M. LE PRÉSIDENT. — M. Sembat lui-même demande le silence.

M. MARCEL SEMBAT. — Je demande instamment à mes amis d'écouter. Si la Chambre le désire, je suis prêt à souligner comment on me mettrait, en insistant, dans une situation désobligeante. (*Très bien ! très bien !*)

M. MAURICE BARRÈS. — La Chambre, M. Malvy et une très longue suite de discussions dans la presse ont ouvert le retentissant débat de savoir devant quelle juridiction devait aller M. Malvy. Il est donc très naturel que j'aie examiné dans mon journal ce qui fait l'objet de notre séance, à savoir si M. Malvy relève de la Cour d'assises, de la Haute-Cour ou du Conseil de guerre.

J'ai dit : « Je vais examiner s'il y a des griefs contre M. Malvy, et s'il y a des griefs, alors nous devrons nous préoccuper d'envoyer M. Malvy devant la juridiction compétente. » Tout mon article est employé à établir quels sont, selon moi, ces griefs.

Ma pensée se développe en deux étapes : Premièrement, s'il y a des griefs graves, M. Malvy ira devant le Conseil de guerre. Et, pour conclure, j'ai dit : « Il y a les griefs les plus graves, donc M. Malvy doit aller devant le Conseil de guerre. » (*Applaudissements à droite. — Interruptions et bruit à gauche et sur les bancs du parti socialiste.*)

Quels sont ces griefs? Je ne suis pas allé les chercher dans les ténèbres, où je ne puis pénétrer ; je me suis borné, très simplement, très prudemment, j'ai le droit de le dire, à employer des faits qui ont été, ici même, apportés en pleine lumière, le plus grand nombre par MM. Ribot et Painlevé, et qui sont à votre connaissance à tous.

Un journal allemand a été fondé en plein Paris, journal infâme, le *Bonnet Rouge*. (*Applaudissements à droite et sur divers bancs au centre.*) Il faisait une besogne affreuse que nous connaissons pour l'avoir lue, mais bien plus affreuse encore aux yeux de ceux qui connaissent les articles échoppés par la censure.

Nous avons lu un certain journal, le *Bonnet Rouge* caviardé. M. Malvy a lu un journal mille fois pire, le *Bonnet Rouge* intact, tel qu'il arrivait en épreuves dans les bureaux de la censure. Ah ! ce *Bonnet Rouge*, frère de la *Gazette des Ardennes*, guidé, conseillé, commandé par le bureau de la presse allemand, où travaillent à Berlin des centaines d'officiers boches pour

donner le *la* dans le monde entier à la presse bochisante. Il n'a pas cessé de fournir, chaque matin l'assaut le plus ignoble, pour rompre au milieu de nous
l'Union sacrée;... (*Interruptions et bruit sur les bancs
du parti socialiste. — Vifs applaudissements à
droite.*)

M. PAUL PONCET. — C'est l'*Action française* qui
l'a rompue. (*Applaudissements sur les bancs du parti
socialiste et des gauches. — Bruit à droite.*)

M. LE PRÉSIDENT. — M. Sembat lui-même a dit
que vous le désobligiez en empêchant M. Barrès de
parler.

M. MAURICE BARRÈS... pour salir ceux qui, à un
titre quelconque et quelquefois au rang le plus modeste, s'employaient à servir la Défense nationale en
appuyant toutes les manifestations du sentiment
patriotique. (*Très bien ! très bien ! à droite.*)

*Sur les bancs du parti socialiste.* Pour l'Allemagne !
(*Réclamations à droite.*)

M. MAURICE BARRÈS. — Le *Bonnet Rouge* n'a pas
cessé de combattre tous les efforts pour augmenter
nos forces matérielles et morales, tous les efforts
réclamés par le Gouvernement et le Parlement, qu'il
s'agisse de la revision de nos réformés, de l'établissement de la conscription en Angleterre, du blocus économique et de la lutte d'après-guerre. Ce journal, je
veux, un de ces jours, puisqu'il semble subsister certains doutes, établir avec précision quelle fut sa
besogne défaitiste, antifrançaise, et étroitement accordée avec l'effort mondial allemand. (*Applaudissements
à droite.*)

M. GOUDE. — C'est vous qui avez voulu la guerre !
(*Vives exclamations et dénégations à droite.*)

M. MAURICE BARRÈS. — Ce journal, payé par l'Allemagne, M. Malvy, par une aberration inexcusable, a
voulu augmenter son trésor. Aux subsides énormes de

l'Allemagne, il a voulu ajouter, lui, ministre de la République, l'obole du peuple français. (*Applaudissements à droite. — Mouvements divers*).

M. BARABANT. — Vous n'avez pas autre chose? (*Très bien ! très bien ! sur les bancs du parti socialiste.*)

M. LE PRÉSIDENT. — M. Sembat lui-même vous demande de ne pas interrompre.

M. MARCEL SEMBAT. — Il y a une très grande utilité à entendre cela. Vous voyez bien que c'est M. Daudet qui dévie.

M. MAURICE BARRÈS. — Un collègue me demande si je n'ai pas autre chose. J'ai autre chose. J'ai dit mon premier argument, je passe au second.

A un instant donné...

*Sur les bancs du parti socialiste.* — Allez donc dans les tranchées ! (*Exclamations à droite.*)

M. DE GAILHARD-BANCEL. — C'est vous qui en avez peur !

M. MAURICE BARRÈS. — A la fin de 1915, M. Briand, président du Conseil, se faisant l'interprète de l'émotion générale, avertit M. Malvy des soupçons qu'il y avait lieu d'avoir sur le *Bonnet Rouge*. M. Malvy nous a dit qu'à cette date, accueillant la grave inquiétude de M. Briand, il avertit un certain nombre de nos collègues de s'abstenir, dans leur propre intérêt, de collaborer plus longtemps à cette feuille suspecte.

M. Malvy a ajouté qu'il avait mis en filature les hommes du *Bonnet Rouge*.

*Sur les bancs du parti socialiste.* — Alors?

M. MAURICE BARRÈS. — Il les a mis en filature, et ces hommes ont continué d'aller en Suisse, pour chercher de l'argent allemand, en Espagne, comme missionnaires des bureaux reptiliens de l'Allemagne.

M. EUGÈNE LAURENT. — A Grenade, il y avait des catholiques ! (*Bruit.*)

M. LE PRÉSIDENT. — M. Barrès a été mis en cause, M. Sembat vous a priés de l'entendre ; écoutez-le.

M. MAURICE BARRÈS. — Je dis que cette filature ne fut rien qu'un geste, une manœuvre de façade. Un exemple : M. Malvy nous a lu à la tribune des notes que ses policiers lui remirent après un voyage des gens du *Bonnet Rouge* à Saint-Sébastien. Il nous a dit : « Ces hommes du *Bonnet Rouge* n'ont pas pu, comme l'*Action Française* les en accusa, se mettre en relations avec un sous-marin, parce qu'ils n'ont pas eu le temps d'aller jusqu'à Carthagène. »

Eh ! monsieur Malvy, ils sont allés de Saint-Sébastien à Bilbao. Sur la rivière de Bilbao, en face de Portugalète, stationne depuis le début de la guerre, un vaisseau allemand. De ce bâtiment, à des intervalles variés, s'éloigne une barque de pêche.

*A gauche.* — Quel roman !

M. MARCEL SEMBAT. — C'est la pure vérité ! (*Interruptions sur les bancs du parti socialiste.*)

M. LE PRÉSIDENT. — Nous vous demandons le silence, M. Sembat et moi ; laissez achever.

M. MARCEL CACHIN. — C'est humiliant !

*A droite.* — Pour vous !

M. MARCEL CACHIN. — C'est humiliant pour la pensée française.

M. DE GAILHARD-BANCEL. — Il faut croire que cela vous gêne.

M. LE PRÉSIDENT. — Vous n'empêcherez pas l'incident de se dérouler. Écoutez donc sans interrompre.

M. MARCEL SEMBAT. — Il est essentiel que cela soit dit.

M. LASIES. — La violence de la discussion prouve que nous sommes incapables d'être des juges et qu'il faut se hâter de voter les conclusions de la Commission.

M. LE PRÉSIDENT. — Encore une fois, terminons l'incident.

M. Maurice Barrès. — Cette barque va ravitailler les sous-marins allemands. Le fait, à cette heure, est acquis, et s'il pouvait subsister quelque doute, je suis tout prêt à en causer avec le gouvernement et à lui soumettre mes éléments d'information, que d'ailleurs certainement il connaît. (*Interruptions sur les bancs du parti socialiste.*)

M. Goude. — Dans ce cas, vous êtes complice si vous avez attendu jusqu'à aujourd'hui.

M. Maurice Barrès. — Ce n'est pas à Carthagène, c'est à Bilbao que, de Saint-Sébastien, les hommes du *Bonnet Rouge* se sont mis en relations avec un sous-marin allemand. Le rapport qui a été remis à M. Malvy par ses policiers ne fut rien qu'une couverture de complaisance indignement fournie aux hommes du *Bonnet Rouge*.

Je ne prétends pas qu'ici M. Malvy ait personnellement favorisé les traîtres du *Bonnet Rouge* et leur ait organisé cette sorte d'alibi en substituant Carthagène à Bilbao. Il ne m'appartient pas d'établir quelle peut être exactement la part de M. Malvy ou des divers services qui étaient sous ses ordres. Mais je dis, je crie, j'affirme, je prouve que cette filature n'était pas vraie.

Et puis, ces mêmes hommes du *Bonnet Rouge* étaient chargés de missions par la Préfecture de police. Ils recevaient des passeports. Vous entendez, vous comprenez? Dans le même moment où ils étaient mis, soi-disant, en filature, ils recevaient des missions et ils ne sont allés à l'étranger que parce qu'ils avaient des passeports.

M. Emmanuel Brousse. — Et des subsides.

M. Maurice Barrès. — Et je ne sache pas qu'ils aient été soumis à aucune fouille et qu'on ait jamais donné les résultats d'aucune fouille.

Un jour, pourtant, ces hommes furent pris. Dans quelles conditions?

Le 14 mai 1917, après une longue suite de mois où se prolongea cette « filature » que je ne puis qualifier que de comédie, le capitaine Ladoux, du deuxième bureau du ministère de la Guerre, se trouvait un matin, par hasard, à Bellegarde.

M. Frédéric Brunet. — Il y a tout de même des gens qui ont donné la permission à Lenoir de s'en aller en mission.

M. Maurice Barrès. — Un homme à lui, qui savait qui était Duval, lui dit : « — Mon capitaine, le fameux Duval est là. — Fouillez-le, répondit le capitaine Ladoux.

M. Mayéras. — C'était un nationaliste ! (*Protestations à droite. — Bruit.*)

M. le Président. — M. Sembat a donné la parole à M. Barrès, mis en cause ; écoutez-le.

M. Maurice Barrès. — J'entends un de mes collègues qui se préoccupe de savoir, ce qui est bien superflu, quelles pouvaient être les opinions politiques du capitaine Ladoux. (*Interruptions et bruit à gauche.*)

*Sur les bancs du parti socialiste. — De Duval ! (Bruit.)*

M. le Président. — M. Sembat a donné la parole à M. Barrès pour un fait personnel. Il vous demande d'écouter. Ce n'est pas équitable.

M. Eugène Laurent. — Ah ! si c'était Brizon !

M. le Président. — Pas du tout. Vous confondez tout ! M. Barrès aura la parole jusqu'au bout.

M. Maurice Barrès. — Monsieur le Président, voulez-vous me permettre une observation. Je n'ai pris la parole que parce que ceux-là mêmes qui m'interrompent avec tant de persistance m'ont provoqué comme à plaisir. (*Applaudissements à droite.*)

M. le Président. — C'est ce que j'ai dit tout à l'heure, ce qui se passe est absolument injuste.

M. Barrès a été mis en cause et l'orateur vous a demandé de l'entendre.

M. MAURICE BARRÈS. — Le capitaine Ladoux dit : « Fouillez Duval et apportez-moi tout ce qu'il a dans ses poches. » On saisit sur Duval le chèque de cent cinquante mille francs, l'argent allemand, le prix de la trahison. Duval fait un affreux tapage, étonné jusqu'à l'épouvante de cette nouveauté, qui venait gâter ses voyages. (*Très bien ! très bien ! à droite.*)

Le capitaine Ladoux fut-il un instant troublé par l'arrogance de cet homme qui invoquait de si grands protecteurs ? Il lui dit : « Eh bien ! allez vous promener dans Bellegarde, vous reviendrez ce soir. » Duval va se promener dans la ville, sans que nous connaissions ses tristes réflexions, et quand il revient, le capitaine a pris sa décision : « Je garde décidément le chèque », dit-il. Duval rentre librement à Paris. Il se met en mouvement avec toute sa bande. Tous sont en danger. Ils courent. Où courent-ils ? (*Exclamations et rires à gauche.*) Au ministère de l'Intérieur. (*Vifs applaudissements à droite et au centre. — Interruptions sur les bancs du parti socialiste.*)

Que s'est-il passé au ministère de l'Intérieur ? J'entendais tout à l'heure des rires. Ils sont profondément tristes, ces rires. Le bandit payé par l'Allemagne a dit : « J'aurai gain de cause auprès du ministre de l'Intérieur ! (*Applaudissements à droite.*)

M. MALVY. — Ce n'est pas vrai !

M. MAURICE BARRÈS. — Et le bandit ne se trompait pas. Il n'y a pas de dénégation qui tienne. Les faits se dressent avec une force souveraine. Le bandit est allé causer avec votre homme de confiance, avec Leymarie. Dans votre maison, à deux pas de votre cabinet, des propos ont été tenus qui, de toutes les manières, sont profondément attristants. Les bandits ont-ils supplié ? Ont-ils menacé ? Ont-ils offert de partager? (*Réclamations sur les bancs du parti socialiste. — Nouveaux applaudissements à droite.*)

M. MALVY. — Avant la fin de l'instruction, vous n'avez pas le droit de parler ainsi.

M. MAURICE BARRÈS. — Moi, je n'en sais rien, je n'étais pas dans le cabinet du... (*Vives exclamations à gauche et sur les bancs du parti socialiste.*)

M. MARCEL CACHIN. — C'est par des insinuations pareilles qu'on a fait assassiner Jaurès ! (*Applaudissements sur les bancs du parti socialiste. — Bruit.*)

M. MAURICE BARRÈS. — Messieurs... (*Applaudissements à droite.*)

(*M. Maurice Barrès fait un geste, tourné vers les tribunes d'où partent des applaudissements. — Vives réclamations sur les bancs du parti socialiste et des gauches. — Bruit prolongé.*)

*Voix nombreuses à gauche.* — A l'ordre !

M. LE PRÉSIDENT. — Messieurs, deux incidents viennent de se produire ; quelques personnes ont manifesté dans une tribune. (*Bruit.*)

M. DE BAUDRY-D'ASSON. — C'est la voix du pays !

M. L'AMIRAL BIENAIMÉ. — C'est la France qui parle !

M. LE PRÉSIDENT. — Ces personnes vont être invitées à se retirer.

En second lieu, je demande à M. Maurice Barrès s'il est exact qu'il ait voulu faire appel aux tribunes. (*Protestations à droite. — Bruit.*)

Messieurs, laissez-moi le soin de régler l'incident.

Monsieur Barrès, je vous demande s'il est exact que vous ayez voulu faire appel aux tribunes du public?

M. MAURICE BARRÈS. — Monsieur le Président, je demande à la Chambre de me permettre de me faire entendre sans qu'elle m'oblige à crier de cette manière. (*Exclamations sur les bancs du parti socialiste.*)

Il est certain que j'ai fait un geste. (*Mouvements divers.*) Il n'invitait nullement les tribunes à intervenir dans notre discussion. Il traduisait une phrase que j'ai entendu maintes fois prononcer à cette tribune. Maintes fois, nous avons dit : « Par-dessus vos têtes, je suis convaincu d'être d'accord avec le pays. » (*Applaudissements à droite. — Bruit sur les bancs du parti socialiste.*)

M. LE PRÉSIDENT. — En tout cas, messieurs, cette manière de faire appel au pays n'est pas admissible ! (*Vifs applaudissements sur les bancs des gauches et du parti socialiste.*)

Et maintenant que j'ai rappelé à l'ordre M. Barrès, comme il a été mis en cause par M. Sembat et comme M. Sembat vous a prié d'entendre notre collègue, je vous demande de remplir ce devoir de loyauté et d'écouter jusqu'au bout.

M. PIERRE RENAUDEL. — Je demande la parole. (*Bruit à droite.*)

M. LE PRÉSIDENT. — Non, non, la parole est à M. Barrès.

M. MAURICE BARRÈS. — Nous en étions au moment où Duval, Vigo et Landau se rendent au ministère de l'Intérieur et ont avec M. Leymarie des conversations que je ne suis pas à même de rapporter. Je ne les connais pas... (*Murmures sur les bancs du parti socialiste.*)

M. LEREDU. — Attendez le résultat.

M. MAURICE BARRÈS... mais j'en connais le résultat.

Le résultat, c'est que l'invitation a été donnée par le ministère de l'Intérieur au deuxième bureau de restituer au traître le prix de la trahison. (*Applaudissements à droite et sur divers bancs au centre.*)

M. Malvy peut être tenté de nous dire : « J'ignorais ces infâmes négociations. » Mais, peu après, le 17 juin, M. Ribot est mis au courant ; M. Viviani ouvre une instruction et M. Malvy ne peut plus arguer qu'il ignore le crime.

Ah ! sorti de son ignorance, apprenant qu'il a été indignement trompé par son collaborateur, comme il va bondir, comme il va tout briser, et particulièrement briser M. Leymarie !

Pas du tout. M. Malvy a gardé à M. Leymarie sa confiance et, pendant des semaines, M. Leymarie a continué d'occuper la plus haute situation, la direction de la Sûreté, d'où il pouvait le mieux protéger la bande infâme. (*Applaudissements à droite.*)

Je ne puis choisir qu'entre deux hypothèses : ou M. Malvy était tenu au courant, ou M. Malvy n'était pas tenu au courant. Vous voulez que M. Malvy n'ait pas été tenu au courant? On considérait qu'on pouvait accomplir de pareils crimes sans même se tourner vers lui? Ah ! mais ce blanc-seing, qu'on estimait avoir de lui, est une chose infiniment grave et établit une complicité plus détestable que je ne pourrais l'imaginer. Quoi ! M. Leymarie crut pouvoir se servir du ministre dans de telles circonstances sans même l'informer, et M. Malvy a accepté ! (*Applaudissements à droite.*)

Je résume, je conclus. Un crime a été commis. Le crime, c'est d'avoir favorisé une bande de traîtres. Cette bande fut favorisée par l'argent qu'on lui remettait, par les moyens qu'on lui donnait de passer à l'étranger et de se mettre en relations avec nos ennemis ; elle a été favorisée enfin par ce fait incroyable qu'à ces hommes, que vous mettiez en filature et dont vous disiez que vous les faisiez fouiller, le jour où ils ont été trouvés porteurs du chèque de trahison, vous avez fait rendre le chèque. (*Applaudissements à droite.*)

Voilà les faits. Conscient, inconscient, cela est à préciser par l'instruction criminelle ; mais il y a crime, puisqu'on a inculpé M. Leymarie. Et si M. Leymarie est inculpé, il n'est pas juste, dans un pays d'égalité, que le subordonné Leymarie devienne le bouc émissaire. Vous, le chef, vous êtes le complice responsable à ses côtés : Conseil de guerre. *(Applaudissements à droite et sur plusieurs bancs au centre. — Interruptions et bruits sur les bancs du parti socialiste. — Nouveaux applaudissements à droite.)*

La Chambre ordonne la mise en accusation de M. Malvy et son renvoi devant la Haute-Cour.

« Cette séance, écrit le député Jean Bon dans une publication intitulée *Lettre à mes mandants*, rappelait celle que nous imaginons de la Convention : accusations volant d'un bout à l'autre, poings tendus, vociférations monotones, accusé faisant la supplication aux juges, public se mêlant aux débats... L'incident capital, savamment ménagé par notre ami Marcel Sembat, ce fut l'apparition de *Maurice Barrès, Inquisiteur espagnol*, suivant l'expression du *Temps*.

« Et je n'étais pas étonné, car cet esprit curieux et convaincu qu'est le citoyen Sembat nous avait régalé déjà au Grand-Orient — car il est aussi franc-maçon à ses heures — d'un *Torquemada* improvisé et savoureux.

« Mais combien la fiction est laissée bien loin par la réalité ! L'orateur étrange que M. Barrès ! Et comme il sut développer, donner au blâme qui lui était si bénévolement offert, un puissant relief par sa voix creuse, aux sonorités enfermées, tel qu'en un conte d'Edgar Poé.

« Dressé à son banc, avec sa silhouette maigre, de noir vêtue, prolongée d'un bras interminable, son visage pâle, émacié, cerné de cheveux en bandeaux noirs, c'était en effet l'accusateur du Saint-Office qui nous apparaissait.

« Ah ! qu'il était loin, en effet, de Renan, cet échappé d'un tableau de *Zurbaran* ou mieux du *Greco*, dont il sentit si profondément l'ardeur orientale brûlée et desséchée dans les couloirs de l'Escurial.

« Le joyeux cubisme de notre Marcel s'anéantit devant la puissance de ces touches vigoureuses, heurtées, qui formaient trait à trait une de ces effrayantes images de torture et de supplice comme en porte aux processions quelque confrérie de *Sainte-Hermandad*. »

D'autre part, un officier qui assista à cette séance historique, décrit l'intervention de Maurice Barrès, en termes pittoresques, dans un journal des tranchées *Le Poilu* :

« Soudain, un trait lancé d'une main preste (par Semba) vise, vers la droite, un exécutant de tout premier ordre qui se trouve ainsi désigné et prié de se faire entendre à présent.

« L'artiste mis en cause, de façon si brusque, se lève, et sa silhouette d'émir arabe s'accuse en un relief saisissant. On dirait une effigie, eau-forte ou gravure sur bois, détachée de son cadre. Le front, le nez à arête vive, la lèvre supérieure sont en pleine touche de lumière ; le bas du visage et le reste du corps sont noyés dans l'ombre opaque chère aux grands maîtres hollandais.

« Un vif mouvement de curiosité se produit. Les têtes se tournent, admiratives ou défiantes ou hostiles, mais silencieuses et interrogatrices.

« Celui qu'on dénomme le Tigre regarde aussi vers l'artiste. La voix est sombre, sourde, gutturale. Nulle recherche de l'effet, du brio. Peu ou pas de gestes. Des phrases vives, alertes, précises, directes. Il dédaigne l'ampleur périodique, la disposition savante, nombreuse, symétrique et rythmée des propositions. Mais si, par éloquence, on entend l'art de persuader et de convaincre par la logique rigoureuse, animée de la noble passion du vrai, — si elle peut être définie : le son que rend une grande âme, sans aucun doute ce dilettante converti, ce poète merveilleusement doué et qui a renoncé aux jeux subtils de l'esprit pour s'adonner tout entier, intelligence et âme, aux luttes du forum et à la défense du bien public, cet homme-là est éloquent.

« D'unanimes applaudissements saluent la fin du morceau ; ils éclatent dans le public payant des loges.

« C'est le signal d'un orage. On se croirait à quelque représentation, agitée et tumultueuse, d'un opéra de Wagner après la guerre. L'artiste essaie de détailler son morceau, de l'expliquer, de le faire valoir. Mais il se heurte à la contradiction formelle, âpre, obstinée des adversaires et des opposants. Chaque tirade qu'il essaie de faire entendre est accompagnée de protestations, d'invectives, d'interruptions cacophoniques comme on doit en entendre parmi les pâles humains qui habitent aux sombres bords du Tartare. Le chef d'orchestre s'agite et clame sans succès, invitant en vain à l'observation de l'ordre et au respect de la mesure. Quelques mots percent, dominent le charivari : « Canaille !... Vendu !... La Croix !... Sac au dos ! Zigomar !... C'est vous qui êtes la cause de la guerre ! » Dans les travées d'en face, surtout, les poings se tendent, crispés, nerveux. Le public des loges continue d'applaudir. « Dans l'hémicycle, un huissier qui en a vu bien d'autres, s'exclame, sans conviction, sur un ton de basse chantante : « Silence ! Silence ! » avec le même calme que s'il eût annoncé :

« Cacahuettes ! Cacahuettes ! » ou : « Sapristi, qu'il fait chaud ! »
Et de nouveau les forcenés de dégoiser à pleins poumons leurs injures : « Canaille !... Vendu !... Sac au dos !... »

« L'artiste à profil sarrazinesque clôtura sa dernière phrase par cette
exclamation rude et brève, menace et sommation tout à la fois :
« Conseil de guerre ! », et en disant ces mots, il regarda fixement et
désigna du doigt un personnage assis au centre de l'amphithéâtre,
puis il s'éclipsa, preste et insaisissable...

« Mes regards cherchèrent alors le personnage dont les faits et gestes
étaient le sujet de si violents débats et qui concentrait sur lui l'intérêt de toute cette séance si mouvementée. Pendant le discours qui
venait de s'achever, il n'avait cessé de se mordiller la moustache.
Son visage était pâle, exsangue, ravagé. Les traits fatigués trahissaient l'angoisse, l'atroce souffrance intérieure. Autour de lui s'agi-
taient, se démenaient, convulsionnés, ses partisans. L'agitation s'ac-
centuait, *crescendo*. Les passions exaspérées étaient au paroxysme.
On put craindre que l'extrême-gauche voulût descendre dans l'arène
pour transformer le débat en vrai combat... Les concertants de la
droite sanctionnaient de leurs applaudissements celui dont les paroles,
d'une énergie sobre et d'une précision froide, avaient provoqué
pareille explosion de fureurs. »

# XI

## LA CHAMBRE A LEVÉ L'IMMUNITÉ PARLEMENTAIRE DE M. MALVY

### MERCI, SEMBAT !

1er Décembre 1917.

Que peut-on distinguer et retenir qui ait une forme
humaine dans le vacarme des injures et des convulsions au milieu desquelles j'ai eu l'honneur de parler,
l'autre jour, à la Chambre ?

Deux arguments, Marcel Sembat m'accuse d'avoir,
par ma démonstration que « *Malvy relève du Conseil de
guerre* », exercé une pression sur le juge.

M. Malvy m'accuse d'avoir tenté une diversion.

*Pression* et *diversion*. Je voudrais répondre à ces deux reproches, et en montrer l'inanité. Mais d'abord éclairons la situation. Que me voulait Sembat? Pourquoi ce diable d'homme, plein d'esprit et qui évolue dans la Chambre avec une si magistrale aisance, a-t-il éprouvé le besoin de me jeter dans la discussion?

Il m'a mis en cause d'une manière si directe, à la fois courtoise et pressante, que j'ai bien été obligé de lui répondre. Je ne lui en fais pas de reproche. Il aurait dû vous prévenir, me dit-on. Bah! un ennui inattendu vaut mieux qu'un ennui sur lequel nous avons le temps de fixer par avance notre esprit. Je suis venu à pied, de Neuilly à la Chambre, sans ressentir cette gêne, ce resserrement de la gorge, cette espèce de crampe d'estomac que certains orateurs, dont je suis, éprouvent toujours avant de prendre la parole. Et puis je n'avais pas écrit, sur un sujet si grave et qui intéresse la Défense nationale, sans l'avoir sérieusement médité. Les amis de Malvy, cinq minutes après que j'avais commencé de parler, déchantaient déjà de la joie (si flatteuse) qu'ils avaient d'abord éprouvée en me voyant me lever. Leurs injures m'ont été bien douces. Et l'approbation générale de mes amis de la Chambre (que je remercie) et de l'immense public (aux lettres de qui je m'excuse de ne pas répondre) m'assure que mon exposé ne fut pas inutile. Ainsi, je remercie les collègues qui m'appelèrent à la tribune ; mais pourquoi, cherchant à sauver Malvy, furent-ils si désireux de mon intervention, que je ne prévoyais pas et qui, très rapidement, les exaspéra?

Le journal *La France* me semble avoir vu clair. Il y a là un écrivain de bon sens, fort avisé, fort au courant des couloirs du Parlement, qui écrit : « On doit reconnaître que si M. Barrès a prononcé son implacable discours, c'est qu'il y a été provoqué avec insistance. On cherchait à le mettre en cause pour ouvrir le débat politique que, fort opportunément, la Chambre essayait d'écarter... »

Voilà la vérité. Pour tirer d'affaire M. Malvy, on voudrait donner à son cas une couleur politique ; on voudrait, à propos d'un homme, dont il faut savoir s'il est coupable ou non, et dans quelle mesure, mettre en mouvement tous les intérêts et toutes les passions.

Disons-le en passant, déjà M. Malvy lui-même avait tenté cette diversion et cette transformation de son affaire, le vendredi 7 juillet dernier, quand, avant d'aller au Sénat se soumettre à l'interpellation de Clemenceau, qui devait être si terrible (le 22 juillet), il tenta vainement d'obtenir de la Chambre un acquit de tous comptes.

Se rappelle-t-on la scène? M. Malvy, à la tribune, manœuvrait pour se poser en « démocrate » méconnu et poursuivi par « les ennemis du peuple », pour avoir trop aimé les Vigo et les Sébastien Faure. Et soudain l'un de ses hommes essaya de me jeter dans le débat, en s'écriant sur je ne sais quel prêtre qui aurait reçu ou pas reçu de passeport : « Qu'en pense le président de la *Ligue des Patriotes ?* » M. Malvy s'arrêta, me regarda avec une infinie complaisance, tout prêt, l'honnête homme, à me céder la parole. Je cherchai, sans plus, mon lorgnon pour distinguer l'interpellateur. Force fut au ministre de reprendre le fil de son harmonieux discours, mais aussitôt son homme redoubla : « La parole est à M. Barrès. » Et le ministre Malvy, une fois encore, de s'interrompre et de se tourner courtoisement vers moi. Pouvais-je demeurer insensible à d'aussi excellents procédés? Vraiment, ces messieurs voulaient entendre ma voix, qui manque d'art, et ma pensée que je ne savais pas si fort de leur goût? Je leur fis part immédiatement d'une curiosité que j'avais : « Un de nos collègues a la bonté de me donner la parole. J'en profite. » Et de toute ma force, je lançai dans le creux de l'estomac du ministre : « Quand arrêtez-vous la canaille du *Bonnet Rouge ?* »

Ah ! quel remous dans la vase, quel clapotis ! quel émoi ! Et comme M. Malvy devint verdâtre ! Il refusa obstinément de me répondre. Mais une heure après, M. Ribot montait à la tribune et faisait connaître le grand secret : « Un chèque a été saisi à la frontière. »

« Ces jours derniers », dit-il. Or il y avait deux mois, et le chèque avait été restitué. N'importe ! Vous savez le reste. Le déclenchement était fait, la chaîne commença de se dérouler, la vidange n'allait plus s'arrêter.

Comment M. Malvy et les siens ne furent-ils pas dégoûtés, par cette première expérience, de la tactique qu'une fois encore ils viennent d'employer en me donnant de haute autorité la parole?

Ils ont voulu m'entendre. J'ai apporté des faits. Ces faits démontrent que M. Malvy doit être inculpé dans l'affaire du *Bonnet Rouge* pour intelligence avec l'ennemi et complicité. Et mes contradicteurs n'ont pu détruire les faits que j'apportais. Ils se sont bornés à me répliquer que je tentais une diversion et puis que je cherchais à exercer une pression sur le juge.

Il m'est facile de montrer que la diversion et la pression sont dans la manœuvre de M. Malvy, tandis que je propose de laisser se développer normalement et librement la justice.

C'est M. Malvy qui prétend être diverti de ses juges normaux pour demander des juges politiques.

C'est M. Malvy qui prétend être diverti de ses accusateurs, c'est-à-dire des officiers du Parquet militaire, *déjà saisis*, pour s'accuser lui-même et se faire accuser par ses amis.

C'est M. Malvy qui prétend être diverti des charges

déjà réunies (qui l'embarrassent et même qui l'accablent) pour se faire juger uniquement sur les griefs où il croit sa défense plus solide.

Moi, au contraire, je demande que les juges déjà saisis demeurent saisis. Je demande que l'instruction commencée soit continuée, et qu'elle poursuive sans détour sa marche sur les voies où elle a été naturellement engagée. Bref, je demande que la justice suive son cours.

Voilà pour la diversion. Passons à la pression.

Sembat, nous avons quelque peu une formation pareille, je veux dire qu'à vingt ans nous avons aimé les mêmes livres, suivi les mêmes maîtres et qu'à la racine de nos idées, qui peuvent différer, il y a une même méthode d'étude. Eh bien ! quand vous et vos amis, vous me reprochez de m'appuyer sur le pays pour agir sur les juges, laissez-moi vous dire que votre reproche est un moyen, une habileté, un rideau derrière lequel vous cherchez à dissimuler la manœuvre tentée par M. Malvy. La vérité est que M. Malvy, traqué par l'action judiciaire, se réfugie dans sa qualité politique, dans son influence politique, dans les escarpements de sa montagne politique, et cherche à fausser par une pression politique le mécanisme judiciaire.

Mon action sur l'opinion ne tend pas à peser sur la justice militaire. Nous savons que le capitaine Bouchardon conduit ses instructions et traine son fardeau écrasant avec une activité intelligente, une grande indépendance et la passion de la vérité. Mais le capitaine Bouchardon n'est pas un juge d'instruction. Il n'est pas un juge ; il n'est pas le maître de l'affaire ; il est un officier qui reçoit des ordres de ses chefs. Ses chefs, quels sont-ils? D'abord le gouverneur militaire de Paris et ensuite le ministre de la Guerre, chef suprême de la justice militaire. C'est ainsi que M. Painlevé, fort régulièrement, lui a donné l'ordre d'entendre Léon Daudet. A-t-il ensuite tiré librement ses conclusions? A-t-il été réellement saisi de la totalité de l'affaire? Il suffit de remarquer qu'il n'a pas entendu M. Malvy, même comme témoin.

Je demande que la justice militaire soit chargée de toute l'affaire. Quand M. Malvy réclame des juges, je les lui désigne. Et pour montrer que cette désignation est naturelle et même nécessaire, je me sers, comme c'est le droit de tout citoyen, des fragments de vérité que des déclarations officielles ont portés à la connaissance de tous.

Ces fragments de vérité, ici même et puis devant la Chambre, je les ai assemblés et mis dans leur ordre logique. Est-ce ma faute, si cet assemblage constitue déjà une démonstration entraînante? Il y a dans ce travail une pression logique à laquelle un esprit bien fait ne résiste pas. Il n'y a pas d'autre pression.

Croyez-vous donc que je dispose d'aucun sortilège pour persuader mes lecteurs et que par des tours de bras j'aurais pu, l'autre jour, émouvoir les tribunes? J'ai raisonné juste. Tout est là. Vous connaissez le mot charmant des huissiers? L'ordre leur vint de Deschanel de faire vider les tribunes qui avaient applaudi ; mais eux de répondre en toute simplicité : « Toutes les tribunes ont applaudi... » Eh oui ! Sembat, un raisonnement juste échauffe les cœurs et touche les esprits, et j'imagine que le grand patriote Vénizelos, qui assistait à la séance, et qui a connu jusqu'au péril de sa vie, jusqu'à l'assassinat de ses amis, de nos amis, l'audace des agents vendus à l'Allemagne, approuvait silencieusement, au fond de sa conscience, une suite de faits qui ne concordent que trop avec ses propres expériences.

Un très grand nombre de députés, sur tous les bancs, dans tous les partis, savent, comme moi, que l'envoi de M. Malvy devant un Conseil de guerre serait la bonne procédure. La seule capable de vider l'abcès. On y arrivera fatalement.

Nul des efforts désespérés de M. Malvy pour se détourner du Conseil de guerre ne peut aboutir. Il se débat, il gagne du temps, mais il ne peut rien contre cette fatalité logique, à laquelle déjà l'opinion a consenti et qui entraînera tout.

Dès maintenant, il est visible que devant la Haute-Cour l'affaire Malvy avortera.

Elle avortera, parce que les juges n'y sont pas des juges.

Elle avortera parce que sans instruction préalable, sans dossier, sans accusation, les sénateurs jugeront dans la nuit.

Elle avortera parce qu'ils ne jugeront que les griefs choisis par l'accusé, et que les autres charges, les plus pressantes, ne seront même pas examinées et demeureront.

Heureusement le vote de la Chambre n'a pas dessaisi les juges militaires. Il n'est pas prouvé que le Sénat, dans des conditions si obscures et si troubles, consentira à se constituer en Haute-Cour. Le fît-il, il ne sera saisi que de deux chefs précis d'accusation. Tous les autres subsistent. Pour tous les autres, M. Malvy continue d'appartenir aux juges réguliers, normaux, je veux dire non exceptionnels, aux juges de Duval, de Vigo et de Leymarie.

Ah ! bien loin d'entreprendre sur la liberté de ces magistrats militaires, dont M. Clemenceau est maintenant le chef, nous souhaitons qu'ils s'abandonnent sans contrainte aux réactions naturelles de leurs cerveaux de juges. Il serait effroyable qu'ils subissent aucune pression ; nul ne se permettrait d'agir sur des hommes dont la besogne a quasi un caractère sacré... Mais qui peut se flatter de n'avoir pas besoin d'être aidé? C'est le devoir de ceux qui tiennent une plume d'apporter, quand tout est obscur, leur petite lumière, et d'aider, quand tout paraît confus, à la naissance de l'ordre.

Mes contradicteurs, l'autre jour, en m'appelant à la tribune, m'ont conduit à remplir mon devoir plus largement que je ne le faisais dans le journal. Merci, mes chers collègues, merci cordialement, Sembat.


# XVIII

# EN REVENANT DE CHAMPIGNY

*La Ligue des Patriotes.*

3 Décembre 1847.

J'arrive de Champigny où, la Ligue des patriotes encadrant l'immense cortège, nous sommes allés, une fois encore, sur les tombes de 1870, honorer les sauveurs de la France.

C'est une grande et féconde idée qu'eut Paul Déroulède de créer ces solennités patriotiques où l'union se resserre, où l'esprit s'émeut et se relève pour tendre au grand.

Vous pensez bien que, nul de nous n'apportait dans ce temple du plein air, sur la colline funèbre, aucune pensée qui ne fût de concorde et de piété patriotique. L'esprit encore tout poudreux des débats du Parlement, nous nous sommes pourtant bien gardés de les commenter. Je n'ai pas touché à des scènes ni à des hommes qui parlent si terriblement aux imaginations.

L'admiration et la gratitude pour nos soldats, la confiance dans leur victoire. Rien d'autre. C'est de source vive que nous avons insisté pour que tous serrent les rangs autour du gouvernement et de l'armée, autour des chefs légaux de la nation.

La trahison ne doit pas troubler l'union. Elle est en dehors. Unissons-nous contre les traîtres. Et pour qu'ils soient saisis, lions-nous aux pouvoirs réguliers. Non pas à des groupes politiques (trop tentés d'excuser un camarade), non pas à des émotions populaires, mais à la justice marchant à visage découvert et ne laissant dans l'ombre ni ses actions, ni ses pensées.

Je n'ai pas grand goût pour une Haute-Cour. C'est un tribunal politique, plein d'inconvénients. Ainsi voilà-t-il pas que pour débuter, le Sénat a nommé comme commissaire, chargé d'élaborer la procédure, un rédacteur du *Bonnet Rouge*. Le plus honnête homme du monde a pu donner son nom aux sollicitations de Vigo; nous ne confondons pas tous les collaborateurs de cette feuille immonde avec Marion, Duval, Goldsky et Landau ; mais je vous laisse apprécier. Voilà un début qui crée un malaise. J'aime mieux la justice normale. Nous sommes dans un pays d'égalité et de bon sens, qui regarde avec étonnement M. Malvy s'en allant se faire juger par des camarades sur des griefs qu'il a choisis.

Quoi qu'il en soit, une fois mes réserves faites, j'ai confiance que le gouvernement veut la justice.

L'attitude de Clemenceau et de ses ministres a été excellente dans les derniers débats. Notre Premier fut d'une forte brièveté. Il s'est moins livré et traduit par des paroles que par son attitude. En voilà un qui ne s'occupe pas à faire le camarade et le bon garçon ! En temps de guerre, l'autorité doit se faire craindre et respecter. Rappelez-vous ce qu'il a dit :

« Je serais un misérable, si j'étais capable de poursuivre des rancunes personnelles... J'aurai la volonté implacable, mais non exempte de ce que les anciens appelaient la charité humaine... Il faut nous laisser encore un crédit de quelques jours ; ce ne sera pas long... Le gouvernement fera tout son devoir. »

Son devoir, c'est d'abord de mettre le capitaine Bouchardon à même de poursuivre l'instruction qu'il a commencée. Là-dessus, Clemenceau, toujours en quatre phrases, est très net :

« Les instructions en cours ont été retardées dans des conditions que la Chambre connaît. Tous les jours nous découvrons de nouveaux dossiers... Hier encore nous avons découvert un nouveau dossier Bolo que nous ne connaissions pas, qui était ailleurs depuis des mois et des mois... »

Peu après, sur une phrase de M. Jobert, il renforçait encore d'un mot sa révélation :

« Et je n'ai pas tout dit », jetait-il à son auditoire.

En effet, j'entends dire qu'un dossier Bolo fut gardé en route pendant six à sept mois et ne parvint au parquet militaire qu'en octobre 1917.

Voilà ce qui confirme avec une force prodigieuse ce que je disais l'autre jour à Sembat. Nous ne songeons pas à peser sur la justice militaire, mais à la délivrer.

Il faut se rappeler la différence qu'il y a, de par la loi, entre la justice civile et la justice militaire. Le magistrat instructeur, dans la justice civile, est libre. Nul ne pèse sur lui. Il est un juge dans toute la force du terme. Mais le capitaine-rapporteur n'est pas un juge. Il instruit l'affaire et rend compte à ses chefs qui prennent toutes les décisions. Je vous ai déjà donné l'exemple de Painlevé ordonnant au capitaine Bouchardon d'entendre Léon Daudet. Maintenant nous venons d'apprendre qu'on refusait au même Bouchardon les dossiers concernant Duval. On donnait Daudet, on refusait Duval. Comment? Pourquoi? Dans quelle mesure? C'est encore Clemenceau qui nous l'a raconté brièvement à la Chambre : « Lorsque le juge d'instruction a interrogé Duval pour la première fois, il lui a parlé de certains documents. Et Duval de dire : « Pourquoi m'interrogez-vous sur ces documents? Vous les avez. — Comment? — Oui, ils sont au bureau des renseignements, à la Préfecture de police. — Vraiment ! Pourquoi ne me les a-t-on pas communiqués? — Demandez aux agents. »

« On fait venir le chef du bureau de la Préfecture de police. Il répond que c'est le secret professionnel. »

Ah bien ! Sembat, si vous trouvez que moi, simple écrivain, isolé, je pèse sur le juge d'instruction, qu'est-ce que vous nous direz de ces prodigieuses manœuvres des puissants de ce monde, qui pour innocenter leurs amis cachent les documents du débat?

Espérons que nous voilà sortis de ces sinistres mystifications. Le gouvernement échappe aux opinions et aux méthodes particulières pour être l'homme de la Défense nationale. Le salut public exige impérieusement que soient démasqués les traîtres et les demi-traîtres, les conscients et les inconscients. L'effondrement du sol en Russie, les profondes crevasses d'Italie, nos trop larges failles nous obligent à mesurer avec quelle puissance, avec quelle méthode criminelle l'Allemagne sait travailler à la désagrégation des peuples qu'elle veut asservir.

Les projets des Allemands étaient publics ; mais leurs moyens, secrets. Après avoir développé secrètement leur force militaire, au point d'atteindre à un degré de puissance qu'ils pouvaient croire irrésistible, ils s'étaient assuré des influences et des concours dans les milieux dirigeants de chaque pays.

De ces influences nous allions mourir. Ce n'est pas notre gouvernement qui a su les voir, c'est le gouvernement américain et une poignée de patriotes français.

La trahison, sous nos efforts, est maintenant un chêne à demi-déraciné, dont on se demande seulement à quelle minute, sous quel coup de vent il tombera. Redoublons d'énergie, mais en même temps de fraternité. Malgré la trahison et contre la trahison, soyons Union sacrée.

# XIX

# L'AVEUGLEMENT CRIMINEL

*Mademoiselle Hélène Brion.*

5 Décembre 1917.

Je reviens sur la cérémonie de Champigny. Beaucoup de personnes ont été frappées de sa valeur exemplaire. L'accord parfait avec lequel, d'un bout à l'autre, les actes et les paroles se sont déroulés est à la fois un signe et une promesse.

A lire certains comptes rendus, on pourrait croire qu'il y eut deux cortèges, celui de la municipalité de Champigny et celui de la Ligue des Patriotes. Pas du tout. Le rendez-vous était à deux heures et demie dans la mairie même de la petite ville, et nous sommes partis tous ensemble pour monter au monument et prononcer les discours.

Plusieurs discours? Non pas, ce fut plutôt un seul discours, dont nous prononcions chacun une strophe. Sans nous être entendus, nous avons tous répété, chacun avec son accent, un même thème : la nécessité de maintenir la discipline nationale, la nécessité de nous soumettre, quelles que soient nos pensées propres, aux conditions que réclame le salut de la France.

Nous ne nous étions pas concertés avant la cérémonie. Pourtant je ne voudrais pas changer un mot aux discours qu'ont prononcés les socialistes Deslandres et Albert Thomas. Et ces derniers ont montré à Ambroise Rendu et à moi qu'ils approuvaient toutes nos paroles. Je parlais juste avant Albert Thomas ; il avait écrit son discours ; s'il ne l'avait pas lu, j'aurais pu croire qu'avec son grand talent il se saisissait immédiatement de ma pensée pour l'exprimer avec plus de force.

Écoutez son exposé du rôle des diverses familles spirituelles françaises : « Chacun de nos partis représente une France et notre patrie commune est faite de toutes ces Frances réunies. Les uns rêvent le triomphe des anciennes traditions : le souvenir même de ces traditions peut exalter des courages français. D'autres rêvent de la France démocratique défendant et proclamant le droit, et leurs idées sont un précieux moyen de lutte contre l'ennemi. » Que ces fois diverses nous soutiennent dans cette crise. Elles le peuvent : « A nous d'organiser la discipline nationale. La France est attaquée, il faut la défendre, il faut qu'elle vive. Là-dessus ni hésitation, ni capitulation possible. »

Les lecteurs de l'*Écho de Paris* sont tout acquis à cette vigoureuse manière de penser, que nous avons reçue des combattants et qu'illustrent d'innombrables voix surgies des tranchées. Comment certains esprits peuvent-ils se soustraire à des vues si salutaires, si vraies ?

Je viens de recevoir un appel en faveur de Mlle Hélène Brion, la jeune institutrice qui a été arrêtée pour propagande défaitiste. Cet appel est composé de deux feuillets imprimés, l'un contenant les raisons invoquées par douze protestataires en faveur de leur camarade, l'autre destiné à recevoir les signatures de tous ceux qui voudront approuver les actes de l'inculpée.

Voici en résumé et dans l'essentiel les arguments qu'invoquent les pétitionnaires : « Nos militants les meilleurs, disent-ils, écrivains, instituteurs, propagandistes, versent leur sang pour défendre la liberté de penser, de parler et d'écrire. Cette liberté est-elle un leurre? Si oui, si le régime de la France ne vaut pas mieux que celui de l'Allemagne (si Hélène Brion n'a pas le droit de dire et d'écrire tout ce qui est selon son cœur), pourquoi nous battre? »

J'admets la bonne foi de ceux qui écrivent ces lignes, mais quelle ignorance absolue de cette discipline sociale réclamée par leur leader socialiste pour le bien de la France ! Quoi ! Mlle Brion n'accepte pas de restreindre son « droit d'opinion », dans le moment où toutes les familles de France supportent de si cruelles restrictions et amputations? Elle ne voit pas que c'est l'intérêt de tous et le sien propre de se soumettre aux conditions du salut public?

Nous avons été attaqués par les Allemands. Pourquoi? Parce qu'ils considèrent qu'il leur est avantageux de refaire à leur profit la carte du monde. Nous avons été attaqués à l'improviste, pris traîtreusement à la gorge ; nous nous défendons, nous cherchons à nous dégager de cette étreinte mortelle, à rejeter nos ennemis chez eux, à les affaiblir militairement, à les mettre dans l'impuissance de recommencer.

Quand on a constaté le vice, la brutalité, la menace, il faut dresser l'appareil de la résistance, ou se résigner ignominieusement.

Tous les faits de trahison consciente ou inconsciente qui se dévoilent depuis des mois font partie d'une immense entreprise, dont nous devinons bien que des régions importantes demeurent dans l'ombre. Ils ne sont que des mouvements fragmentaires d'une manœuvre d'ensemble. Cette manœuvre générale vise à créer la lassitude morale et à obtenir une paix qui soit la paix économique utile aux Allemands. Utile aux ouvriers allemands, notez-le bien, car, dans leur orgueil de « race élue », ils rêvent (Andler l'a révélé) d'avoir pour sous-ordres, pour manœuvres, les ouvriers des autres pays.

L'appel pour Hélène Brion et « pour la défense du droit d'opinion » nous énumère tous les titres de l'accusée. Elle est « institutrice, secrétaire de la Fédération des syndicats d'instituteurs et institutrices publics de France et des colonies, secrétaire de l'Orphelinat ouvrier d'Épône, archiviste de la Section socialiste de Pantin, membre du Comité confédéral de la C. G. T., membre du Comité d'action, membre de la Commission du comité pour la reprise des relations internationales et de diverses associations féministes ». Que deviendront tous ces groupements si la France est vaincue? Mlle Brion pense-t-elle pouvoir s'accommoder de l'effroyable discipline à l'allemande? Je crois qu'elle ne soupçonne pas la dureté et la grossièreté du caporalisme prussien. La pauvre enfant aimerait mieux mourir sur l'heure que de se plier au rôle d'esclave que l'Allemagne prussienne réserve aux vaincus français.

Cet après-midi même, on me montrait un chien qui appartenait à un officier boche et qui a été dressé à la prussienne. C'est un spectacle instructif, pour qui sait voir, de constater la terreur de ce bel animal sitôt qu'on élève la voix ou qu'on fait mine de chercher un fouet. Ah! mademoiselle, j'ai horreur que l'on fasse d'un être qui a une sensibilité un instrument. C'est déjà bien assez pénible que tant de gens soient si durs avec les chiens, avec les chevaux de fiacre, avec les bêtes. Cela déjà fait la vie triste. Mais avec les femmes, avec les enfants! Vous savez les horreurs qu'accomplissent les armées allemandes et que justifient les civils allemands. Quand vous admettez de laisser écraser la France et d'accepter notre asservissement, vous consentez à une régression de l'humanité, vous consentez à ce qui vous est à vous-même, telle que je crois vous comprendre, le plus insupportable.

Les Allemands ont poursuivi deux buts en même temps ou à peu d'intervalle : ils ont mené un effort pour nous terroriser et un effort pour faire oublier leurs atrocités.

Il ne faut pas s'y tromper, ce sont deux sortes de courants qui aboutissent au même point. Il s'agit pour les Allemands qu'à un instant donné ils se trouvent devant une France qui, même victorieuse, serait prête à se constituer en société avec eux.

Est-il possible que des Français entrent dans leur jeu? Des Français se sont donné pour tâche la justification des Allemands ; des Français poursuivent dès maintenant un rapprochement qui serait la victoire même de la grande industrie allemande, étroitement associée au Grand État-Major allemand. Un professeur de l'Université française a osé demander qu'on effaçât des manuels « tous les éléments de haine ».

Il est très probable que vos préjugés vous empêchent de m'entendre; mais vous, socialiste, écoutez donc Albert Thomas, et, institutrice, méditez les raisons que vos collègues de l'Université exposaient dimanche dans la solennité de la Sorbonne.

Nous tous, écrivains, orateurs, professeurs, qui avons quelque action sur l'opinion publique, portonsnous une part de responsabilité dans l'ignorance et l'aveuglement des défaitistes? Avons-nous mis assez vigoureusement en pleine lumière la tactique de l'Allemagne?

La décomposition de la vie russe, la débâcle de cette immense armée, quel spectacle, quelle leçon ! Les résultats que l'Allemagne veut obtenir chez nous, mesurons-les d'après ceux qu'elle a poursuivis et obtenus en Russie. Comprenons les méthodes allemandes, dont les résultats, dans tous les pays alliés, nous crèvent les yeux.

Est-ce que vous ne voyez pas dans une clarté fulgurante, à cette heure, que le Grand État-Major de Berlin poursuivait (en même temps que l'organisation de la suprématie militaire et navale allemande) la désorganisation des forces sociales et militaires des États concurrents?

Mlle Brion et ses amis, qui détestent le militarisme allemand, se trouvent (à leur insu, je n'en veux pas douter, jusqu'à preuve du contraire) être les collaborateurs intimes de ce militarisme. Le sait-on suffisamment? L'avons-nous bien expliqué, commenté, rendu évident?

Pour continuer d'éclairer les tragédies de la trahison, mettre de l'ordre et de la logique dans la situation, bref pour la rendre intelligible, je voudrais, dans une nouvelle suite d'articles, essayer de dégager les arcanes de l'Empire allemand, son double secret, ses moyens de règne.

*P.-S.* — De l'armée, depuis plusieurs semaines, chefs et soldats m'écrivent :

« Il nous faut des imperméables pour les combattants : nous entrons dans le quatrième hiver de la guerre, sans que chaque soldat soit doté de l'indispensable imperméable ! »

Une pluie d'un quart d'heure mouille pour des jours le soldat qui occupe la tranchée.

L'expérience nous prouve que le vêtement en toile huilée forte, avec manches et capuchon, que « touchaient » nos territoriaux travaillant aux routes, ou bien le « suroît » du marin, en toile huilée également, seraient des modèles pratiques.

Je ne m'adresse pas au public, qui n'y peut rien, mais à l'intendance. N'oublions pas que le « mieux-être » du soldat, c'est beaucoup de son moral.


# XX

## UNE NOUVELLE ÉTAPE DE M. WILSON

*L'aide américaine.*

7 Décembre 1917.

Les Américains continuent leur puissant effort. Les malheureuses affaires d'Italie et de Russie leur ont montré quelle formidable besogne reste à accomplir si l'on veut vraiment, selon la formule qu'ils aiment, rendre le monde « sûr pour la démocratie ». Les Américains les plus conscients des destinées de leur pays voient de plus en plus dans la guerre une occasion de procéder enfin à la grande malaxation qui donnerait à tous les nouveaux venus leurs vraies lettres de naturalisation. L'expérience est délicate : les ferments proprement américains seront-ils assez forts pour donner une forme à des masses, sur certains points encore un peu chaotiques et confuses? C'est la grande énigme d'outre-mer, et cette refonte d'une nation est infiniment passionnante.

J'ai confiance (d'après ce que me disent les meilleurs témoins) que les États-Unis sont en train de prendre une conscience plus sûre d'eux-mêmes et de se connaître davantage comme une patrie en même temps qu'ils veulent maintenir toutes les patries contre les prétentions allemandes à la domination universelle. Le président Wilson a été une fois pour toutes blessé, choqué, scandalisé, au sens biblique, par les dénis de justice et les violations de la foi jurée qui sont la menue monnaie de l'Allemagne actuelle. Il n'y a pas de haut esprit en Europe qui ait voué une aversion plus déterminée aux Hohenzollern.

Ajoutez qu'il n'y a pas de souverain au monde qui dispose à cette heure d'un pouvoir égal à celui de ce président de République.

Et c'est un maître en stratégie politique. Il fait avancer sa pensée par étapes. Il avait, avant toutes choses, à persuader ses concitoyens que leur tâche glorieuse est d'assurer le juste, libre et pacifique développement des peuples, en opposition avec cette Allemagne qui veut imposer par la force son joug à l'univers. Il a d'abord paru répudier l'idée d'un boycottage économique : « C'est le gouvernement allemand, ce n'est pas le peuple allemand, disait-il, que les États-Unis veulent frapper. » Mais si le gouvernement allemand ne cède pas, si le peuple allemand ne s'élève pas jusqu'à imposer à ses maîtres une politique humaine et respectueuse de la liberté des autres peuples, alors il faudra bien recourir à toute combinaison propre à sauver la liberté du monde. Et peu à peu le Président, qui avait été amené à . rechercher la décision par une campagne militaire et navale, appuyée par l'embargo et le blocus, a bien vu qu'une guerre sans décision serait fatalement suivie d'une guerre économique.

Le système qui a produit la guerre n'était point purement militariste ; c'était une alliance entre le Grand État-Major de Berlin et l'immense peuple des patrons et des ouvriers. L'industrie et le commerce allemands attendaient de cette guerre leur domination propre sur le reste du monde. Dès lors, l'arme économique est tout indiquée contre de tels adversaires. C'est elle qui est capable de briser les fondations mêmes sur lesquelles repose tout le système allemand de terrorisme militaire et de pénétration commerciale.

Après avoir temporisé, après avoir laissé aux faits le temps de persuader ses concitoyens, Wilson saisit cette arme : Si le peuple allemand ne se nettoie pas, il sera « *impossible d'admettre l'Allemagne aux libres rapports économiques* ».

Grande riposte, impatiemment attendue et qui va droit au cœur de nos ennemis.

Nous n'éclairerons jamais assez ce côté principal de leurs ambitions. Écoutez ce que demande l'Association allemande des traités de commerce :

*Il faudra que les citoyens allemands soient autorisés à établir partout où ils voudront des agences ou entreprises ; qu'ils puissent posséder des biens mobiliers ou immobiliers ; que l'Allemagne puisse fonder à l'étranger des écoles et des chambres de commerce.*

*On devra exiger que les Allemands jouissent des mêmes droits que les nationaux et ne soient frappés d'aucun impôt particulier. Leurs marchandises devront être traitées comme les marchandises nationales. Toute désignation d'origine des marchandises devra être prohibée.*

*La quantité de matières premières à fournir à l'Allemagne ne pourra être limitée. Il faudra des garanties que les prix de ces matières premières ne soient pas exagérés.*

*Nous devons interdire toute prime d'exportation pour des articles capables de nuire aux importations allemandes.*

*Nous ne pouvons admettre aucun boycottage des produits allemands.*

*Par ces mesures, jointes à l'énergie de notre peuple, nous arriverons à être plus forts qu'auparavant.*

J'ai sous les yeux une page intéressante où M. Paul Petit, directeur de l'École de brasserie de Nancy, laissant de côté les fantaisies allemandes et ne retenant que leurs économistes de poids, examine les volontés exprimées par M. Gothein, député au Reichstag, conseiller des mines, en date de janvier 1917. Il montre qu'en prétendant hypocritement à une entière réciprocité, nos ennemis poursuivent leur but, qui est d'étouffer notre industrie comme notre commerce et de les absorber. Ils ont pensé faire un grand pas dans cette voie en détruisant nos mines, en dévalisant nos usines. C'était une manière simpliste de se procurer des débouchés pour leur houille et leurs machines. Mais cela ne leur suffit pas encore, et ils veulent être assurés que l'Internationalisme économique leur assurera toute tranquillité contre la concurrence de nos propres usines.

Les Allemands affectent de croire que le monde se bat seulement pour l'Alsace-Lorraine, et en toute première ligne de ce qu'ils ne veulent pas donner, ils placent bruyamment l'Alsace-Lorraine : « Jamais, jamais, nous ne la rétrocéderons », disent-ils. Mais leur principale préoccupation, leur angoisse, c'est autour de la question économique. L'Allemagne veut la dictature économique du monde et sait qu'elle mourrait d'un blocus d'après-guerre.

Comprenez-vous dès lors pourquoi, parmi nous, certaines gens se sont donné pour tâche la justification des Allemands?

Les Allemands ont poursuivi deux buts en même temps ou à peu d'intervalle (je répète ce que je disais hier, à propos d'Hélène Brion); ils s'efforcent de nous terroriser, ils s'efforcent en même temps de nous faire oublier leurs crimes : ces deux sortes d'efforts convergent pour nous amener à entrer en société avec eux.

Par-dessus tout, ce que les Allemands redoutent, c'est que notre ligue militaire se transforme en ligue économique. De là cette campagne forcenée qu'ils font mener à travers le monde pour la Société des nations.

La Société des nations ! C'est une idée qui plaît à de fort honnêtes gens, parce qu'elle n'est pas clairement définie. On est dans l'équivoque. Il y a des personnes pour dire : « On la fera sans les Allemands. » Mais alors, c'est l'Entente. De cette Société des Alliés, nous sommes tous partisans.

Nos gouvernants ont fait à la tribune, de fois à autre, au cours de cette guerre, de bien pitoyables déclarations de principes. On nous a servi d'une manière très confuse l'éloge de la Société des nations. Accepter l'Allemagne dans cette société, c'est permettre qu'elle reprenne sous la forme économique son dessein d'hégémonie territoriale ; l'exclure, c'est s'en tenir à l'Entente. Pourquoi dès lors ne pas parler simplement de l'Entente. Pourquoi créer une équivoque ?

Trop de mots jetés à la tribune troublent l'intelligence française. L'idée de Société des nations, si on la prend dans sa plénitude claire et simple, renferme les clauses de notre défaite, et implique la satisfaction des convoitises de l'Allemagne.

La vraie Société des nations, celle où entreraient demain toutes les nations, est ardemment désirée par l'Allemagne. Il n'est pas de thèse qui soit plus chère, plus nécessaire à nos ennemis. Ils multiplient les efforts pour que nous oubliions. De là l'ignoble campagne de tous les *Bonnets Rouges* contre ceux qui veulent que l'on se souvienne. De là la juste suspicion qui s'attache au système adopté durant trois années par le ministère de l'Intérieur, sous la direction de MM. Malvy et Leymarie, pour faire une guerre atténuée et pour maintenir des relations complaisantes avec un tas de Boches et de bochisants, avec des naturalisés inquiétants que le gouvernement militaire de Paris eût voulu traiter selon la rigueur des lois.

« Les Français, écrivait il y a peu le professeur allemand Schmoller, sont légers, superficiels ; ils ne sont pas méchants et oublient volontiers ; nous finirons bien par nous entendre. »

Que pensez-vous des Français qui en pleine guerre font des accords avec les Boches? Ils relèvent du Conseil de guerre, ou, si vous préférez, de la Haute-Cour. Que les efforts de la propagande allemande soient démasqués en France, c'est une victoire, et que le président Wilson fasse un pas de plus dans la guerre totale, c'est encore une victoire. Les drames honteux de la Russie instruisent le monde, et de cet excès de mal commence à sortir quelque bien.


# XXI

# LA SOCIÉTÉ DES NATIONS
# CONTRE L'ALLEMAGNE

*L'aide américaine.*


10 Décembre 1917.

Que veut Wilson? Que pense-t-il? Nous désirons tous connaître exactement et familièrement où ce grand allié nous guide. Qu'est-ce donc que cette Société des nations qu'il invoque, au nom de laquelle il parle?

Société des nations ! terme équivoque et trouble. Nos dirigeants commirent une faute lourde quand ils en tirèrent des effets de tribune. Leur formule était vide, ils n'avaient pas pris souci de la remplir, et autour d'eux chacun s'empressait d'y mettre sa marchandise. Ils eurent le tort de laisser croire qu'une Société des nations pouvait exister avec l'Allemagne ; ils eurent le tort surtout de le laisser croire à l'Allemagne.

Mais lui, Wilson, il est très net. Aujourd'hui, il a vidé sa conception de tout ce qu'elle contenait d'obscur et de dangereux. Il ne fait plus de la Société des nations une invitation à l'Allemagne : il s'en sert comme d'une arme contre l'Allemagne.

Suivez le mouvement de sa pensée. Ce qu'il veut établir, ce n'est pas une sorte de communisme international où les patries dissoudraient leur individualité. L'idée de Société des nations, telle qu'il l'entend, n'enlève rien de son énergie à l'idée de patrie. Elle est pour lui simplement une image, un symbole destiné à faire comprendre qu'il y a quelque chose au-dessus des nations. Les nations possèdent un trésor en commun. Les nations sont soumises à une règle commune dont la violation comporte des sanctions.

Wilson est un juriste. Revenez toujours à comprendre que telle est la dominante de cette grande figure. Son ambition est de transporter dans la communauté internationale les règles et les sanctions qui s'appliquent à la vie sociale. Dans son esprit, la Société des nations a le caractère d'un symbole juridique. Elle lui permet de mettre en action les règles du droit international, d'imaginer un tribunal, un coupable et une peine. Une nation a-t-elle violé le droit des gens, elle encourt une sanction. Laquelle? L'exclusion de la Société des nations.

Écoutez-le parler, méditez ce beau texte d'où

rayonne une parfaite clarté, voyez comme il met, l'une près de l'autre, l'accusation et la condamnation, comme il définit le crime et proclame le châtiment.

« Cette horrible chose, dit-il, dont les maîtres de l'Allemagne nous ont montré la face hideuse, cette menace d'intrigue et de force combinées que nous voyons maintenant clairement être la puissance germanique, une chose sans conscience ni honneur, ni capable d'une paix sérieuse, doit être abattue, et si elle n'est pas absolument anéantie, *au moins doit être exclue des réunions amicales entre les nations.* »

Châtiment purement moral, le droit international est privé des sanctions immédiates de la force, mais ce n'est pas à dire qu'il soit tout désarmé. La séparation d'avec la société, la réprobation publique, le déshonneur et la honte, c'est, dans le domaine des relations sociales, la sanction qui accompagne toutes les autres et qui toujours en augmente l'effet ; c'est pour beaucoup de fautes la seule sanction et qui suffit. Le criminel est exclu de la communauté ; il est séparé. Ainsi la nation coupable. Nous retrouvons là cette idée de communion des peuples qui est à la base de la Chrétienté. La menace du président Wilson a toute la solennité d'une excommunication.

L'Allemagne sera retranchée de la communauté spirituelle, comme elle est exclue des « libres rapports économiques ». A côté du blocus économique, Wilson institue le blocus spirituel.

Terrible menace et que Wilson, cette fois, n'adresse plus au seul gouvernement allemand, mais au peuple allemand lui-même. C'est là un progrès important de sa pensée prudente. Il reconnaît que c'est sur tous, sur le sozial-demokrate comme sur le junker, que la pression doit s'exercer et que tous, en définitive, doivent subir le châtiment.

Mais ce châtiment, ce n'est pas seulement dans l'avenir qu'il faut le placer. Pour en tirer tout le profit auquel nous avons droit, nous devons reconnaître et proclamer qu'il est actuellement réalisé. Dès aujourd'hui, il n'agit plus sur l'ennemi comme la crainte d'un mal futur hypothétique ; il agit comme le désir anxieux d'échapper à un mal présent certain. La question n'est pas de savoir si après la guerre le blocus devra être établi, mais s'il devra être maintenu. Et il est de notre intérêt le plus pressant de ne laisser à l'Allemagne à cet égard aucune espérance.

Le charmant Verhaeren, si pur, épris de fraternité, a trouvé dans son cœur des paroles brûlantes, un testament de vérité : « L'instinct de conservation nationale nous prescrit désormais la haine comme un devoir. Ce n'est que pour l'amour ou pour la haine que les peuples font de grandes choses. Notre libération est une grande chose. Au reste, entre l'amour et la haine, les Allemands ne nous ont pas donné le choix » (la *Belgique Sanglante*, p. 23).

La haine de l'Allemagne, le blocus spirituel de l'Allemagne, son retranchement de la communauté des peuples civilisés, de la Chrétienté, ce n'est pas seulement un levier pour les grands sacrifices qu'il nous reste à consentir. C'est aussi, dans toute la force du terme, un *gage*, c'est le gage essentiel des Alliés.

La victoire est multiple. C'est celui qui détiendra, le jour venu, les gages les plus importants, qui dictera ses conditions.

L'Allemagne fait grand état des territoires qu'elle occupe. Nous aurons à les lui ravir. Mais nous avons dès aujourd'hui contre elle cette malédiction universelle qui s'est élevée de tous les points du globe et qui, si le peuple allemand persiste dans sa folie collective, ne lui permettra pas de respirer ni de vivre.

Faute de s'être suffisamment attachés à cette

idée, beaucoup parmi nous n'ont pas compris l'importance des interventions qui se sont produites à nos côtés. Ils les ont crues platoniques. Mais l'Allemagne, quand elle a vu se ranger successivement sous nos bannières les Républiques américaines et les grands États asiatiques, je suis sûr que dans son cœur sauvage elle a frémi. Elle entendait à chaque fois se fermer la porte d'un peuple.

Le rêve de l'Allemagne, c'était de réduire les autres nations en esclavage, et, maîtresse du monde, elle pouvait se passer d'être aimée. Mais si ce rêve a échoué, s'il lui faut continuer de vivre, nation parmi les autres, elle devra retrouver sinon la confiance des peuples, du moins une certaine tolérance. Et cette tolérance, il faudra qu'elle la paie. Il faudra qu'elle se soumette.

Tel est le contenu positif de l'excommunication wilsonienne ; telle est la valeur, qu'il faut affirmer décisive, du gage moral détenu par les Alliés. De ce blocus spirituel, le blocus économique n'est qu'un des aspects. Et quand, par impossible, l'Allemagne parviendrait à nous dicter les traités économiques qu'elle désire, à quoi lui serviraient-ils, si l'accès du monde presque entier demeurait interdit aux Allemands? Elle resterait enfermée dans son orgueil et bloquée dans sa victoire.

Sans détourner notre pensée de tout ce qui nous reste à accomplir dans l'ordre de la matière, comprenons, développons, préservons notre grande force spirituelle. Rien de ce qui est allemand ne doit plus sortir d'Allemagne ni demeurer chez nous. Tenons le commerce avec l'Allemand pour une trahison, chassons les Allemands où qu'ils soient, contrôlons dans tous les ordres de l'action ou de la pensée les valeurs germaniques, favorisons tout ce qui peut resserrer l'isolement de l'ennemi. Comme nos soldats gardent la frontière militaire, nous avons pour garder la frontière morale nos justes passions. Défendons-les contre le torrent des banalités humanitaires. Défendons-les contre la trahison.

La trahison, comme la victoire, est multiple. S'ils n'ont pas livré nos secrets militaires, MM. Caillaux et Malvy ne se justifieront pas d'avoir donné à l'ennemi par leur politique insensée et par leurs manœuvres criminelles l'espoir de trouver une fissure dans l'implacable muraille. Chaque jour ils faisaient dire par leurs *Bonnets rouges* que les Allemands n'ont pas commis de crimes, qu'ils ne sont pas responsables des crimes de leurs chefs, que tous les gouvernements sont coupables, et ils oubliaient d'aimer Corneille et Pascal pour louer sans à-propos Kant et Wagner. Pour détruire l'effet de la menace d'isolement qui pèse sur l'Allemagne, ils allaient répétant chaque jour que la paix définitive ne pourra s'accomplir que par l'accord intime et total.

A l'heure où l'Allemagne prépare contre nous un effort qu'elle croit décisif, rejetons les sophismes suspects, défendons notre union contre l'assaut intérieur, enfin ne tardons pas à châtier les traîtres.

*P.-S.* — Je crois utile de rappeler que la *Fédération nationale des mutilés* a créé depuis quelques mois, au 140 des Champs-Élysées, des cours à l'usage des officiers grands blessés. Ils y trouvent une préparation soit aux fonctions administratives, soit à la vie commerciale.

Dans le même esprit, je voudrais signaler que (sur la proposition de Louis Marin) il va être créé, aux Affaires étrangères (au service du chiffre), des emplois réservés aux officiers et soldats mutilés. Un décret déterminera dans quelles conditions le recrutement sera fait, et au siège de la Fédération (63, Champs-

Élysées), nous donnerons tous renseignements aux intéressés.


# XXII

## M. JOSEPH CAILLAUX
## DEVANT LE JUGE MILITAIRE

12 Décembre 1917.

Des crevasses s'ouvraient dans le sol sous nos pieds. Au fond l'on voyait tantôt un Vigo, un Marion, un Duval, un Bolo, un Leymarie, d'autres encore, et toujours la grande ombre projetée de M. Joseph Caillaux.

M. Joseph Caillaux est le maître du bal. Mais ce n'est pas le jour de refaire son portrait. L'instruction et le réquisitoire vont se développer régulièrement quand la Chambre aura voté.

À cette heure, laissant l'accusé, je veux parler seulement de la juridiction militaire, très heureusement et régulièrement choisie.

Dès le premier moment, j'ai dit qu'il fallait préférer le Conseil de guerre à la Haute-Cour dans l'intérêt de la justice, dans l'intérêt de la paix publique et dans l'intérêt de l'accusé lui-même. J'ai demandé que M. Malvy fût laissé à ses juges naturels, à ceux qui sont déjà saisis, aux juges militaires. L'information ouverte par le gouverneur militaire de Paris contre les bandits du *Bonnet Rouge* établit contre M. Malvy un ensemble de présomptions et de charges, qui suffisent à justifier son inculpation. Je l'ai montré ici-même et devant la Chambre, et puisque M. Malvy demandait des juges, je lui désignais ceux qui ont déjà engagé avec son ami Leymarie une conversation où il ne serait pas de trop.

Les mêmes raisons valent pour l'inculpation de M. Joseph Caillaux devant la justice militaire.

Que cette solution soit la meilleure, les difficultés que rencontre la constitution de la Haute-Cour et la bizarrerie juridique de la proposition de loi que vient de voter le Sénat suffisent à le prouver.

S'il se déroule selon les rites improvisés par le Sénat, le procès Malvy ne ressemblera nullement au procès pénal tel qu'il est défini par les principes les mieux établis de notre droit. Il y manquera ces deux institutions essentielles sans lesquelles nous ne concevons plus une véritable justice criminelle : le ministère public et l'instruction préalable.

Le procès pénal, comme le procès civil, suppose deux plaideurs soutenant chacun leur thèse et placés dans des conditions d'égalité rigoureuse. Pour que la justice soit bien rendue, il faut que les deux thèses contraires soient confiées à des mains également intéressées à les faire triompher. Il faut de chaque côté, pour manœuvrer la troupe des témoins et le bataillon des arguments, un metteur en scène, un chef de chœur. Il faut de chaque côté un dossier organisé et quelqu'un qui tienne ce dossier et qui le défende.

L'une des parties, c'est l'accusé et son défenseur, et l'on peut compter sur eux pour conduire leur affaire. L'autre partie c'est l'État, représenté par le ministère public, organe du pouvoir exécutif. C'est le ministère public qui prend l'initiative de la poursuite, qui provoque chacun des actes successifs de la procédure, qui requiert l'ouverture de l'information, la mise en accusation, enfin la condamnation. A chaque moment d'ailleurs il peut se désister, abandonner sa poursuite.

S'il la maintient, c'est qu'il la croit fondée. Aussi lorsqu'il arrive à l'audience, il est le véritable auteur de l'accusation, et c'est son œuvre qu'il vient défendre. Au Conseil de guerre, M. Malvy eût trouvé devant lui le commissaire du gouvernement, représentant du ministre de la Guerre. Mais que va nous offrir à cet égard la Haute-Cour?

Ici nous assistons à la déroute de tous les principes et l'on nous conduit à la confusion, à l'incohérence et à l'arbitraire.

D'abord ce n'est pas le pouvoir exécutif qui a pris l'initiative de la poursuite. C'est la Chambre des députés qui accuse. De ce fait qu'il faut bien accepter, quelle eût dû être la conséquence logique? C'est que la Chambre, représentant en la circonstance l'État, devait jouer le rôle de ministère public. C'est-à-dire qu'elle devait d'abord faire une enquête, ensuite requérir la mise en accusation, et sur cette réquisition, faite non pas dans l'intérêt d'un homme, mais dans l'intérêt public, engager sa responsabilité, enfin soutenir devant la juridiction de jugement, c'est-à-dire devant le Sénat, sa thèse, à savoir la culpabilité de l'accusé.

C'est ce rôle que la Chambre n'a pas voulu assumer. Elle a refusé la responsabilité qui lui appartenait. Elle a oublié ce que M. Chéron, au Sénat, lui a rappelé fortement, «que les juridictions criminelles ne sont pas faites pour délivrer des certificats, mais pour juger les personnes régulièrement traduites devant elles». Et un autre sénateur, M. Simonet, exprimant en termes plus énergiques la même crainte, redoute qu'on fasse descendre la Haute-Cour de justice au rôle d'un « tribunal de blanchiment ».

Crainte trop fondée et que justifie l'attitude de la Chambre. La Chambre accuse, mais sans prendre en aucune manière la responsabilité de son accusation.

A peine l'a-t-elle produite qu'elle s'efface. Elle envoie M. Malvy tout seul devant le Sénat. Qui soutiendra l'accusation? Elle n'en a cure. Pense-t-elle que M. Malvy s'accusera tout seul devant le Sénat? Qu'il sera l'accusateur en même temps que l'accusé?

A cette monstruosité juridique, le Sénat, loyalement et avec le plus grand désir de bien faire, a cherché un remède. Il ne l'a pas trouvé. Il ne pouvait pas le trouver, puisqu'il ne peut y avoir de ministère public digne de ce nom qui n'ait pas eu l'initiative et la responsabilité de la poursuite.

Le Sénat commence en effet par admettre que la Chambre ne sera pas obligée de défendre devant lui comme ministère public son accusation. Il se borne à lui reconnaître la faculté de se faire représenter par des commissaires dont il ne précise ni le rôle, ni les droits et qui ne seraient auprès du ministère public, ainsi que l'a dit un sénateur, que des comparses humiliés.

Confier au gouvernement et à ses organes le rôle du ministère public? Ce n'était pas possible, puisque le gouvernement n'a pas eu l'initiative de la poursuite, qu'il n'y est pas intéressé, qu'elle a été faite en dehors de lui, contre lui peut-être. Cette solution aussi a été écartée.

Pour se tirer d'un inextricable embarras, le Sénat a eu recours à une institution entièrement nouvelle et tout à fait extraordinaire. Il a décidé de confier les fonctions du ministère public à un magistrat *inamovible* désigné par ses pairs.

Ah! la belle idée que voilà! Obéissant à un scrupule qui fait plus d'honneur à la délicatesse de sa conscience qu'à la rectitude de son jugement, la Haute Assemblée a vu dans l'inamovibilité du magistrat choisi et dans sa désignation extra-gouvernementale la garantie de son indépendance et de son impartialité.

Il est difficile de brouiller plus fâcheusement les notions les plus distinctes. L'impartialité et l'indépendance sont les qualités du juge. Mais le ministère public n'est pas un juge. Sa parole est libre, c'est entendu ; reste pourtant qu'au moins dans sa procédure il est obligé d'accuser. Il n'est pas impartial puisqu'il est une partie, et pour que le juge soit éclairé il est bon que l'accusation soit soutenue comme la défense. Il n'est pas indépendant, puisqu'il est l'organe de la puissance publique représentée en principe par le pouvoir exécutif, et dans notre espèce par la Chambre des députés.

Qu'est-ce donc que va être ce haut magistrat, ainsi isolé dans son indépendance, étranger à la poursuite, ne recevant aucune instruction, privé de tout lien avec le pouvoir dont il est l'organe, et s'abandonnant simplement aux suggestions de son sens propre ou, si l'on préfère, de sa conscience personnelle ?

Il sera un homme très respectable, il sera M. le conseiller X..., il ne sera pas le ministère public, il ne représentera pas l'État, il ne représentera ni la Chambre accusatrice, ni le gouvernement responsable de l'ordre public, il ne représentera que lui-même, c'est-à-dire rien. D'ailleurs, il sera privé de tout moyen. Il va arriver à l'audience sans dossier, les mains vides. Il sera simplement un homme sage qui lit, qui écoute et qui donne son avis. Il sera une sorte de juge avec voix consultative, un juge qui parle et ne juge pas. Nous pouvons le dire en toute vérité : dans le procès qui s'engage, il n'y aura pas de ministère public.

Mais alors que faut-il faire ? Nous avons dit que seule la Chambre avait qualité pour défendre son accusation. Mais nous savons aussi dans quel esprit elle l'a produite et que ce n'était pas un esprit d'accusation.

D'ailleurs, qu'elle choisisse ses délégués parmi les

amis ou parmi les adversaires de l'accusé, on pourra toujours craindre qu'ils se laissent conduire par d'autres passions que celle de l'intérêt public.

C'est l'impasse. Quand un problème est mal posé, toutes les solutions sont mauvaises.

La difficulté n'est pas moins inextricable pour l'instruction préalable. Dans tout procès criminel il y a, avant la juridiction de jugement, une juridiction d'instruction qui, après enquête complète, se prononce pour un non-lieu ou pour un renvoi. Ici aucune enquête. La Chambre s'est refusée à la faire. La Haute-Cour, il est vrai, d'après la proposition votée, pourra nommer une commission d'instruction. Mais cette commission, on ne lui donne aucun pouvoir de décision. L'accusé perd ainsi un degré de juridiction. L'accusé cette fois, ne pourra bénéficier d'un non-lieu.

J'y renonce, dit noblement M. Malvy. C'est un sacrifice que je fais pour être jugé par la Haute-Cour.

Permettez, les lois ne sont pas faites pour un homme, mais pour tous les justiciables, et parce qu'il a plu à M. Malvy de devancer les événements et de s'accuser lui-même, allons-nous supprimer dans la loi une garantie que notre droit a toujours considérée comme nécessaire?

Ainsi, quoi que nous votions, il est impossible que devant la Haute-Cour le procès se déroule dans les conditions de régularité, d'égalité, de clarté qui rassureraient l'opinion et lui permettraient d'attendre avec respect la décision. Une procédure privée de garanties ne peut conduire qu'à un arrêt privé d'autorité.

J'ignore ce que va faire la Chambre lorsque reviendra devant elle cette affaire où elle s'est embarquée si légèrement. J'imagine qu'elle regrettera d'avoir obéi aux implorations de M. Malvy. Les difficultés mêmes qu'elle ne pourra pas résoudre lui montreront assez combien il est dangereux de sortir des voies normales. Il y avait une solution toute simple, la solution de tout le monde : le Conseil de guerre. Elle a voulu s'engager dans l'exception et dans l'extraordinaire. Sous prétexte de mettre fin à l'agitation, elle aboutirait à la prolonger. Par un acte magistral et décisif, par un acte de Salut public le gouvernement en donnant à M. Caillaux les justes juges qui l'absoudront ou le condamneront vient de servir puissamment la paix intérieure indispensable pour la victoire.

*P.-S.*—Depuis le début de la guerre, M^lle Jeanne Déroulède fait vivre, à ses frais et avec l'aide de quelques amies, l'*Ouvroir Paul Déroulède*, qui a pourvu de tous objets utiles et de douceurs plus de 20.000 combattants. Aujourd'hui, pour la première fois la sœur du grand patriote demande au public de vouloir bien l'aider. Nous voudrions tous aller les 13, 14 et 16 février, à la salle des Fêtes de la mairie du X^e arrondissement, 72, faubourg Saint-Martin. Au comptoir Paul Déroulède (dans la vente organisée par l'*Union amicale d'Alsace-Lorraine*), nous trouverons tout ce qui peut être utile aux soldats et aussi les œuvres de Déroulède, de Zislen, de Hansi.

# XXIII

## LE MOT D'ORDRE FRANÇAIS

*Le Procès de M. Caillaux.*

15 Décembre 1917.

Quoi? Comment? Devant une accusation de haute trahison, nous conserverions notre privilège! Les plus hautes autorités de la République diraient : « Cet homme est suspect, je l'accuse. » Et les collègues, se pressant autour du camarade, répondraient : « Il est tabou, il est sacré, il est privilégié. » C'est insoutenable.

Cinq inculpés s'expliquent devant le juge militaire. On nous apporte des charges contre un sixième personnage, et parce qu'il est député, il se pourrait dérober au cours libre de la justice? Le marchand de marrons du coin serait immédiatement inculpé et M. Caillaux serait tenu au-dessus des lois? Un tel scandale ne peut être.

Nous sommes en temps de guerre, et le gouvernement estime, sous sa responsabilité, qu'il y a lieu de lever l'immunité parlementaire. Nul ne comprendrait qu'on lui refusât ce qu'il demande au nom de la justice et de la sécurité nationale.

Il faut lever l'immunité parlementaire ; il faut ramener MM. Caillaux et Loustalot au rang de tous les citoyens français, et cette mesure d'égalité ayant pour conséquence de replacer ces deux députés dans le droit commun les enverra devant la juridiction militaire, dont ils relèvent comme les gens du *Bonnet Rouge* et les Bolo, dont M. Caillaux, dans une mesure à déterminer, semble être le complice.

Ils seront jugés, ils seront acquittés ou condamnés, selon la loi d'égalité qui régit tous les citoyens.

En dehors, au-dessus de toute politique, voilà le mot d'ordre français, que le Parlement ne rejettera pas.

Le fait de M. Caillaux n'engage, n'atteint aucun parti.

Si, durant la guerre, l'ancien ministre a entretenu des intelligences avec l'ennemi et poursuivi des manœuvres qui tombent sous le coup des peines de trahison, c'est une politique que le parti radical-socialiste n'a pas voulue : elle constituerait une trahison du chef envers son parti.

Il n'est rien là qui puisse nous diviser. Refaisons chaque jour l'union pour la victoire, pour la conquête de la paix française. Le poilu s'arc-boute et se prépare à supporter l'effort des Allemands qui, dit-on, voudraient se ruer avant que la puissante Amérique soit prête à nos côtés ; aidons-le à vaincre en souscrivant à l'emprunt. Nous avons un gouvernement animé par les traditions les plus ardentes de la République et de la France. Le vieux Clemenceau veut de toute sa foi, de toute son expérience le salut de la nation. Le moral des armées est magnifique. Apportons aux armées, au gouvernement, à la France, tout notre concours et, puisque c'est le temps de l'emprunt, souscrivons.

Étiez-vous l'autre jour à la Madeleine, quand parla l'abbé Sertillanges, et que sa voix nette et nerveuse s'en allait dans les grandes ombres de ce lieu solennel? L'avez-vous entendu, plein de foi dans la France, réconforter les certitudes d'un immense public profondément ému?

Ce fut bien beau. Ce prêtre avait le droit de dire dans une formule inoubliable : « Toutes les paroisses sont devenues des guichets où le peuple apporte son or et retire un témoignage de civisme. » Et comme il a bien délimité sa tâche : Je ne démontrerai pas la nécessité de bonnes finances pour une bonne guerre. « Ces choses nous sont connues et *ne serviraient de rien, si l'esprit qui anime tout n'était en nous ardent et lumineux. C'est cet esprit qui nous concerne.* » Ayant ainsi, fièrement, revendiqué son rôle, il s'adressa au cœur, à la raison, à l'âme. Il faut que l'intelligence française, disait-il, serve de guide au courage français. Voilà le sens et l'utilité de son magistral discours. Lisez-le, et allons tout droit au passage essentiel.

J'admire l'éclatante liberté de la chaire chrétienne, et cette noblesse de l'esprit qui connaît ses limites et se meut avec sûreté dans l'espace qu'elles lui laissent. Je viens de relire avec gratitude les raisonnements qui ne périront pas qu'eut ce simple prêtre catholique et français, quand, incliné par le respect et dressé par sa haute mission, il fut notre voix à tous pour exposer au pape la situation de la France injustement attaquée :

« Très Saint-Père, nous ne pouvons pas pour l'instant retenir vos appels de paix... Une atroce agression est venue nous arracher aux fausses sécurités où se complaisaient nos rêves... Maintenant, voici nos territoires piétinés, nos industries ruinées, nos familles décimées...; nous n'attendons de l'avenir, à moins d'une paix réparatrice, que la ruine et la sujétion. Convertissez, Saint-Père, ceux dont l'homme de la Maison-Blanche a fini par désespérer ! Pour l'instant, nous sommes obligés de constater qu'ils ne se repentent point, qu'ils n'offrent pas de réparation, qu'ils commettent quotidiennement d'autres crimes... Leur conduite est demeurée celle d'implacables conquérants, qui voudraient pour eux seuls le monde. Dès lors, nous nous sentons dans la nécessité... d'amener... notre ennemi à connaître l'angoisse, seule leçon qu'il paraisse en état de goûter. »

Il faut vaincre. Mais il ne suffit pas de dire : Nous voulons. Il est nécessaire de connaître et de remplir les conditions qui, seules, permettront la victoire.

Aujourd'hui, je viens joindre à toutes les voix, de tous les partis, de tous les groupements, l'appel de nos amis et de cette maison, pour que chacun, selon ses forces, participe à l'emprunt et que chaque famille française, de son or, comme elle fait de son sang, travaille à la victoire.

Il n'est plus permis à personne de croire que nous puissions dans cette tempête faire, chacun à part, notre salut. Tous périr ensemble, ou tous, avec la France, dans la France et par elle, vivre; vous le voyez bien, c'est la destinée. Unissons nos efforts pour que rien ne puisse les trahir.

# XXIV

# OU S'ARRÊTENT LES DROITS
# DE LA CHAMBRE

*Le procès de M. Caillaux.*

17 Décembre 1917.

M. Caillaux ne doit plus avoir aujourd'hui ni amis ni ennemis. Il ne doit plus avoir que des juges. Si ce principe avait été clairement compris de tous, les manœuvres singulières auxquelles nous assistons depuis que Clemenceau a transmis au président de la Chambre le réquisitoire du général Dubail auraient été promptement percées et dispersées. Et la Chambre n'aurait pas risqué de se laisser égarer sur son rôle et sur son devoir.

Une question est posée à la Chambre et à la Commission des onze, une seule question. Laquelle? Rappelons une fois de plus la signification vraie, la portée et la limite de l'immunité parlementaire.

Le parlementaire est devant la justice un citoyen comme les autres. L'immunité n'est pas destinée à lui créer une situation privilégiée, à lui accorder un degré de juridiction supplémentaire. Le législateur a supposé que les élus, du fait de leur mandat politique, pourraient être exposés, plus que les autres citoyens, à des poursuites injustes et inspirées par la passion. Il a imaginé l'hypothèse où, pour se débarrasser d'un adversaire gênant, le gouvernement organiserait, d'accord avec des magistrats trop dociles, une procédure frauduleuse. Bref, l'immunité parlementaire n'a pas pour objet de rendre la condition des députés meilleure que celle de tout le monde, mais simplement (en déjouant les manœuvres auxquelles ils sont exposés) d'éviter qu'elle soit pire et de rétablir l'égalité.

Ceci posé, le rôle de la Chambre devient très simple et très modeste. Elle n'a qu'une chose à rechercher : est-ce comme député, est-ce à raison de son activité légitime de député que M. Caillaux est poursuivi? La poursuite a-t-elle un caractère réel de poursuite judiciaire ou serait-elle une machination montée de toutes pièces pour détruire un adversaire politique? C'est à quoi, sous peine de créer un privilège qui n'existe pas dans la loi et qui révolterait la conscience publique, l'examen de la Chambre doit se borner.

Donc à aucun degré, en aucune manière et sous

aucune forme, la Chambre ne doit se considérer comme un juge et s'attribuer un rôle qui ressemble au rôle d'un juge. Son pouvoir ne va qu'à vérifier s'il existe des présomptions sérieuses, qui suffiraient à déterminer l'ouverture d'une instruction contre le marchand de marrons du coin.

Mais non, disent fort scandalisés, les amis de MM. Caillaux et Malvy. M. Caillaux n'est pas un simple marchand de marrons, c'est un ancien ministre!

Ces messieurs, si démocrates qu'il leur plaise de se dire, n'ont aucun goût pour le droit commun et pour les procédures régulières. Ils voudraient orienter leurs clients vers les juges d'exception. Ce qu'ils ont réussi pour M. Malvy, grâce à l'inertie du gouvernement de M. Painlevé, ils voudraient le réussir encore pour M. Caillaux. Pour y parvenir, ils essaient de transformer l'affaire judiciaire en une affaire politique, et le crime tout court en un crime d'État.

« Je n'ai pas entendu dire, écrit M. Jean Longuet, que M. Lloyd George ait songé à envoyer lord Lansdowne devant un Conseil de guerre. » Toute la manœuvre est dans cette phrase.

On veut d'abord ennoblir l'affaire Caillaux, de façon que, quoi qu'il arrive et même s'il y a condamnation, le condamné ne soit plus que la victime de son idéal. Déjà certains voudraient agiter l'opinion et poser un simple procès criminel comme le grand débat de la guerre et de la paix. En brouillant toutes les idées, on se flatte, sinon d'éviter les poursuites, du moins d'échapper au Conseil de guerre.

Laissons ces Machiavels, laissons ces diversions, et tenons-nous-en au réquisitoire du général Dubail, aux faits qu'il retient et aux questions qu'il pose.

M. Caillaux est accusé d'avoir, avec l'aide et la complicité d'agents allemands, les Vigo, les Landau, les Bolo, les Cavallini, entretenu des intelligences avec

l'ennemi, poursuivi en cours d'action militaire la destruction de nos alliances et favorisé les armes de l'ennemi. Aucun des faits cités par le général Dubail ne se
rapporte à l'action politique et parlementaire de
M. Caillaux. Le général ne parle que d'accords suspects avec des misérables aux gages des Allemands, de
conversations ténébreuses tenues dans un pays allié
au cours d'un voyage où M. Caillaux, bien loin d'étaler
au grand jour ses idées, ne prenait même pas son
nom. Le rapport Dubail énumère des intrigues dont
l'instruction aura à prouver le caractère criminel ; il
ne vise nulle part une action politique.

M. Caillaux est député, chef d'un grand parti ; la
tribune de la Chambre ne lui était pas interdite ; dans
une séance publique ou secrète, il pouvait dire à ses
concitoyens, à ses collègues, aux ministres : « Vous
vous trompez, voici ce qu'il faut faire. » C'était son
droit et même son devoir. Il s'est tu. Il soutenait
officiellement les hommes au pouvoir ; il approuvait
de ses votes leurs actes. Quand il prenait la parole à
Mamers, c'était pour s'associer à la politique gouvernementale et pour proclamer la nécessité de la guerre
jusqu'au bout. Son action politique ouverte était
parfaitement orthodoxe. Et ce n'est donc pas cette
action, ce n'est pas l'homme public qu'on poursuit en
lui. On poursuit les intrigues, les accointances et les
tractations de sa vie cachée. Comment l'immunité
parlementaire pourrait-elle les couvrir? Ce n'est pas
pour cela qu'elle fut faite.

On ne sait pas mieux comment la Chambre pourrait, ainsi que certains le lui suggèrent, formuler un
avis sur la juridiction compétente et indiquer nommément sa préférence pour la Haute-Cour.

La Chambre n'a pas à juger la compétence plus que
le fond. On lui pose une question ; nous avons dit
laquelle ; elle répond oui ou non, et c'est tout. Il

appartiendra ensuite aux magistrats instructeurs de déterminer la juridiction compétente. Si M. Caillaux n'approuve pas leur choix, il aura à sa disposition les différents recours qui sont ouverts à tous les justiciables. Mais c'est le pouvoir judiciaire qui tranchera seul une question judiciaire.

Certains amis vraiment trop zélés de M. Caillaux seraient allés, me dit-on, jusqu'à imaginer la plus étrange et la plus audacieuse procédure. On inviterait la Chambre à écarter les griefs relatifs aux affaires Almereyda et Bolo, où il paraît difficile d'échapper à la justice militaire déjà saisie, et à n'accorder la levée de l'immunité que pour les affaires d'Italie, en spécifiant que la Haute-Cour seule en devrait connaître. Jusqu'où sera poussée cette tentative? Toutes les vagues n'arrivent pas au rivage ni tous les remous des couloirs à la tribune, et il suffit de dénoncer certaines manœuvres pour les déjouer et de les tirer de l'ombre pour les dissoudre. Il suffit de lire le réquisitoire du général Dubail pour comprendre que les présomptions qui s'y trouvent réunies s'appuient l'une sur l'autre, se fortifient l'une par l'autre, forment un faisceau. Les séparer, c'est rompre le faisceau et déchirer l'accusation. Faire un choix entre les présomptions, retenir après enquête les unes et rejeter les autres, c'est la besogne du juge d'instruction; ce ne peut être celle de la Chambre.

La Chambre n'a pas à s'occuper de peser les charges ni de débattre la compétence. Elle ne peut répondre que oui ou non. Elle ne répondra pas « non », ce serait soutenir que « M. Joseph Renouard » n'est jamais allé à Rome et que Vigo, Bolo et Cavallini ne sont que des fantômes méchamment imaginés par le général Dubail. Elle n'a donc plus, sans s'attarder en distinctions, détours et subtilités, qu'à déposer dans l'urne un « oui ».

Que la Chambre accorde sa confiance aux juges qui se sont adressés à elle ; qu'elle fasse promptement entrer l'affaire Caillaux dans l'ordre judiciaire où elle est née et d'où rien ne la doit faire sortir ; qu'elle veille surtout à interdire les diversions politiques dont on fait peser la menace sur ses délibérations.

La Chambre n'accordera pas à M. Caillaux un privilège ; elle ne fera pas pour lui, si forts que soient les liens de la camaraderie, fléchir les lois. Elle l'enverra produire ses justifications à ceux qui ont le pouvoir et le moyen de les vérifier, et qui sont qualifiés pour acquitter ou pour condamner.


# XXV

## M. CAILLAUX ET LA THÈSE
## DE LA " GAZETTE DE FRANCFORT "

*Le procès de M. Caillaux.*

19 Décembre 1917.

M. Caillaux va prendre la parole. Son cas, dès cette heure, appartient à l'ordre judiciaire. Ainsi le veut le réquisitoire du général Dubail dans ses conclusions, auxquelles se range la commission de la Chambre. C'est son droit de se défendre et, s'il le peut, de se justifier ; c'est son droit de répondre, point par point, aux griefs mis en lumière dans l'exposé du général Dubail. Et sur la valeur de sa défense, les juges jugeront. Nous n'avons pas à le suivre dans l'exercice régulier de son droit d'accusé. Nous avons seulement à veiller pour que son affaire ne sorte pas de l'ordre judiciaire où elle va régulièrement entrer, et pour qu'on ne s'en serve pas en vue de créer une agitation dangereuse.

Le Parlement et la raison publique ne laisseront pas le judiciaire se muer en politique. On ne permettra pas que, continuant la propagande infâme qu'il est accusé d'avoir encouragée, il essaye une manœuvre contre l'unité morale du pays et que, pour tenter une diversion, il s'abrite dans la thèse de la *Gazette de Francfort*, qui déclare « qu'en anéantissant Caillaux on cherche à anéantir en France le mouvement pacifiste ».

Il est facile, en propageant d'oreille en oreille la rumeur insaisissable, de se poser en politique méconnu. « Si l'on avait écouté Caillaux, peut-être aurions-nous pu conclure, il y a longtemps déjà, une paix avantageuse... » Qu'est-ce donc à dire? A quoi rime ce propos? Qui donc peut se flatter d'avoir entendu de M. Caillaux aucun avis, aucun conseil que l'on ait écarté, que même l'on ait pu discuter? Quelle est la séance publique ou secrète où cet ancien président du Conseil est monté à la tribune pour avertir les ministres, ses collègues et la nation de l'erreur où l'on s'enfonçait et de la voie droite qu'il distinguait? M. Joseph Caillaux se taisait, votait pour les ministères successifs et parlait à Mamers comme n'importe quel président de Conseil général, sans plus. Est-ce donc dans la presse qu'il nous faut chercher sa pensée salutaire et les conseils qui nous eussent menés à la paix? Mais il n'a rien écrit sous sa signature, et les journaux infâmes qu'il soutenait, dans une mesure qui demeure à fixer, faisaient purement écho à la *Gazette des Ardennes* et ne proposaient aucune politique au gouvernement français.

Voilà un fait auquel la pauvre rumeur ne peut rien répondre. Elle va répétant : « Si M. Caillaux avait eu le pouvoir, il aurait fait la paix... »

Quelle paix? Dans ces fameuses conversations romaines, que le général Dubail a fixées pour la justice en même temps que pour l'histoire, M. Caillaux a abattu son jeu. Le jour où la France, disait-il en substance, sera complètement épuisée, ce jour-là je prendrai le pouvoir et je signerai la paix... Ainsi son heure, c'est l'heure de la défaite et l'heure de la capitulation. Telle est la paix qu'il nous offre. Nous la connaissons de reste, c'est la paix allemande.

Qui donc aurait la simplicité de penser que les Boches ont jamais été prêts à en consentir une autre? Jamais, à aucun moment, nous n'avons été en mesure de leur imposer une paix française, simplement une paix humaine. Et il faut être leur complice ou leur agent pour croire que, dans tous leurs ballons d'essai, dans toutes leurs tentatives officieuses ou même officielles, dans leurs sondages, dans leurs discours, dans leurs notes, il y ait jamais eu autre chose qu'un piège grossier.

Le but était bien simple. Il fallait d'abord diviser l'Entente, en offrant à chacun des Alliés la tentation infâme d'une paix de trahison. Il fallait ensuite dans chaque pays entamer l'unité morale en créant un espoir de paix, et en donnant à croire aux peuples que leurs gouvernements prolongeaient sans raison la guerre. Aussi l'Allemagne se gardait-elle de déclarer ses ambitions. Dans ses manifestations officielles, jamais elle ne proposait que de se réunir et de causer. En vain chercherait-on autre chose dans la déclaration solennelle des Empires centraux en 1916. Et quelques jours plus tard, lorsque le président Wilson, s'adressant aux belligérants, leur demanda de déclarer d'une manière précise à quelles conditions ils jugeraient la paix possible, l'Entente fit connaître franchement sa vue, mais les Puissances centrales répondirent simplement qu'elles étaient prêtes à se rencontrer dans une conférence avec leurs adversaires pour discuter les conditions de la paix. (*Message du président Wilson au Sénat,* 22 janvier 1917.) Enfin, aux suggestions du Pape, ce fut toujours la même réponse qui fut faite. Aussi bien, méditez ce que la presse allemande se plaît à répéter, que *lorsque la conférence s'ouvrira l'Entente aura vécu.*

Ce mot donne la formule de la manœuvre allemande. Nos ennemis calculent que devant une table mal servie, quand il y a moins de parts que d'appétits, les convives se battent. Ils pensent qu'aussitôt qu'ils auront dissous le bloc de l'Entente et rompu le blocus dont ils souffrent mortellement, alors ils seront victorieux. Tels sont le sens et la portée des démarches officielles de l'Allemagne.

Pense-t-on qu'il y ait plus de solidité dans les ballons d'essai que périodiquement, depuis plus de trois ans, elle lance de Genève, de Saint-Sébastien, de Rotterdam ou de Stockholm? Invariablement, où que le vent du jour les porte, c'est toujours la même tentaive, toujours il s'agit d'offrir à chacun la paix contre tous les autres. Récemment encore, M. Balfour racontait à la Chambre des communes que le gouvernement allemand avait fait au gouvernement britannique, par l'intermédiaire d'une puissance neutre, des ouvertures de paix. Que fait le ministre anglais? Il se déclare prêt à écouter les propositions allemandes, en ajoutant qu'il les communiquera aussitôt à ses alliés. Cette loyale réponse fait l'effet d'un exorcisme. Le tentateur rentre dans sa caverne et M. Balfour n'entend plus parler de rien.

« Mais, diront de dangereux myopes, puisque la Russie aujourd'hui se laisse prendre et fait la paix contre nous, n'eût-il pas été plus sage de faire la paix contre elle? M. Caillaux avait-il tellement tort lorsqu'il soutenait en Italie que la Russie et les Balkans devaient payer tous les frais de la guerre? »

Ne souffrons pas que de telles billevesées, qui révoltent notre conscience, arrêtent un instant notre raison. Nous ne luttons pas pour des territoires. Il ne s'agit pas de savoir quels lambeaux chacun pourra, dans une Europe déchirée, s'attribuer au hasard de la fourchette ; il ne s'agit pas de se croire vainqueur parce qu'on aura maintenu ou même agrandi son territoire. Les peuples, s'ils ne veulent être esclaves, ont besoin d'une Europe construite selon la raison, c'est-à-dire telle que le rêve allemand de domination universelle, d'où est sortie la grande guerre, soit à jamais impossible.

De quelque côté que s'agrandisse l'Allemagne, que ce soit sur nous ou sur nos alliés, le résultat serait le même. Que deviendrait la France au jour où l'Allemagne dominerait politiquement et économiquement l'Autriche, la Russie, les Balkans et de Hambourg à Bagdad? Notre intégrité ne serait qu'apparente, notre indépendance qu'illusion, notre repos ne durerait pas deux ans. La formidable Germanie aurait tôt fait de nous embarquer dans une nouvelle guerre et de nous contraindre à marcher avec elle contre l'Angleterre.

C'est bien ce que prévoit et appelle M. Caillaux, dans ses tractations romaines que cite le réquisitoire du général Dubail : « Aussitôt la paix signée, disait-il, la France conclura un traité d'alliance avec l'Italie et l'Espagne contre l'Angleterre et la Russie, qui sont nos véritables ennemis. »

Belle perspective ! Propos insensés ! Lloyd George a raison, qui disait vendredi dernier : « Il n'y a pas de moyen terme entre la victoire et la défaite. » Et par là même, il n'y a pas d'autre paix que la paix de la victoire ou la paix de la défaite, la paix française ou la paix allemande.

De quelle paix M. Caillaux est-il l'homme? De ses discours de Mamers, ou de ses propos romains, que devons-nous croire? S'il se borne à se défendre d'avoir favorisé et prêché le défaitisme, il aura demain des juges qui jugeront sa défense, et nous n'aurons plus à nous occuper de lui. Il appartiendra à l'ordre judiciaire. Mais s'il veut faire de l'agitation, s'il cherche, en niant officiellement son intrigue, à la continuer par des rumeurs trop pareilles à la campagne défaitiste qu'on lui reproche, il n'aboutira à rien, car tout le monde voit clairement que pas une seule fois, depuis trois années, il ne s'est servi de son autorité d'ancien président du Conseil pour proposer aucune méthode politique qui redressât celle de nos ministres successifs, et il ajoutera à tout ce qui pèse sur lui de nouvelles et terribles charges.

# XXVI

## LA FRANCE VEUT-ELLE FAIRE
## A SES DÉFENSEURS UN CADEAU?

*La prime du combattant.*

21 Décembre 1917.

« Jamais l'état moral du soldat n'a été meilleur », a déclaré Clemenceau l'autre jour devant la Commission des onze. Et c'est ce que disent tous ceux qui connaissent l'esprit de l'armée.

Au moment où nos défenseurs, avec cette solidité qui remplit de respect et de gratitude toute la nation, et d'admiration l'univers, entrent dans leur quatrième hiver, il n'est pas un Français quels que soient son opinion, son parti (ah ! sur ce point comme nos cœurs s'accordent complètement !), il n'est pas un Français qui ne pense : « Ils sont les meilleurs, ils souffrent de beaucoup le plus ; que pourrait-on pour eux ? »

Nous avons les récompenses militaires, la loi sur les pensions. Ce fut une belle idée qu'eut l'organisateur du Maroc quand il voulut relever le prêt du soldat et capitaliser une partie de ce relèvement pour que lui-même et sa famille la trouvent au retour de la guerre. Cependant beaucoup reste à faire pour prouver d'une manière réelle à une armée qui produit un effort comme jamais aucune armée n'en fournit, notre vigilance et notre reconnaissance de chaque jour.

Plus la guerre est longue, plus la part du soldat devrait être large. Sa part, sa prime, sa récompense, son droit ! Maurras a été entendu très loin quand il écrivit sa belle série d'articles, son petit livre, la *Part du Combattant*, qui indignait les *Bonnets rouges*, et quand il disait et redisait que l'ouvrier de la victoire doit être associé aux produits de la victoire. « De tout temps, dans toutes les armées, remarque justement le député-soldat La Ferronays, on a récompensé par une prime en bonnes espèces sonnantes les coups de main audacieux qui rapportaient au commandement des renseignements sur l'ennemi... » Il existe aujourd'hui, chez nous, des primes pour les prisonniers faits, pour les mitrailleuses et les canons enlevés, même pour les fusils ramassés... C'est trop peu, c'est timide, c'est une pensée qui s'arrête à mi-chemin.

On ne prime pas toutes les actions d'éclat. Elles-mêmes, les citations, les médailles, les croix ne vont pas toujours au plus digne. Et puis, dans une guerre si dure, sous de tels hivers, l'immobilité même de la tranchée, l'attente par ces nuits interminables est une action d'éclat. Ce sont tous nos soldats qui devraient recevoir à cette heure une prime, comme un témoignage que la patrie connaît l'effort immense qu'elle leur demande.

Au seuil de cette année 1918, il nous est apparu qu'en dehors du pécule déjà consenti et de la loi sur les pensions, il convenait d'établir, par un système de polices d'assurance, avec liquidation anticipée, un mode de libéralité efficace et immédiate, aussi bien pour les ayants droit de nos soldats que pour le soldat lui-même de retour dans ses foyers.

Tel gouvernement allié nous a déjà précédés dans cette voie, et c'est en m'appuyant sur cet exemple que j'ai eu l'honneur, hier, avec un grand nombre de collègues, de soumettre à l'examen de la Chambre une proposition de loi, dont voici le premier dessin essentiel :

1. — *La Caisse nationale des retraites pour la vieillesse est autorisée à établir une police d'assurance entièrement libérée, sans aucun paiement de primes, d'une valeur de 1.000 francs pour chaque soldat des troupes combattantes et de 500 francs pour chacun des autres mobilisés, à condition que ces derniers l'aient été pendant une période d'au moins deux ans.*

2. — *En cas de mort au champ d'honneur, en cas de décès provenant de blessures de guerre et de maladie contractée au service (et indépendamment du droit qui reste ouvert au titre des pensions), cette somme de 500 francs ou de 1.000 francs sera payable sans formalités et dans le délai d'un mois après le décès du combattant ou du mobilisé*

*3. — Toutes les charges des polices à établir sont supportées par le budget de l'État.*

*4. — Dans les trois mois qui suivront la cessation des hostilités, tout assuré pourra obtenir le paiement par anticipation de la valeur de l'assurance, soit, suivant les cas, 500 ou 1.000 francs, à condition qu'il justifie que cet argent est destiné à acquérir les instruments ou objets nécessaires à la reprise de sa profession.*

*5. — Au cas où le bénéficiaire de la présente loi serait appelé à recueillir une somme prévue par la loi du pécule, il ne pourra obtenir la liquidation anticipée prévue à l'article 4 que défalcation faite du montant de son pécule. La différence restant à son compte, sous forme de police d'assurance, sera payable, en cas de décès, à ses ayants droit ; en cas de survivance, à son bénéfice personnel, ou bien à telles personnes par lui désignées à l'expiration d'un délai de 20 ans.*

Trouvez-vous utile et juste que la France fasse ce cadeau à ses sauveurs?

Nous avons jugé qu'il était de toute convenance que cette pensée perdît aussi tôt que possible tout caractère particulier et qu'elle fût élaborée par le plus grand nombre possible de députés de toutes les nuances ; c'est pourquoi, au lieu de l'exposer dans une suite d'articles où j'aurais bénéficié des conseils de mes lecteurs, nous l'avons immédiatement portée sur le bureau de la Chambre, où toutes les initiatives amies et adversaires la pourront librement travailler et perfectionner.

Ce qu'il fallait, à mon avis, et ce qu'ont voulu les premiers signataires de cette proposition, c'est donner aux combattants un salut de nouvelle année, en même temps que constituer un instrument de prévoyance sociale.

Il n'est pas un Français qui ne se préoccupe des conditions dans lesquelles, au jour venu de la paix victorieuse, le soldat rejoindra son foyer.

Nos lecteurs se souviennent qu'ayant reçu les confidences d'un grand nombre de mobilisés, nous avons longuement recherché ici comment leur procurer les ressources nécessaires pour qu'à la paix ils reprennent leur ancienne profession et reconstruisent leur existence. La section économique et sociale de la Ligue des Patriotes, que préside Ernest Carnot, s'est occupée de l'organisation du *Prêt au combattant* pour le lendemain de la guerre. Ce projet n'est pas abandonné : il ne perd pas sa raison d'être du fait des polices d'assurance que nous voudrions que la France offrît aujourd'hui à ses défenseurs. Ce n'est pas 500 ou 1.000 francs qui permettront aux cultivateurs, aux commerçants, aux petits industriels, aux avocats, aux médecins, etc., de reprendre leur profession. Mais aujourd'hui nous laissons de côté l'idée de prêt, pour demander que la France fasse à ses sauveurs un don et prenne une mesure de haute prévoyance sociale à laquelle chacun voit bien que la reconstitution de l'après-guerre nous oblige.


# CHAPITRE XXVII

# LA MANIFESTATION
# DES ALSACIENS-LORRAINS D'AMÉRIQUE
# A LA STATUE DE STRASBOURG

*21 Décembre 1917.*

En Amérique, deux cent mille Alsaciens-Lorrains sont groupés dans « l'Association des Sociétés alsaciennes-lorraines d'Amérique » et dans « la ligue mondiale pour la restitution de l'Alsace-Lorraine ». Ces deux puissantes sociétés viennent de déléguer M. Gustave Blumenthal, Alsacien et citoyen américain, frère de l'ancien maire de Colmar, pour qu'il entre en relations, en leur nom, avec les Sociétés alsaciennes-lorraines de France. Qu'il soit le bienvenu !

En outre, les Alsaciens-Lorrains d'Amérique ont chargé M. Blumenthal de porter à la statue de Strasbourg un drapeau français et un drapeau américain. Tous, nous l'accompagnerons.

Dimanche prochain, les Sociétés alsaciennes-lorraines et les grandes Sociétés patriotiques, avec leurs drapeaux et leurs insignes, se réuniront, à 2 h. 30, autour du grand bassin du jardin des Tuileries, et se rendront de là devant la statue.

Après le défilé, le gouvernement ayant très justement désiré qu'aucun discours ne fût prononcé sur la voie publique, le cortège se rendra dans la cour du ministère de la Marine, où M. Gustave Blumenthal, M. Jules Siegfried et le président de la Ligue des Patriotes prendront la parole pour saluer la grande Amérique, et affirmer la foi patriotique commune à tous les Français.

# XXVIII

# EN SORTANT DE LA SÉANCE

*La Ligue des Patriotes.*

24 Décembre 1917.

Je ne vous donnerai pas de commentaire détaillé sur cette séance pénible et nécessaire. C'est assez d'y avoir passé une longue journée, et après que, tous, nous l'avons vue ou lue, faut-il encore y ramener notre esprit ?

N'attendez pas que je vous peigne M. Caillaux et son collègue, celui-ci, figure enfumée, obscure, illisible, et celui-là. sur le visage mobile de qui les sentiments successifs apparaissaient en traits de feu.

Pareil à une taupe qui, sans se presser, s'arrange toujours pour disparaître rapidement, M. Loustalot n'a jamais été sous le regard de la Chambre ; mais M. Caillaux, même dans son angoisse, se plaît sur le devant du balcon. Il a pu en toute liberté, durant deux heures, déployer les parties de supériorité qu'il a dans l'esprit. Il a brodé comme il a voulu, durant deux heures, le haillon de sa défense, une thèse pleine de trous et de souillures. Il a même déroulé à demi son étendard suspect, assez pour se faire reconnaître, pas assez pour que ce fût l'aveu.

Tout cela dans une atmosphère mortelle, sans une contradiction de Clemenceau ni de la majorité, qui montrèrent par leur silence et par leur glace la plus véritable sagesse. En effet, nous n'avons pas à juger le fond de l'affaire. Le gouverneur militaire de Paris, usant de ses droits, remplissant son devoir, déclare suspect de haute trahison M. Caillaux. Levons les verrous qui paralysent la justice et M. Caillaux lui-même. On l'accuse ! Qu'il se précipite chez le juge, bon Dieu ! Et puisse-t-il se justifier !

Nous souhaitons que l'événement nous permette de nous en tenir à l'attitude qui fut hier celle de tous les Français de bon sens. Sera-t-il nécessaire que nous examinions par le détail les arguments de M. Caillaux? Nous ne le désirons pas. Le voilà devant le juge. Il a dit lui-même, avec un des accents les plus vrais de son discours : « Quand remonterai-je à cette tribune? » S'il fait taire suffisamment sa clientèle, sa *gens*, c'est bien. Nous ne désirons pas dresser hors cadre un tribunal de supplément contre un accusé dont l'instruction, dès cette heure, va être menée avec toute régularité et toute rapidité. Que la nation sache qu'un gouvernement qui ne ment pas a promis de publier toute la vérité qu'il trouvera et de briser toute trahison, au nom du salut public.

J'aurais voulu que, vendredi soir, vous assistiez à cette réunion organisée par la Ligue des patriotes, où Victor Cambon et le bâtonnier Chenu ont parlé, sous la présidence d'Ernest Carnot. Je vous dirai, un autre jour, ce qui faisait l'objet direct de cette soirée, notre appel aux hommes d'étude qui veulent collaborer avec notre « section économique et sociale » et préparer, pour que les Ligueurs en soient les missionnaires, un programme aux efforts de la France d'après-guerre. Mais que n'avez-vous entendu l'admirable cri de foi dans nos soldats qu'a lancé le bâtonnier Chenu et puis la manière saisissante dont il a dit que Clemenceau tient le drapeau et que tous les Français, à l'arrière, de leurs vœux, de leur adhésion, en chaude cordialité, entourent le vieux républicain !

L'heure est périlleuse. Elle exige l'absolue soumission des cœurs et des volontés aux conditions, si dures qu'elles soient, de la victoire. Quand les poilus s'arc-boutent sous la pression allemande, il faut que l'arrière accepte de se priver afin que tous les transports nous apportent d'outre-mer des soldats et des soldats encore. L'armée américaine en France, à cette heure, elle est petite ; dans quelques mois, elle sera puissante ; un autre délai encore, elle sera d'un concours irrésistible.

Aussi avec quel plaisir nous avons cet après-midi fixé le drapeau de la Grande République américaine au milieu des drapeaux tricolores ! Envoyé par les Alsaciens-Lorrains des États-Unis, il a rejoint la couronne que déjà, au 14 juillet dernier, Whitney Warren, avec les Ligueurs, avait voulu déposer au pied de la Madone de la Patrie, devenue le symbole du Droit des peuples. L'intérêt de cette manifestation et le sens des quelques paroles que nous avons dites sont de bien marquer que la revendication de l'Alsace-Lorraine n'est pas seulement un fait français, mais un fait mondial, une réparation donnée à la France et au Droit des nations.

Après la cérémonie, M. Jules Siegfried m'a dit quelques mots de la proposition que j'ai soumise à mes lecteurs, jeudi dernier, et que j'ai déposée à la Chambre avec l'appui des députés amis de la Ligue des patriotes. Il faut que l'État assure tous les combattants. Il faut qu'en plus du pécule, en dehors de la loi des pensions, la Caisse nationale des retraites offre à tous les soldats une police d'assurance *entièrement libérée*, de 1.000 francs pour les troupes combattantes et de 500 francs pour les autres mobilisés. Je ne vous en rappelle pas les détails. Vous savez qu'elle serait payable dans le délai d'un mois après le décès du soldat. Vous savez encore que dans les trois mois qui suivront la cessation des hostilités, tout assuré pourrait obtenir le payement par anticipation de son assurance, à condition qu'il justifie que cette somme, de 500 ou de 1.000 francs, il l'emploie à acquérir les instruments nécessaires à la reprise de sa profession.

Homme sage et prudent, grand industriel et de conseil judicieux, M. Siegfried approuve cette initiative. J'ai d'ailleurs constaté depuis trois jours qu'elle rencontre l'approbation générale. Lisez entre autres cette lettre émouvante que je reçois ce matin :

*L'Union des pères et des mères dont les fils sont morts pour la patrie a le devoir de s'associer à toutes les mesures de justice et de reconnaissance envers les combattants qui donnent ou offrent leur vie pour la défense et la grandeur de la France.*

*Elle tient à apporter à la proposition de loi dont vous avez pris l'initiative de saisir le Parlement en faveur de nos soldats, l'approbation de ceux au nom desquels elle a le douloureux privilège de pouvoir parler.*

. . . . . . . . . . . . . . . . . . . . . .

*Pour le comité, le président :*

HENRY BONNET.

Nulle approbation ne peut mieux nous fortifier. Pour venger nos morts, pour sauver la patrie, ne marchandons pas les sacrifices. Mais toutefois, toujours en coordonnant nos efforts avec ceux du gouvernement de la Défense nationale.

Un lecteur encore m'écrit : « Votre proposition, vos amis et vous, vous devriez l'appeler un cadeau de nouvel an pour nos soldats. » Un autre : « Le Noël du Poilu. » Bien sûr, nous y avons pensé, mais il faut craindre de faire naître des espérances trop précises et d'offrir ce qu'on ne possède pas. Nous ne pouvons que mettre dans la discussion ce projet où nous avons été précédés par un gouvernement allié. Savez-vous ce que je voudrais? Que notre gouvernement réclamât l'idée, la fît sienne, et se chargeât de la présenter au Parlement. On dit, on écrit qu'il en est question. Cette méthode serait la plus convenable. C'est de la France même que chacun de ses défenseurs devrait recevoir ce cadeau de la gratitude française.


# XXIX

## POURQUOI CETTE COMÉDIE?

> Un matelot de vingt-quatre ans complètement illettré; un soldat de vingt et un ans non moins illettré; un brave homme d'une cinquantaine d'années qui avait l'air d'un illuminé et qui avait une idée fixe : le partage des terres; enfin une femme qui avait été déportée pour tentative d'assassinat politique; tels sont les quatre plénipotentiaires russes avec qui négocie l'état-major allemand.
>
> *Les manœuvres occultes de l'Allemagne.*


29 Décembre 1917.


L'Allemagne fait semblant d'indiquer à ses agents et dupes de Russie et, par-dessus leurs têtes, à toute l'humanité, dans quelles conditions elle consentirait à rendre la paix à l'univers.

C'est une manœuvre dont elle ne peut rien attendre auprès des Anglais, des Italiens, des Belges, des Serbes, des Roumains, des Américains, des Français.

Son langage est massif, ténébreux, embrouillé à plaisir. Elle voudrait bien faire croire, çà et là, qu'elle offre une paix acceptable, une paix qui permettrait aux peuples de respirer, de se refaire. La vérité, c'est qu'elle nous refuse l'Alsace-Lorraine ; qu'elle nous refuse toute indemnité pour nos départements dévastés, et qu'enfin elle prétend nous obliger à établir avec elle immédiatement « des relations amicales » (le mot y est) qui lui permettent de nous imposer ses marchandises et ses émigrants.

Relisez ce document, habituez-vous aux ténèbres dont il est enveloppé, vous y trouverez un mélange de sinistre et de comique, une saveur d'ironie, de science et de mort que l'on ne trouve à ce degré que dans le *Candide* de Voltaire. Ainsi le paragraphe qui concerne les colonies allemandes. Il n'en est pas une ligne qui ne soit de la bouffonnerie la plus noire.

L'Allemagne adhère (en termes enveloppés) au principe que les peuples ont le droit de disposer d'eux-mêmes. Elle examine, tant est grand son scrupule, si elle fera voter les nègres des colonies qui viennent de lui être prises et dont elle réclame la restitution. Non, elle ne les fera pas voter. Écoutez de quel ton pharisaïque et pédantesque elle en donne la raison :

« Le fait que, dans les colonies allemandes, les indigènes, malgré la plus grande fatigue, malgré des chances minimes de succès contre des adversaires plusieurs fois supérieurs en nombre et disposant de renforts illimités venant d'outre-mer, restèrent fidèles jusqu'à la mort à leurs amis allemands, est une preuve de leur dévouement ; leur résolution de rester en toute circonstance aux côtés de l'Allemagne est un témoignage dont le sérieux et le poids l'emportent sur toute manifestation possible de leur volonté par un vote. »

Quel imperturbable mépris de son auditeur on distingue chez le diplomate habillé en hussard de la mort, qui développe un tel argument ! Le service de l'État lui demande qu'il traduise sa pensée en langage libéral ; il se mettrait à parler soviet comme il parlerait anglais. Cela ne le gêne pas. Sous les mots, ses buts de guerre demeurent les mêmes. C'est une bête de proie qui a de l'instruction et de la méthode. « Je veux te manger », voilà son idée toute nue, voilà le beau compliment que la Bête allemande trouve tout spontanément à nous faire. Mais si l'on désire qu'elle parle un langage encore plus mystique (pour plaire aux frères russes) que celui des orateurs de la défunte Conférence de la Haye elle est toute prête à dire : « Une vive impulsion naturelle, dont les raisons les plus profondes m'échappent et qui par là appartient au plan du Divin, me pousse à resserrer entre nous les liens de la solidarité. » Au nom de la solidarité des êtres, faits pour se compléter les uns les autres, le loup avale le mouton. Qu'importe comment ces choses-là sont dites ! Il s'agit de se saisir du réel.

L'Allemagne avec componction célèbre la fidélité des nègres envers la Germanie. Mais elle méprise la fidélité des Alsaciens et des Lorrains envers la France. Metz depuis 1559 est Française ; Strasbourg, depuis 1634 ; en 1790, les fédérés de Strasbourg jurèrent sur l'autel de la patrie d'être inséparablement unis aux autres Français ; les Lorrains et les Alsaciens ont versé leur sang en surabondance, toujours et aujourd'hui encore, pour la France. Deux cent cinquante mille d'entre eux, après que leurs députés, en 1871, eurent protesté contre l'annexion, s'arrachèrent du sol natal plutôt que d'être Allemands, et les douze cent mille qui restèrent ont marqué, aussitôt qu'ils purent, par la noble voix de nos amis Wetterlé, Collin, Laugel

Blumenthal, Helmer, Weill et les autres, qu'ils restaient fidèles à la grande protestation de Bordeaux.

« Nous prenons nos concitoyens de France, les gouvernements et les peuples du monde entier à témoin que nous tenons d'avance pour nuls et non avenus tous actes et traités, vote ou plébiscite, qui consentiraient abandon, en faveur de l'étranger, de tout ou partie de nos provinces de l'Alsace et de la Lorraine. Nous proclamons à jamais inviolable le droit des Alsaciens et des Lorrains de rester membres de la nation française... » Voilà le cantique immortel de l'Alsace-Lorraine. Mais l'Allemagne qui vient de nous dire que sur les nègres nul doute n'existe et qu'ils sont Allemands, bons Allemands, déclare qu'il appartient à l'État allemand de régler le sort des Alsaciens-Lorrains comme il lui plaira, et que ce n'est pas l'affaire du Congrès de paix. Les Alsaciens-Lorrains n'ont pas à invoquer le droit international. L'Alsace-Lorraine n'est pas un problème des peuples.

Cela peut s'écrire. Mais les faits sont criants. Nous n'en sommes plus à un débat entre la France et l'Allemagne. Le monde entier est engagé dans cette guerre ; il souffre terriblement, il réclame une paix durable.

Le vice immense de cette soi-disant proposition de paix, c'est qu'elle ne cicatrise rien. En brutalisant les peuples au profit de l'Allemagne, elle prolongerait la guerre, la laisserait couver toute brûlante sous la cendre d'un faux armistice. Quoi ! l'Alsace et la Lorraine, dont vingt mille jeunes gens depuis le début de la guerre se sont jetés dans nos rangs, demeureraient aux mains de l'ennemi? Nos départements du Nord et du Nord-Est, les plus riches, les plus actifs de notre pays, resteraient, avec leurs industries minières, métallurgiques, textiles, et leur agriculture anéanties?

Les Allemands répondent : « Contre votre bel argent, nous sommes prêts à vous assister et à vous revendre les installations que nous vous avons volées. »

On a déjà cité la circulaire que l'*Association des métallurgistes allemands* envoyait de Dusseldorf, en date du 2 janvier 1917, à toutes les usines allemandes : « Nous nous sommes chargés de servir d'intermédiaires pour procurer des installations d'usines provenant de pays occupés. On nous annonce que sont disponibles des installations d'usines de tout genre, telles que hauts fourneaux, laminoirs pour tout service avec les machines de mise en marche et accessoires, les installations secondaires et dispositifs de transport, installations en partie toutes neuves, qui n'étaient pas encore en usage ou qui étaient en construction... » (Signé, pour l'Association des métallurgistes allemands, le directeur d'affaires, S. Scrœder.)

Une autre Société vient de se fonder à Essen, au capital de 4.200.000 marks, avec le but « d'organiser une assistance économique allemande pour les usines françaises et belges ayant subi des dommages de guerre ». Il s'agit bien de nous revendre ce qu'on nous a volé. Un des soucis principaux des « propositions » que nous examinons est de favoriser cet abominable trafic.

« Relations économiques... relations amicales » tout le paragraphe annexe du sixième point révèle l'angoisse de l'Allemagne. Elle veut que le Boche se promène librement chez nous, que le père d'un Français tombé dans cette guerre n'ait pas le droit de regarder un Boche de travers ni de l'écarter ; elle veut que toute notre vie industrielle et commerciale passe sous sa haute main.

Naturellement, dans ce document, il n'est pas question de désarmement, ni de rien de pareil. Aucune garantie pour que c'en soit fini de la course aux armements. On continuerait ; et, nos alliances étant militaires, nous serions obligés pour lutter contre une

Germanie immensément accrue de faire un effort militaire qui dépasserait de beaucoup ce que nous faisions avant 1914.

Le ministre Pichon, applaudi par les députés français de tous les partis, a eu raison de dire que « cette proposition ne mérite pas d'être retenue un instant ».

Au reste, le Grand État-Major allemand n'a pas cru que nous la retiendrions. Il a fait ce geste pour les nécessités de sa politique intérieure. Les souffrances de la population allemande sont très graves, provoquées par la pénurie d'aliments, de combustible et de lumière, et ne sont pas compensées par l'exaltation que provoquent les succès de Russie et d'Italie. Cette misère inspire de sérieuses inquiétudes au gouvernement et l'oblige à promettre la paix ou du moins à faire des démarches officielles qui semblent rechercher la fin de la guerre.

Le gouvernement a devant lui deux tâches impérieuses : procurer au peuple des vivres et des succès militaires qui entretiennent son moral et lui donnent l'illusion d'une paix prochaine.

Ceux qui chez nous se plaindraient serviraient la manœuvre allemande et par là trahiraient la France. L'espoir tout entier du peuple allemand repose sur la lassitude de ses adversaires. C'est sous cet angle que la presse allemande s'applique à considérer tout ce qui se passe soit en Angleterre, soit en France. La déception sera grave en Allemagne (et plus encore en Autriche-Hongrie) quand on y entendra la parole hautement sage du gouvernement et de la nation française.

Dans son cœur, chaque Français à l'arrière la complète par un vœu de gratitude et d'admiration pour les soldats qui, dans le froid de ces longues nuits d'hiver, sont prêts à donner une autre déception, plus terrible encore, aux envahisseurs.

# XXX

# POUR 1918

31 Décembre 1917.

Jamais avec plus d'anxieuse espérance qu'au seuil de cette année l'imagination humaine ne s'est élancée vers l'avenir. J'offre à nos lecteurs mes souhaits. Pour eux et leurs familles, certes ; mais les destinées individuelles à cette heure dépendent essentiellement du destin de la France. Tout se résume en : Vive la France !

Nous entrons dans une quatrième année de destruction, année pourtant créatrice d'un ordre nouveau. Qu'adviendra-t-il de la Russie ?

Elle va achever de se dissocier, et se morcelle en fragments. L'Empire se défait, retourne à ses républiques et principautés d'autrefois. Il n'est pas insensé d'espérer que dans cette ruine et défection, l'Ukraine et ses cosaques, assistés de l'admirable armée roumaine, pourraient constituer un point de résistance.

En tout cas, depuis de longs mois, tout le meilleur des forces allemandes avait quitté l'Orient, et ce que nos ennemis peuvent, ces temps-ci, transporter sur notre front accroît leur masse plus que leur vigueur.

Admettons qu'avant peu les Allemands s'installent à Pétrograd. Ils y pourront faire travailler les usines Putilof, et les révolutionnaires déssaoulés connaîtront la discipline boche. Mais l'Allemagne devra les nourrir. Avec quoi? Elle cherchera immédiatement à rétablir les chemins de fer (dont la ruine est sans doute la cause première de la famine), mais son propre matériel est à bout et d'ailleurs ne peut pas rouler sur les voies plus larges de Russie. C'est une affaire, la remise en état de ce grand corps fiévreux ! C'est une affaire de donner une administration à un peuple dont personne ne sait ce qu'il attend et qui, lui-même, comme les pèlerins d'Asie vont au tombeau d'un saint derviche, ne désire que s'asseoir au tombeau de Tolstoï ou piller les caves de la comtesse.

Effroyable aventure d'un peuple qui sentait le besoin d'une effusion de lumière nouvelle. Il n'est pas un Français, dans tous les milieux, dans tous les partis, qui n'ait profondément médité sur des folies dont nous souffrons cruellement et qui n'y trouve une leçon incomparable de politique.

La Russie a perdu son tsar, son esprit, son centre d'action. Elle l'a destitué. Plus exactement, lui-même avait manqué à sa mission, et a cessé de régner parce qu'il avait cessé d'être celui qui tient en éveil ses peuples, les unit et fait comprendre à tous leurs devoirs. Nécessairement disparaît, quels que soient ses titres d'apparat, celui qui ne remplit pas son emploi. Mais n'oublions pas ces soldats russes qui n'avaient qu'un fusil pour cinq hommes, n'oublions pas l'héroïsme que nos alliés déployèrent en août-septembre 1914 quand ils se jetèrent sur la Prusse orientale, quand ils refoulèrent de Pologne Hindenburg, puis dans la grande retraite et enfin dans l'offensive de Broussiloff. C'est l'or allemand qui pour une grande part vient de détruire la Russie. Que ce désastre immense et ce mélange abject de niaiserie et de vénalité fortifie dans chacun de nous le goût de la saine raison, de l'autorité, de la compétence, et nous éclaire sur la politique occulte de l'Allemagne.

Avions-nous nos Raspoutine, nos Sturmer, nos Lénine, nos Trotsky? Le Conseil de guerre et la Haute-Cour vont en juger. La mise en accusation de Caillaux, gravement soupçonné d'être le chef des bandes défaitistes et d'avoir présidé à l'activité du traître Almereyda, du traître Duval, du traître Marion, du traître Bolo, du traître Cavallini, avec qui il entretenait des rapports familiers d'argent et de politique, a été accueillie par toute la France et chez nos alliés avec un immense contentement.

Nous verrons dans leur procès si ces hommes sont vraiment les personnages infâmes que l'on croit entrevoir. En tout cas, il est prodigieux qu'au cours de cette guerre, où des multitudes de Français se sont signalés au respect de leurs concitoyens, MM. Caillaux et Malvy se soient complus dans la société d'affreuses fripouilles, dont il était évident, pour le moins, qu'elles étaient payées par l'Allemagne pour propager au milieu de nous des ferments de guerre civile.

L'année 1918 est déjà assainie. Nous avons au gouvernement un chef qui ne se contente pas de prononcer les phrases qui conviennent, mais qui les prononce avec une énergie si vraie que ses auditeurs sont mis dans son état d'esprit et deviennent ses collaborateurs. Clemenceau a mis le holà aux menées de trahison ; il a fait répondre, le jour même, par Pichon, aux offres fallacieuses de l'Allemagne; il y a répondu mieux encore par des mesures de guerre. Et la Chambre, sans hésiter, l'a suivi. Depuis août 1914, très souvent les problèmes ont été bien posés et les justes solutions indiquées, mais par des hommes qui manquaient de force civique, et tout leur tonnerre sans éclairs ne mettait nulle part le feu. Il nous fallait ce républicain, pareil aux chefs militaires, et qui conseille et commande avec une telle flamme que chacun l'ayant entendu trouve dans son cœur la force de suivre le conseil et d'exécuter l'ordre.

Voilà la France solide devant la menace. Toujours étroitement unie à l'inébranlable Angleterre, elle voit grandir à ses côtés, et presque sous ses drapeaux, la jeune armée américaine. Cette année nouvelle ne s'achèvera pas sans que l'Allemagne, qui ne peut compter que sur son propre fonds et que tourmentent ses privations, n'ait regretté d'avoir bravé le président Wilson et la libre Amérique. Et nous, tandis que se développe dans une hâte méthodique la mobilisation totale d'un peuple de cent millions d'habitants, comprenons que notre tâche demeure grande et terrible. Pour l'accomplir, il nous faut l'espérance et l'union ; il faut que, les uns et les autres, gens de tous les partis, frères dans la souffrance, nous adoptions pour mot d'ordre, de tout notre cœur et de toute notre raison : « Mettre au-dessus de tout l'intérêt national. »

# XXXI

## AU SOLDAT DE 1918

2 Janvier 1918.

Ces premiers jours de l'année, et d'une telle année, on les passe dans une étroite union avec tous ceux que l'on aime. L'esprit des familles françaises ne se détache pas de l'armée, et dans l'armée, soldat, officier, chacun hier songeait aux siens qu'on voudrait revoir et qu'il s'agit de sauver.

Pour comprendre où en est la force d'une armée,

il ne faut pas prendre pour objet de nos réflexions les
seules choses visibles, mais plutôt les choses invi-
sibles, toutes les tendances de ces hommes, ce qu'ils
attendent, pressentent, appellent. L'importance des
moyens industriels de la guerre est immense. Ah ! si
nous avions à cette heure une aviation qui vaille
notre artillerie ! Mais c'est une question immense
aussi de savoir quel sera l'esprit qui emploiera ces
moyens industriels.

Que pensent, que sentent, que veulent nos soldats?
Nous cherchons à nous le représenter par amitié
fraternelle et puis parce que c'est de leur état moral
que dépend le salut de la France. Le salut du plus
grand réservoir de raison et de bonté qu'il y ait dans
l'univers ! Un trésor d'esprit accumulé, et d'esprit
qui veut naître, c'est cela, la France ; ses fils le savent
bien et les peuples en témoignent. La France est
l'instinct sympathique du monde. Elle aime, elle
anime, elle s'élance ; elle jette partout sa clarté ; c'est
le plus beau rayon de soleil. Elle transpercera les
ténèbres qui veulent la recouvrir de leur épais-
seur.

De grandes forces allemandes sont rassemblées
dans les Flandres, à Metz. Pour quel usage? Certains
d'entre nous croient que le Boche se bornera à une
offensive d'usines dans telle région où chaque kilo-
mètre gagné mettrait sous ses canons des manufac-
tures de guerre. L'avantage de cette méthode serait
une économie de troupe, car aujourd'hui l'assaillant,
dans une bataille prudente, a des pertes inférieures
du tiers à celles du défenseur. Mais le Boche sait
bien que cette tactique, cette « offensive d'usines »
n'est pas de nature à amener la décision. Aussi est-il
plus probable qu'il tentera la percée. L'opinion allemande l'attend, l'appelle comme le miracle qui doit
mettre fin à la guerre. Tous les prisonniers que nous

leur faisons en témoignent. Les Allemands vont peut-être risquer le paquet.

Et pourtant ! Leurs chefs sont beaucoup moins sûrs d'eux que nous n'imaginons. Ils aimeraient mieux nous attaquer par l'or que par le fer. Ils savent les innombrables bêtises qu'ils ont commises (plus nombreuses et plus formidables que les nôtres). Après Charleroi, ils pouvaient sans effort occuper, en face de l'Angleterre, notre côte, que depuis ils s'efforcent vainement de conquérir ; ils ont, au moment de la bataille de la Marne, envoyé en Prusse orientale des troupes qui leur manquèrent cruellement ; leur général von Klück fit une grande faute, n'en déplaise aux stratèges, en ne se jetant pas dans Paris. Et l'on pourrait allonger cette liste de leurs erreurs mortelles. Aujourd'hui, ils sentent que leur opinion publique ne supporterait pas la déception d'un nouveau Verdun. L'Allemagne obligée de reconnaître son impuissance sur nos lignes, achevant d'épuiser ses stocks de tous ordres, et voyant sonner l'heure de la toute-puissante intervention de l'Amérique, c'est la nécessité de se soumettre à la loi des Alliés. Vienne cette heure bénie, cette heure de la paix et de la justice, au cours de 1918 !

Une chose soutient ces misérables Boches au ventre creux et les encourage dans l'idée de se sortir de leurs cruelles privations par un grand coup d'audace, c'est leur prodigieuse méconnaissance de notre caractère.

L'Allemand comprend mal la psychologie de la France et de nos soldats. Il entend chez nous des discussions, des critiques ; il en infère qu'il y a démoralisation. En effet, s'il se produisait chez lui la moitié des scandales qui se produisent chez nous, ce serait l'effondrement de la conscience populaire dans le doute. Supposez qu'un Boche ait entendu quelque jour un plein wagon de nos permissionnaires raconter qu'ils en ont « plein le dos », le voilà ravi. Comment reconnaîtrait-il dans ce langage l'esprit éternel d'une race si différente de la sienne? Ce besoin de paraître insoumis, cette fierté, ce sentiment frémissant de sa liberté, bref, cette aptitude à l'agitation révolution- naire, qui distinguent le Français entre tous les peuples, autant de manières inconnues du Boche. Il ne peut pas admettre que ces mêmes troupiers, si fiers de montrer en paroles leur indépendance, sont capables de se conduire en héros quand il s'agit de se battre. Et pourtant, c'est ainsi. Un officier me raconte qu'en juin dernier sa troupe fut touchée par le mauvais vent qui souffla sur certaines parties de l'armée, et il note que les plus ardents à clamer leur mécontentement étaient des braves authentiques, cités plusieurs fois et qui depuis ont accompli de nouvelles prouesses. La satisfaction de faire des critiques, même violentes, n'a jamais diminué les qualités guerrières du soldat français, qui *rous- pette* (excusez le mot) dans les armées de la Répu- blique, comme il *grognait* derrière l'Empereur.— Mais allez donc faire comprendre les défauts et les vertus de nos têtes chaudes à ces têtes carrées d'outre-Rhin !

Jean des Vignes Rouges (c'est, comme vous savez, le pseudonyme du capitaine Taboureau) analyse admirablement ce caractère de nos fils et de nos frères dans son nouveau livre, *André Rieu, officier de France*. Il nous montre les meilleurs, eux-mêmes, qui se cabrent quand il faut se soumettre à l'esprit de la collectivité et à des nécessités qu'il est dans leur nature de discuter. Un grand drame moral agite (plus ou moins, cela s'entend) les âmes de nos soldats, frères d'armes de Vauvenargues et d'Alfred de Vigny. Dans chacun de ces hommes il y a le germe français.

Nous sommes toujours au pays de Pascal. La recherche angoissée de la « liberté morale » se poursuit au milieu du formidable déterminisme de la guerre moderne. Avec quelle violence les âmes palpitent dans cette immense machinerie ! Chacun exprime à sa manière le tragique de la lutte éternelle entre l'individu qui revendique ses droits à une personnalité originale et le milieu qui pétrit brutalement tous les êtres. L'humble poilu dit « qu'il en a marre » ; l'intellectuel s'interroge avec anxiété pour savoir jusqu'à quel point est sienne la force qui le pousse au combat. Tous deux trouvent cette « liberté morale » dans la bataille. A ce moment-là une voix parle fort, celle qui exprime le besoin de la collectivité d'être défendue. La conscience d'être, dans la France, la parcelle vivante chargée de la défense totale fait monter les âmes jusqu'aux pures régions de l'Honneur. L'homme sent que la « liberté » naît en lui de l'harmonie de ses instincts les plus profonds et des aspirations de la collectivité. Et alors le poilu « en met » avec la conviction que c'est bien lui qui veut « en mettre ».

C'est l'heure sacrée. Mais, dans une guerre si longue, la plus immobile peut-être que l'on ait jamais vue, l'état d'esprit normal, à toutes heures, ne peut pas être la confiance mystique de l'exécutant. Que faire dans une cagna, à moins que l'on ne songe? Nulle inertie dans un esprit français. Nos soldats, que les événements de ces quatre années ont prodigieusement travaillés et perfectionnés, pèsent froidement, analysent le pour et le contre des choses. Leurs aptitudes critiques vont en augmentant. Ils ont besoin, plus que jamais, qu'on leur démontre que la France ne joue pas un rôle de dupe dans le concert des Alliés. L'ignominie des révolutionnaires russes a cruellement scandalisé des cœurs généreux et des esprits droits. Ils veulent être bien sûrs qu'on ne sacrifie pas les intérêts nettement français pour les intérêts plus vagues et plus généraux de l'Entente. Il paraît que nous nous battons pour la Société des nations, mais les révolutionnaires russes n'en parlent même plus dans l'accord qu'ils étudient avec les Boches ! Beaucoup de combattants, qui voient sur notre sol d'innombrables étrangers de toutes races, en même temps qu'il se réjouissent de ces concours, s'inquiètent et se demandent ce que sera la France de demain. Ne craignons pas de laisser entendre aux soldats que nous sentons avec autant d'acuité qu'eux les problèmes qui se posent.

Disons-leur bien haut que les Anglais et les Américains et tous les autres se battent pour une victoire dont un des effets certains sera le retour de l'Alsace-Lorraine à la France, nos ruines réparées et la paix garantie. Rien ne rassure plus les soldats que s'ils peuvent se dire : Les hommes qui dirigent les affaires et l'opinion savent ce qui se passe, connaissent nos pensées, ils sont « au courant de la question », ayons confiance. Par contre rien de démoralisant comme l'impression que les gens d'en haut « ne sont pas à la page ». Il faut que Poincaré et Clemenceau prennent ce point de vue et saisissent toutes les occasions de faire voir qu'ils « sont à la page ».

Resserrons par tous les moyens nos liens, notre entente de cœur et de raison, notre unité spirituelle avec les défenseurs de la patrie. Nous entendons leurs questions et nous prenons leurs avis ; toute la France est avec le soldat qui, ce soir de janvier, guette dans son créneau l'ennemi et pense à son foyer.

# XXXII

# L'ARMÉE SOUTERRAINE ALLEMANDE

4 Janvier 1918.

« ... Le Français a d'énormes qualités de courage, d'héroïsme, et même on ne l'aurait pas cru, il s'est révélé tenace; mais il est naturellement insouciant et indiscipliné... Il est admirable, en ce sens qu'il rachète ses défauts par de merveilleuses qualités lorsque la crise est là. Il ferait beaucoup mieux d'éviter la crise, en sachant prévoir. Nous sommes tenaces aujourd'hui; les Boches le sont depuis 50 ans; nous savons merveilleusement improviser, mais il y a des domaines où l'on n'improvise pas; la guerre en est un. Sous prétexte que nous ne voulions pas la guerre, ce qui était très bien, nous n'y avons pas cru, ce qui était moins bien, et, n'y croyant pas, nous ne l'avons pas préparée, ce qui était presque criminel. »

*(Carnet de guerre du capitaine* CORNET-AUQUIER, *mort au Champ d'honneur).*

I

Voilà vingt-huit ans que je suis entré pour la première fois au Parlement et j'ai toute ma vie vécu avec des Alsaciens et des Lorrains qui surveillaient de près l'Allemagne ; c'est dire que j'étais placé favorablement pour connaître les manœuvres et les ressources de nos éternels ennemis. Eh bien ! que savions-nous d'eux ? Nous savions leur volonté tendue continuellement pour créer une force irrésistible, pour s'assurer une puissance qui leur permît d'assouvir leur orgueil. Et leur orgueil grandissait toujours. Seul l'empire du monde pouvait les satisfaire. Ils le proclamaient. On remplirait toute une bibliothèque avec les écrits des pangermanistes. Mais si nous savions ce qu'ils voulaient, nous ignorions tout ce qu'ils pouvaient.

Nous fûmes surpris jusqu'à l'angoisse par les moyens militaires que les Allemands mirent en ligne en août 1914. Ils lancèrent sur la Belgique et sur la Lorraine plus d'armées que nous n'avions cru qu'ils en possédaient, et dotées de moyens matériels que nous avions méconnus. Et par-dessous cheminait une immense armée souterraine.

Quel fut notre émoi quand nous commençâmes à découvrir les concours occultes qu'ils s'étaient ménagés au milieu de nous ! Leurs positions étaient prêtes sur nos collines ; des traîtres les attendaient dans nos villages et jusque dans les hauts postes de la vie publique ; des rumeurs infâmes se levaient et se propageaient à leur gré. C'était toute une germination dans l'ombre, un champignonnement suspect.

Et notre stupéfaction ne s'est pas épuisée d'un coup. Il semble qu'elle ne sera jamais épuisée. Effondrement du sol en Russie, larges crevasses en Italie, sapes que nous découvrons chez nous-mêmes ! Des machinations, qui dépassent en noirceur et en complication tout ce que peuvent nous raconter les plus fameux romans de police, se sont déroulées dans tous les pays du monde, depuis trois ans, à l'instigation des agents de l'Allemagne, et ont puissamment soulevé l'indignation universelle.

De peur que ces faits et ceux que nous avons encore à apprendre ne nous enseignent rien, je veux dire ne nous servent pas de leçon positive, il est nécessaire que nous nous représentions leur lien logique, leur dépendance et le rapport que chacun d'eux peut avoir avec les autres. Il est temps que nous comprenions que des crimes où l'on voyait des hasards, des passions locales et un tas de causes particulières dépendent d'un dessein concerté du Grand État-Major allemand.

Le Grand État-Major, le cabinet militaire de l'empereur, voilà les deux pièces principales de la machine impériale. Elles mènent tout. Ne cherchons pas ailleurs la pensée qui agit. Le parlementarisme allemand n'est qu'un trompe-l'œil, une façade, machinée d'accord avec tous les partis, de manière à laisser, en fait, intacte l'indépendance souveraine de ces deux moteurs, seuls organes disposant en maîtres de la puissance publique. Ce sont eux qui se sont outillés pour être à même de créer, à l'heure qu'ils choisiraient, dans les nations neutres ou adversaires, le fait favorable à l'Allemagne, et pour y mettre en branle les forces, quelles qu'elles fussent, les plus propres à servir leur plan.

Quel plan? De quoi s'agit-il? Vous le savez, il s'agit de conquérir par la force l'hégémonie économique du monde et de réaliser la longue pensée « pangermanique » qui s'est formée en Allemagne au cours du dix-neuvième siècle.

C'est de très loin que les philosophes politiques de la Germanie ont rêvé d'organiser le continent dans une sorte de confédération où l'on ferait entrer d'abord l'Autriche, puis la Belgique, la Hollande, la Suisse, et de gré ou de force la France. Cette société des nations formera une coopérative ; elle mettra en valeur l'Orient, l'Extrême-Orient et tout l'univers.

Ses bénéfices seront répartis au prorata des apports et, bien entendu, principalement à l'Allemagne, où elle aura son foyer. Quant à l'Angleterre, son destin est clair. Comment résisterait-elle à toutes les marines et à toutes les forces économiques de l'Europe centrale coalisée?

Consultez là-dessus les recueils documentaires qu'a publiés M. Charles Andler. Vous y trouverez des textes fameux qui sont la charte du pangermanisme, et vous vous rendrez compte que, flattant à la fois l'enthousiasme et les appétits, ils ont imprégné jusqu'aux moelles chaque Allemand, l'ouvrier comme le patron et l'officier.

Aussi bien les gens d'outre-Rhin ne posent pas les problèmes nationaux sous un angle identique au nôtre. « Nous autres Français, remarquait un jour Paul Bourget, nous sommes les héritiers de la Grèce et de Rome, de ces pays où l'Agora et le Forum dressaient les citoyens à discuter la chose publique, à la penser, à la parler, en un mot, à s'occuper de politique. Pareillement, les Anglais ont subi l'empreinte d'un long passé parlementaire. A Londres comme à Paris, *l'homme dans la rue* juge les ministres, suit les débats des Communes, est d'un parti. Rien d'analogue en Allemagne. Cette première place, réservée chez nous au sens politique, elle appartient là-bas au sens économique. »

Durant les vingt-trois années qui précédèrent la guerre, la Ligue pangermanique, fondée en 1894 par le professeur Class, la Ligue navale, la Ligue militaire ont, avec l'appui discret des pouvoirs publics, créé en Allemagne un mouvement irrésistible d'opinion en faveur d'une politique d'hégémonie mondiale. Servie par tous les Allemands répandus sur la surface du globe et qui s'empressèrent d'être leurs agents bénévoles, ces associations ont ramassé, centralisé une formidable documentation sur les ressources économiques, financières, agricoles de tous les pays du monde et sur leur situation politique.

Cette enquête a abouti à l'élaboration d'un plan pangermaniste qui fut adopté en 1910 par le Grand État-Major et le cabinet militaire de l'empereur.

Dès cette époque, à dater de 1911, on entre dans la voie de la réalisation. Le Grand État-Major en collaboration étroite avec la plus haute industrie allemande, prépare l'impérialat économique du monde. Ardemment et secrètement, il veut créer une force si formidable que rien qu'en se montrant elle plie les genoux de ses ennemis et que, de terreur, ils déposent les armes. Lisez dans le *Livre Jaune* la lettre du 15 mars 1913 où notre attaché naval énumère les mesures qui d'année en année furent proposées et exécutées. Loi du quinquennat militaire de 1911, loi militaire et navale de 1912, loi militaire de 1913. Au 15 mars 1913, notre attaché militaire écrit : « Les effectifs allemands s'élèvent actuellement à 720.000 hommes... ; *le 1er octobre* 1914 l'armée impériale sera portée à un chiffre voisin de 860.000 hommes... La nouvelle loi, comme du reste la loi de 1912, a pour tendance de mettre les corps d'armée de notre frontière dans un état aussi rapproché que possible du pied de guerre, afin de pouvoir, le jour même de l'ouverture des hostilités, nous attaquer très brusquement avec des forces très supérieures aux nôtres... »

En même temps était prévu l'achèvement de l'élargissement du canal de Kiel pour *juillet* 1914.

Ces projets demandaient d'énormes sacrifices d'argent. Après les avoir énumérés, notre attaché disait : « Il paraît à peu près certain que les dépenses renouvelables, les dépenses dites d'une fois, seront couvertes par une contribution de guerre prélevée sur le capital... Si nous constatons que le gouvernement allemand s'efforce d'obtenir que cette énorme taxe d'un milliard de marks ne soit pas acquittée en plusieurs échéances, et si, comme le disent certains journaux, le payement intégral devait être réalisé avant le 1er *juillet* 1914, il y aurait là pour nous une indication redoutable, car rien ne saurait expliquer une telle hâte des autorités militaires à posséder un trésor de guerre liquide d'un milliard dans leur caisse. »

Cette date de juillet 1914, qui toujours revient, ce suprême délai fixé pour l'exécution de chacun de ces projets mortels, quel glas sinistre !

Nous l'entendions sans vouloir le comprendre. Mais il est d'autres préparatifs que nous n'entendions même pas.

Le Grand État-Major allemand, à côté de ces moyens avoués et publics, s'organisait des moyens occultes. Renforcement formidable des effectifs, des batteries d'artillerie lourde et de campagne, des mitrailleuses et de l'aviation ; création d'une force militaire et navale qui lui permettra dès juillet 1914, soit par l'intimidation, soit par le déclenchement des armées, d'écraser les puissances rivales, et d'abord la France, avec une rapidité fulgurante : voilà ce que notre attaché militaire, avec une angoisse patriotique, voit clair comme le jour. Mais le Grand État-Major, en même temps qu'il travaille à s'armer, travaille à nous désarmer. Nul ne nous en avertit ; les événements vont bien se charger de nous le faire savoir.

Savoir, c'est encore trop peu ; nous voudrions comprendre.

Le Grand État-Major eut un double souci : premièrement, d'organiser la suprématie militaire et navale allemandes ; et deuxièmement, de désagréger les forces sociales et militaires des États ennemis ou concurrents.

Comment il s'y prit, comment les Allemands, après

avoir développé leurs forces militaires, au point d'atteindre à un degré de puissance qu'ils pouvaient croire irrésistible, se sont assuré des influences et des concours dans les milieux dirigeants de chaque pays, c'est ce que l'on voudrait tirer au clair. Les Allemands, s'ils affichent en pleine clarté leurs buts, enténèbrent leurs moyens. L'Empire a son secret, ses arcanes, *arcana imperii*. Ne voulons-nous pas essayer d'en saisir la forme?

## II

## LE CHAMP LIBRE

*7 Janvier 1918*

Le Grand État-Major allemand veut assurer à l'Allemagne l'impérialat économique du monde, la domination universelle. Pour y parvenir, il ne lui suffisait pas d'armer son pays, il voulut désarmer les pays adversaires. En même temps qu'il organisait la suprématie militaire et navale allemande, il poursuivit la désagrégation des forces sociales et militaires des États adversaires ou concurrents. Comment s'y prit-il? Comment a-t-il mené à travers le monde ce programme de corruption méthodique?

Nous savons qu'il existe à Berlin un Bureau de la presse qui emploie plusieurs centaines d'officiers et qui, hier, donnait ses directions à nos *Bonnets rouges*, à toute la presse de Hearst, de Bolo et de Scarfoglio. Nous savons par le rapport de sir E. Goschen, ambassadeur de Grande-Bretagne en Allemagne, que les principales entreprises industrielles allemandes ont créé en 1914, avec une subvention du gouvernement, une compagnie privée ayant pour objet de corrompre la presse étrangère. Mais ce ne sont là que des pièces de la machine ; on aimerait en connaître exactement toutes les parties.

Nous en connaissons du moins la structure générale et le rendement. Nous pouvons même en décrire la manœuvre. C'est une science que nous avons acquise d'hier, dans les plus cruelles expériences. Nous avons vu, à notre consternation, le Grand État-Major allemand pénétrer dans la vie profonde des pays qu'il veut soumettre à l'hégémonie allemande, et jamais plus nous n'oublierons avec quelle méthode savante il conquiert à la fois tous les milieux.

Dans toutes les cours, il s'assure des influences à l'aide des liens de parenté avec les familles régnantes et par les mariages. (Le procédé ne date pas d'aujourd'hui ; se rappeler Madame, mère du Régent, espionne pour le compte des Électeurs palatins, et ses lettres saisies dont Mme de Maintenon s'armait contre elle ; conférer également les princes consorts.)

Dans tous les états-majors, il obtient que des missions militaires soient envoyées en Allemagne et que de jeunes officiers viennent passer un temps à l'École des cadets de Potsdam. Ces jeunes gens (américains, asiatiques, européens de tous les pays) retournent dans leurs armées respectives, hypnotisés par l'organisation militaire allemande, convaincus de l'inutilité d'une lutte éventuelle et champions enthousiastes du militarisme prussien.

Mais cette action politique et militaire n'est qu'une des parties les plus visibles de l'immense manœuvre pour la conquête du monde. Elle se complète par une action financière et économique.

L'Allemagne avait organisé le drainage des capitaux étrangers pour vitaliser (ce mot énergique est de Chéradame) ses industries et son commerce en amenant les grands établissements financiers (*Banque commerciale* en Italie, sociétés de crédit en France, banques suisses et belges) à escompter d'une part le papier allemand, moyennant de fortes commissions, et à détourner d'autre part vers l'Allemagne les capitaux français qui cherchaient en Suisse ou en Belgique un abri contre les mesures fiscales dont ils étaient menacés. Elle nouait des intrigues diplomatiques pour obtenir l'émission sur la place de Paris des emprunts destinés à favoriser son armement ou celui de ses alliés (emprunt hongrois de 500 millions en 1910, emprunt austro-hongrois d'un milliard en 1911, emprunt ottoman en 1913, etc.), ou développer son essor économique (valeurs du Bagdad). En même temps, elle mettait à profit son organisation industrielle et commerciale pour exercer une véritable suprématie sur l'essor économique des peuples concurrents.

Dans chaque pays l'Allemagne a créé d'innombrables sociétés à façade nationale, des sociétés françaises, anglaises, italiennes, etc..., pour exploiter des brevets allemands au profit des industriels allemands. Elle a obtenu des concessions de mines et des escales dans nos ports. Ses contrefaçons de nos produits étaient éhontées. Elle rendait impossible toute concurrence contre ses industries, grâce à la création de puissants cartels et à la mise en pratique de la vente à perte en dehors de ses frontières, sur les marchés étrangers, avec l'appui financier des pouvoirs publics et des syndicats industriels.

Et ce n'est là qu'une première série des garanties qu'avait su se constituer l'Allemagne. Après s'être acquis des influences et des concours dans les milieux dirigeants de chaque pays, après avoir pris une assurance en se conciliant la cour, l'armée, les forces financières et économiques, elle prenait une contre-assurance, en prévision d'un changement politique, en gagnant les chefs du socialisme aux théories de pacifisme, d'internationale ouvrière et de lutte des classes. Elle complétait son immense travail de pénétration en s'efforçant de désagréger les forces sociales et militaires de ses rivaux par la domination qu'elle savait prendre, en tous pays, sur les partis socialistes.

En voulez-vous des preuves? Désirez-vous confronter avec les faits cet exposé schématique? Regardez successivement les peuples chez qui depuis trois années nous épions avec angoisse les pulsations de l'opinion.

En Russie. — L'action allemande sur la cour fut singulièrement aidée par la générosité trop naïve du tsar. Apôtre du pacifisme, protagoniste du congrès de La Haye, il faisait le jeu de l'Allemagne. Il poussait à la création d'une Société des nations ! Celle-ci n'aurait eu de sens, n'aurait protégé les nations qu'autant qu'elle se fût assigné comme but la lutte contre l'hégémonie allemande. Le congrès de La Haye, en se répandant en bavardages creux, stériles et, pis même, nocifs, puisqu'ils propageaient une fausse confiance de paix, faisait des dupes au profit de l'Allemagne. La tsarine était une princesse allemande ; la noblesse balte et lithuanienne détenait la plupart des grands commandements et encombrait les cadres ; tout l'état-major russe subissait l'influence prussienne... Mais le tsarisme pouvait faire défaut, se dérober à l'action allemande ou plus vraisemblablement s'écrouler. En considération de ce risque, l'Allemagne avait pris une contre-assurance en répandant dans les milieux socialistes, nihilisants et chimériques ses théories anarchistes de pacifisme, d'internationale et de lutte contre l'aristocratie féodale. Résultats : avec le tsarisme, elle provoquait les trahisons militaires et allait peut-être obtenir de la tsarine la paix séparée ;

avec Lénine, elle fait encadrer par ses propres officiers les troupes maximalistes qui déchaînent la guerre civile.

En Grèce. — Un roi prussien d'éducation ; une reine prussienne ; un état-major élevé à Potsdam. La Grèce est paralysée dans son élan vers l'Entente, et de là des répercussions d'une gravité incalculable sur la guerre. Mais l'Allemagne se heurte à la puissance d'un grand patriote, le premier homme d'État de l'Europe, Venizelos. Elle n'a pas de prise directe sur les masses populaires, faute d'un parti socialiste organisé. Et, le roi disparu, le prestige allemand est vaincu.

En Italie. — Un roi prudent et circonspect s'est dérobé, réservé. Mais l'Allemagne a pris les influences les plus puissantes sur le parti qui détient le pouvoir parlementaire, sur Giolitti, par qui furent faites les dernières élections ; — une influence absolue sur le parti socialiste officiel de Turati et de Trèves ; — des influences bancaires et économiques qu'il est impossible d'exagérer. Grâce au jeu de ces influences, on paralyse l'Italie, et après qu'elle a déclaré la guerre à l'Autriche on l'entrave dans son action militaire, on l'arrête dans son élan contre l'Allemagne. Giolitti et le parti socialiste ne perdent la partie que par suite de l'invasion de la Vénétie.

En France, malgré les crimes de 1870 et la protestation permanente de l'Alsace-Lorraine, l'Allemagne avait trouvé les concours les plus redoutables. L'intelligence de l'universitaire socialiste Jaurès était pénétrée, intoxiquée de germanisme, et le financier Caillaux tenait pour impolitique et même insensé de ne point se rallier à la suprématie industrielle et commerciale de l'Allemagne. Caillaux et Jaurès, avant la guerre, étaient partisans de l'accord avec l'Allemagne. Durant la guerre, qu'eût fait Jaurès? Je crois qu'il eût proclamé que le Droit de la France et celui des nations européennes se confondent, et qu'il se fût consacré à leur défense. Aujourd'hui, Caillaux est déféré à la justice sur l'accusation d'avoir poursuivi la destruction de nos alliances et secondé le progrès des armées de l'ennemi. Et le député Jean Longuet, petit-fils de Karl Marx, est le chef d'une fraction du parti socialiste.

On pourrait continuer cette revue des divers pays d'Europe et de l'action méthodique de désagrégation qu'y poursuit le Grand État-Major allemand. Je laisse ce soin au lecteur, qui ne connait que trop les influences boches en Angleterre, en Espagne, en Suisse, en Amérique. Un fait nous arrête, une question s'est posée inévitablement à tous les esprits. Comment est-il possible que les socialistes allemands aient laissé le champ libre chez eux au Grand État-Major?

Le champ libre ! C'est trop peu dire. Ils ont favorisé son jeu en France, en Russie, en Italie, partout, auprès de leurs camarades qui, de tout cœur, en toute sincérité, s'étaient affiliés à l'Internationale. Nous allons nous en assurer dans un troisième chapitre.

*P.-S.* — La question d'Alsace-Lorraine intéresse le monde entier ; la France a été mutilée en 1871 par l'amputation d'une partie de son territoire, et, de cette plaie, le monde a la fièvre depuis 47 ans. Pour établir la paix durable, il faut que l'Alsace-Lorraine soit restituée purement et simplement à la France. Telle est la retentissante déclaration de Lloyd George, et Clemenceau a bien raison de dire qu'unanimement, au front et à l'arrière, les Français applaudissent.

## III

### L'ALLEMAGNE EXPORTE LES DOCTRINES RÉVOLUTIONNAIRES ET NE LES PRATIQUE PAS

9 Janvier 1918.

Dans la méthode employée par l'Allemagne pour désarmer, dissocier, désorganiser les peuples rivaux et concurrents, le point curieux et sinistre que nous croyons avoir mis en lumière, c'est qu'après avoir pris une assurance sur les pouvoirs dirigeants (sur les cours, les états-majors, la haute finance, l'industrie, le commerce), elle prend une contre-assurance sur les révolutionnaires.

Elle la prend par le moyen de la Sozialdemocratie.

Toute puissante du prestige de ses grands théoriciens, et tenant à la main l'Évangile de Karl Marx, la Sozialdemocratie se chargea d'agir à l'étranger sur les partis socialistes. Elle leur apporta les théories de pacifisme, d'internationale ouvrière et de lutte de classes. Autant de dogmes générateurs de désagrégation et de guerre sociale, mortels aux nations qui les accueillent. L'Allemagne les exporte, mais elle ne les pratique pas.

Les discours de Bebel, de Volmar, de Liebknecht, les votes de la Sozialdemocratie l'attestent de façon irrécusable, les socialistes allemands ont toujours préconisé la soumission au devoir militaire et le développement du militarisme allemand.

Les socialistes ont toujours voté les dépenses militaires. Ouvrez le *Livre Jaune*, voyez dans la lettre de nôtre attaché naval, en date du 15 mars 1913, comment fut créé le trésor de guerre liquide d'un milliard que le Grand État-Major voulait avoir « avant le 1er juillet 1914 » :

« La loi militaire de 1913 exigera des mesures financières tout à fait exceptionnelles... Les dépenses dites « d'une fois » s'élevant à un milliard de marks... seront couvertes par une contribution de guerre prélevée sur le capital. On exempterait les petites fortunes, et l'on frapperait d'une taxe progressive les fortunes supérieures à 20.000 marks. Présenté sous cette forme, l'impôt de guerre ne saurait déplaire aux socialistes, qui pourront ainsi, suivant leur tactique habituelle, repousser le principe de la loi militaire et voter les crédits qui en assurent l'exécution. »

Leur tactique habituelle ! Qu'on ne croie pas qu'elle fût faite d'ignorance. Le *Vorwaerts* du 31 mars 1912 écrivait à propos de la nouvelle loi militaire allemande : « Les augmentations de l'armée, le gouvernement les présente comme un meilleur gage de paix. Nous, socialistes, nous ne nous laissons pas prendre à de telles hypocrisies : nous savons que la lutte pour le marché mondial conduit fatalement les États civilisés à une politique impérialiste : cette politique est un danger permanent pour la paix et elle a besoin, pour être menée, d'une armée et d'une flotte extrêmement puissantes. Voilà pourquoi en ce moment le danger de guerre flotte dans l'air, pareil à un nuage gros de malheur. En Allemagne, en particulier, la toute-puissance du militarisme est la cause principale de ces augmentations incessantes de l'armée et de la flotte. Les chefs de l'armée allemande préparent l'armée à prendre une offensive stratégique rapide comme l'éclair. Cinquante mille officiers attendent avec impatience l'heure à laquelle ils pourront mettre en pratique les théories de Clausewitz et échanger la place d'armes contre le champ de bataille. » (Cité par *l'Écho de Paris*, 1er avril 1912.)

C'est qu'aussi bien la Sozialdemocratie n'est pas un parti révolutionnaire. M. A. Baumeister, un socialiste allemand, membre de la Commission générale des syndicats, répondait à quelqu'un qui l'interrogeait sur le sabotage :

« Le sabotage, nous le répudions formellement ; nous y sommes absolument opposés. Il compromet la prospérité de la nation ; il met en danger les vies humaines ; il nous aliène l'opinion publique et la masse de nos membres ; enfin, nous sommes contre tout ce qui a une tendance anarchiste. » (*Le Matin*, 14 juillet 1911.)

La Sozialdemocratie n'est pas révolutionnaire, pas même républicaine. Elle affirme son loyalisme impérial absolu. Elle ne préconise ni l'anticléricalisme qui est une forme de la guerre civile, la guerre religieuse, ni la lutte de classes, qui est une autre forme de la guerre civile, la guerre sociale. « L'ouvrier allemand, écrit Maximilien Harden, ne fait pas de révolution : vaguement mystique, il n'est pas assez bête pour s'exposer au fusil de petit calibre, et dans le fond de son âme il est fier de sa patrie et prêt à lui donner s'il le fallait du sang. » (*Le Matin* du 10 janvier 1912.)

Le socialisme allemand n'est pas un parti d'essence politique. C'est un parti économique, partisan de l'association de la classe ouvrière au patronat et au capital. Pour lui, la fortune de l'ouvrier est en fonction de celle du patron et de la prospérité économique générale de l'État. Il veille seulement et strictement au respect des intérêts des ouvriers dans leurs rapports avec les patrons et s'associe ouvertement au mouvement pangermaniste qui, en assurant l'expansion économique mondiale de l'Allemagne, doit servir les intérêts de la classe ouvrière comme ceux du patronat.

La Sozialdemocratie n'a jamais pratiqué ni préconisé en fait l'internationalisme. Elle ne s'est jamais opposée aux cartels. Elle ne s'est jamais opposée aux dumpings, qui, par la vente à perte à l'étranger, ruinaient les ouvriers des pays concurrents. Vous rappelez-vous comment les employés des postes, télégraphes et téléphones allemands ont refusé formellement de former une union internationale avec les employés des P. T. T. français? (*Le Matin* du 20 juillet 1911.)

L'Internationale ouvrière n'était que matière à manifestations oratoires de congrès, destinées à consommer la mystification des partis socialistes étrangers, en les poussant dans les voies révolutionnaires, alors que la Sozialdemocratie se gardait bien de s'y engager.

Guillaume II avait raison de dire : « Mes socialistes à moi ne sont pas si terribles. » (*Le Matin* du 27 janvier 1912.) Terribles, ils le furent pour les nations que l'Allemagne voulait asservir. Guillaume a trouvé en eux des collaborateurs. La Sozialdemocratie s'est faite l'instrument docile et terriblement efficace de l'impérialisme allemand, en répandant dans les démocraties étrangères, non les microbes de la morve et des maladies infectieuses, mais des ferments mortels d'anarchie, d'antimilitarisme et d'internationalisme.

Par le canal de ses socialistes, partout l'Allemagne a utilisé le concours des organisations révolutionnaires, dont elle intensifiait la propagande. Regardez en Russie, en Italie, en Angleterre, en Suisse, en Espagne. Regardez en France.

Ce que l'Allemagne fit en France, au moyen des anarchistes, dès avant la guerre, faut-il le rappeler?

Elle perturbait la fabrication des poudres (explosion de l'*Iéna*, 12 mars 1907, et de la *Liberté*, fin septembre 1911) ; elle organisait le sabotage (1.936 actes de sabotage commis depuis le mois d'octobre 1910, déclarait M. Caillaux, président du Conseil, dans l'*Écho de Paris* du 12 juillet 1911) ; elle fomentait les troubles révolutionnaires de Champagne, comme l'affirme la protestation adressée par M. Bertrand de Mun, président du syndicat des négociants en vins de Champagne à M. Caillaux, président du Conseil, contre l'inertie du gouvernement (*Temps* du 16 avril 1911) ; elle intervenait activement dans les mouvements germanophiles provoqués par les délimitations de la Champagne et travaillait de toutes ses forces à provoquer des tentatives insurrectionnelles dans toutes nos possessions d'Algérie, de Tunisie, du Maroc et d'Indo-Chine.

Et quand vint la guerre ! Les socialistes allemands avaient promis à l'Internationale qu'en cas de guerre ils feraient la révolution contre leur gouvernement, surtout si leur gouvernement commettait le crime d'être l'agresseur, et par ces promesses, auxquelles nos socialistes croyaient dur comme fer, ils encourageaient la France au pacifisme. Mais en août 1914, tous les Allemands pêle-mêle, socialistes et autres, sous les ordres de leur Grand État-Major qui n'avait jamais douté d'eux, se jetèrent sur la petite Belgique neutre, pour étrangler la France pacifique avant qu'elle se réveillât des promesses que la Sozialdemocratie lui avait faites.

Ah ! ce fut du travail bien préparé ! Mais évitons une stérile indignation, et que le fait nous serve de leçon. Appliquons-nous, dans un dernier article, à bien connaître le masque sous lequel les Allemands ont mené au milieu de nous ces préparations méthodiques.

*P.-S.* — Le maréchal Joffre a bien voulu nous faire

parvenir, sur les fonds de générosité dont il dispose, une somme de 20,000 francs pour la *Fédération nationale des Mutilés*. Les blessés sont heureux et fiers de ce souvenir amical de leur chef que nous remercions respectueusement.

## IV

## COMMENT ILS SE CAMOUFLENT LÉGALEMENT

11 Janvier 1918

La conquête économique du monde entier, entreprise depuis trente ans par l'Allemagne, se développe suivant une méthode précise et d'après un plan merveilleusement détaillé. C'est la Ligue pangermaniste, fondée en 1894 par le professeur Class, qui a conçu la première idée de ce projet d'asservissement des peuples. Elle en a arrêté les grandes lignes et assuré l'exécution. Comment elle a enrôlé dans ses rangs tous les Allemands répandus sur la surface du globe et les a conduits à l'assaut, en leur assignant à chacun une tâche qu'ils ont accomplie avec une stricte discipline et avec un orgueil poussé jusqu'au fanatisme, c'est quelque chose qui n'a d'équivalent que dans l'histoire des sociétés secrètes.

Le monde est plein d'Allemands. Ils se glissent, se font recevoir partout, et prennent dans tous les milieux le contact des hommes et des choses. Commis voyageurs, maîtres d'hôtel, archéologues, banquiers, ils dévouent à l'Idée toute leur âme et attendent d'elle toute leur satisfaction matérielle. Pour les assister dans ce travail d'espionnage et de pénétration, les plus hautes puissances industrielles et finan-

cières de l'Allemagne se sont groupées, sous la direction du pouvoir central, et dans tous les pays ils
disposent d'une diplomatie occulte, largement dotée,
qui agit derrière le paravent de la diplomatie officielle.
Mais la pièce maîtresse de cette organisation, c'est la
loi allemande sur la nationalité.

La conception juridique tout à fait étonnante que
l'État allemand se fait de la nationalité favorise
terriblement l'infiltration sournoise de ses nationaux
dans les pays étrangers. C'est bon à nous autres de
juger qu'un des nôtres qui choisit de devenir Allemand cesse d'être Français. Voilà bien une de nos
idées simplistes et superficielles. Le juriste Georg
Meyer, dans son *Hehrbuch des deutschen Staatsrechts*
(4e édit. 1895, § 79) note que « le principe suivant
lequel la naturalisation en pays étranger entraîne
la perte de la nationalité existante appartient au
droit français ». Non pas au droit germanique. La
conception germanique, c'est que l'acquisition d'une
nationalité étrangère par un sujet allemand ne lui
fait pas perdre sa nationalité d'origine. L'Allemand
qui devient Français reste tout de même Allemand
aux yeux de l'Allemagne.

Tâchons de suivre avec exactitude la pensée du
législateur allemand. Nul doute qu'il ait voulu installer des agents secrets parmi les peuples confiants,
et empêcher que la mère patrie, orgueilleusement
placée au-dessus de toutes les nations, perdît jamais
un de ses dignes enfants.

Dans un cours professé, il y a vingt ans, à Strasbourg, un professeur de droit, pangermaniste fou-
gueux, déclarait : « Les Français fixés à Berlin, après
trois générations, restent aussi Français que leurs
ancêtres, tandis qu'un Allemand fixé dans l'Amérique
du Sud devient rapidement Argentin, Brésilien. Il
faut que cela finisse. » Ce légiste et ses collègues dési-

raient, cherchaient, appelaient la loi Delbrück. Ils
ne surent pas l'inventer tout de suite.

Aux termes de la loi allemande du 1er juin 1870,
le sujet allemand qui se faisait naturaliser à l'étranger
pouvait obtenir des autorités allemandes un « congé
de nationalité ». Mais en principe, il demeurait Allemand, quoique naturalisé citoyen étranger. La loi
allemande, sans interdire cette naturalisation, sans
en contester la validité, la proclamait inefficace à
rompre les liens d'allégeance qui attachent un Allemand à la mère patrie. L'Allemand devenu citoyen
français, italien, anglais, etc., demeurait, au regard
de l'Allemagne, un loyal et fidèle sujet.

Cette règle ne souffrait d'exception que pour les
Allemands naturalisés aux États-Unis. La grande
République américaine avait, en effet, conclu, en 1868,
avec les divers États de l'Allemagne, une série de
traités, connus sous le nom de traités Bancroft, aux
termes desquels les Allemands, résidant aux États-
Unis depuis cinq ans sans interruption et qui s'y faisaient naturaliser, devaient être considérés par
l'Allemagne uniquement comme citoyens des États-
Unis, et ne pouvaient, par conséquent, plus être réclamés comme citoyens allemands.

Ce cas de l'Amérique mis à part, tous les sujets
allemands qui se faisaient naturaliser citoyens d'un
État étranger conservaient quand même leur nationalité allemande. Et si vraiment ils voulaient la
perdre, ils avaient à faire une démarche spéciale
pouvant aboutir à « un congé de nationalité ».

La loi du 22 juillet 1913, la fameuse loi Delbrück,
a renversé la situation. Elle a pris juste le contre-
pied de la loi de 1870, mais pour atteindre d'une
manière plus sûre au même but ! Elle a proclamé qu'un
Allemand sans domicile « ni résidence durable en Allemagne perd sa nationalité d'État par l'acquisition

d'une nationalité étrangère faite sur sa demande ». Et puis, tout de suite après — attention ! — elle a ajouté (art. 25, § 1) que « conservera la nationalité d'État celui qui, avant d'acquérir la nationalité étrangère, obtient sur sa demande l'autorisation écrite de l'autorité compétente de son pays d'origine de conserver sa nationalité d'État... »

Dans quelles conditions cette autorisation peut-elle être accordée? Lecteur, vous exprimez là une curiosité qui va droit au centre du problème. Vous voulez savoir dans quel but l'État allemand permet à ses fils de mettre sur leur visage ce faux nez, cette fausse nationalité, ce masque. Qui trompe-t-on? Cet Allemand grimé en Français, en Anglais, en Italien et qui reste Allemand par-dessous, quelle œuvre poursuit-il?

Il est invité à s'en expliquer avec ses consuls. La loi Delbrück le dit au paragraphe 2 de son article 25 : « Avant que l'autorisation soit accordée (à un Allemand de se faire naturaliser à l'étranger et de garder sa nationalité allemande) le consul d'Allemagne (du pays étranger où il habite) devra être entendu. »

Monsieur le consul sera entendu ; il dira quel est l'intérêt de la mère patrie à permettre que l'un de ses fils se déguise en Français, en Anglais devant nous autres Anglais ou Français, en même temps qu'il assure de son loyalisme son empereur et la Germanie.

Vous entendez, vous voyez la progression méthodique. Alors que la loi de 1870 feignait d'ignorer la naturalisation des sujets allemands, la loi Delbrück la reconnaît et cyniquement débat les conditions à remplir pour que cette apparente rupture laisse intacts les liens allemands. On ne peut pas organiser plus ouvertement la trahison, et proclamer *urbi et orbi* qu'on table sur la pusillanimité, l'aveuglement et l'ignorance criminelle des États rivaux pour les duper. Analysez cette loi impériale, toute de cynisme à la fois et d'hypocrisie, elle vous rendra compte de ces innombrables Boches, naturalisés Français, devenus citoyens français, qui participent à la vie politique française, pénètrent les Loges, les syndicats ouvriers, la Confédération générale du travail, les comités électoraux, obtiennent des concessions de travaux publics, des adjudications de fournitures de la guerre et de la marine, et qui font cheminer dans toutes les voies les idées germaniques, et qui vantent (avec d'hypocrites soupirs) l'invincible supériorité allemande.

Masqués en citoyens français ce sont des agents de la Ligue pangermaniste, qui travaillent selon leur rang à l'assujettissement des peuples.

Que chacun de nous attache sa puissance et sa finesse d'attention à la surveillance de ces Allemands naturalisés et de leurs enfants et petits-enfants. Nous ne manquerons pas de faire des observations d'un intérêt national de premier ordre. Regardez autour de vous et dans chaque pays. L'Allemagne fait pénétrer dans les organisations révolutionnaires à tendance anarchiste, dont elle intensifie la propagande, un grand nombre d'Allemands naturalisés, demeurés Allemands en vertu de traditions de race et de la loi Delbrück, et par le même procédé elle suscite, dans les métropoles et dans les possessions coloniales des États rivaux, des agitations insurrectionnelles. Contre l'Angleterre, elle fomentait des séditions en Irlande, en Égypte, dans l'Inde, au Cap. Contre la France, j'ai déjà indiqué sa part dans les mouvements révolutionnaires et dans les troubles de Champagne, où pour la première fois on vit apparaître Bolo, et puis elle travaillait de toutes ses forces à provoquer des mouvements insurrectionnels dans nos colonies d'Algérie, de Tunisie, de l'Indo-Chine, du Maroc.

Disons-le en passant, si quelqu'un doute encore de

ces menées allemandes, qu'il lise dans le *Livre Jaune* (je ne cherche pas d'autres textes, parce qu'il n'en est pas de plus sûrs) un rapport officiel et secret *sur le renforcement de l'armée allemande*, écrit à Berlin, en date du 19 mars 1913, par quelqu'un du Grand État-Major allemand :

*... Il n'y aurait pas à s'inquiéter du sort de nos colonies. Le résultat final en Europe le réglera pour elles. Par contre, il faudra susciter des troubles dans le nord de l'Afrique et en Russie. C'est un moyen d'absorber des forces de l'adversaire. Il est donc absolument nécessaire que nous nous mettions en relations, par des organes bien choisis, avec des gens influents en Égypte, à Tunis, à Alger et au Maroc, pour préparer les mesures nécessaires en cas de guerre européenne. Bien entendu, en cas de guerre, on reconnaîtrait ouvertement ces alliés secrets, et on leur assurerait, à la conclusion de la paix, la conservation des avantages conquis. On peut réaliser ces desiderata. Un premier essai, qui avait été fait il y a quelques années, nous avait procuré le contact voulu. Malheureusement on n'a pas consolidé suffisamment les relations obtenues. Bon gré mal gré, il faudra en venir à des préparatifs de ce genre pour mener rapidement à sa fin une campagne.*

*Les soulèvements provoqués en temps de guerre par des agents politiques demandent à être soigneusement préparés, et par des moyens matériels. Ils doivent éclater simultanément avec la destruction des moyens de communication ; ils doivent avoir une tête dirigeante que l'on peut trouver dans des chefs influents, religieux ou politiques. L'école égyptienne y est particulièrement apte ; elle relie de plus en plus entre eux les intellectuels du monde musulman.*

Le beau document ! Chercher l'âme d'un peuple

ou d'un parti, parler à un peuple ou à un parti le langage qu'ils peuvent entendre, mettre à la disposition de ce peuple ou de ce parti les moyens pour qu'il exécute au profit de l'Allemagne ce qu'il a naturellement envie d'exécuter : tel est le système.

Des écrivains superficiels ou impressionnés par des souvenirs historiques remontant à des temps à jamais révolus ont prétendu que les Allemands implantés à l'étranger s'assimilaient, dès la première et seconde génération, et perdaient leur mentalité ethnique. C'est une erreur historique. C'est en tout cas une notion surannée, ne répondant plus à la réalité depuis la guerre de 1870 et la fondation de l'Empire, et surtout depuis que, sous la poussée de la Ligue pangermaniste, l'orgueil allemand a été exalté jusqu'au paroxysme. Tout Allemand est suggestionné, juge qu'il appartient à une nation élue par Dieu pour diriger les peuples inférieurs, se croit chargé d'une mission divine, et ne démordra de son apostolat que lorsqu'on aura brisé ses faux dieux.

Pour que nous brisions les idoles d'outre-Rhin, il faut que nous connaissions leur culte et leurs fidèles, il faut que nous comprenions le vaste plan élaboré par le Grand État-Major de Berlin pour pénétrer dans la vie intérieure de tous les peuples. Eussions-nous la victoire par les armes, nous demeurerons des vaincus, si après la guerre nous ne savons pas démasquer au milieu de nous la conspiration permanente de ses missionnaires.

*P.-S.* — Le discours de Wilson s'ajoutant au discours de Lloyd George, cela prouve (entre autres choses excellentes) que la restitution de l'Alsace-Lorraine à la France est une condition absolue de la paix du monde.

# XXXIII

# L'ANARCHIE RUSSE A PARIS

## I

## TROTSKY ET LE « NACHE SLOWO »

14 Janvier 1918.

Il ne faut pas dire : « Les Russes nous ont trahis, ont rompu notre alliance et jeté au vent des conventions sacrées. » C'est le crime des maximalistes. Et nous nous souvenons de tout ce qui fut fait d'héroïque, durant trois années, par les armées russes ; nous voulons encore espérer que l'immense peuple de Russie reprendra le dessus, çà et là, sur ses éléments anarchistes, et nous sommes prêts à lui être utile.

Nous avons bien une part de responsabilité, si mince soit-elle, dans l'effroyable égarement des Russes. Nous avons eu parmi nous les Trotsky ; ils y étaient déjà les aides et les agents de l'impérialisme boche, et le moins qu'on puisse dire, c'est que nous les laissions faire.

Vendredi dernier, les socialistes à la Chambre se refusaient encore à voir cette complicité des maximalistes avec le Grand État-Major allemand. Ils cherchaient à entraîner le gouvernement dans les pièges machinés par Lénine et Trotsky pour faire le jeu de l'Allemagne. Clemenceau les écoutait en silence. Nul doute qu'il ne revît en esprit, d'après les documents qu'il connaît mieux que nous, le travail d'anarchie, de défaitisme et de trahison qu'avant de s'installer triomphant à Pétrograd, pour y trahir la cause des Alliés et ses propres principes, le maximalisme a pu poursuivre à Paris même (en même temps que dans la Suisse cosmopolite), sous l'œil bienveillant de notre police.

C'est un chapitre de la politique de MM. Caillaux et Malvy ; c'est un des effets de ce funeste système de transaction avec l'ennemi que notre ministère de l'Intérieur et notre Préfecture de police ont pratiqué durant trois années. Transaction avec la presse vendue que l'Intérieur subventionne, avec les traîtres à qui la Préfecture donne des passeports, tandis que la Sûreté leur restitue leurs chèques ; transaction avec le crime, même quand il s'attaque à la défense nationale ; transaction avec le Boche qui fourmille à Paris et que la Préfecture protège au lieu de le traquer. Auprès de M. Malvy, place Beauvau, auprès de M. Laurent, quai des Orfèvres, MM. Leymarie et Maunoury, ces maires du Palais, président à d'inexplicables trafics où on les voit associés à la troupe insolente et familière des Vigo, des Duval, des Landau et des Garfunkel. Aujourd'hui, il nous faut montrer, pratiquée avec la même méthode funeste, la transaction avec l'anarchie cosmopolite, et pour prendre tout de suite la partie la plus actuelle de ce vaste sujet, avec l'anarchie russe. Il nous faut dire qu'avant de régner à Pétrograd, Lénine, durant cette guerre, a poursuivi impunément au milieu de nous et contre nous, dans Paris, l'essai de ses forces, l'élaboration de ses sophismes, le recrutement de son personnel, enfin toutes ses préparations.

Puissent ces lumières aider à l'œuvre de salubrité que tous exigent, et contribuer à assainir les grands services de la Défense nationale !

Au moment où la guerre éclata, il y avait en France

près de quarante mille réfugiés russes. Le plus grand
nombre à Paris. Presque tous étaient venus chez nous
pour fuir les pogroms ou les persécutions politiques,
et beaucoup devaient être les victimes lamentables
du terrorisme policier et du terrorisme bureaucra-
tique qui ravageaient, sous un tsar trop faible, la
Russie. Ceux-là méritaient notre pitié. Mais parmi
les autres, j'imagine que plus d'un qualifiait bien
facilement de politiques les poursuites qu'il avait
fuies ou les lois qu'il avait enfreintes. Combien dangereux en tout cas étaient ces hommes qui, ayant
perdu une patrie sans en retrouver une autre, et déta-
chés de tout, s'adonnaient sans contrepoids aux rêveries mystiques de l'anarchie, et n'avaient plus d'espérance que dans la destruction universelle ! Entassés
dans les sombres quartiers de Saint-Paul et du Pan-
théon, on ne pouvait, le soir, coudoyer sans frémir
cette population fétide et ténébreuse. Et comment
songer sans effroi aux galetas où ces vagabonds épuisés de misère thésaurisaient avec une colère patiente
la haine et la mélinite ! Dans cette population si
mêlée, la mobilisation se chargea de faire un premier
triage. Tout ce qui était honnête et sain, tout ce qui
avait fui une patrie ingrate ou des lois injustes, et
non pas seulement la patrie et les lois, s'engagea,
regagna son pays ou prit du service chez nous. Mais
le reste ? Il y avait bien des chances que ce fût un
foyer malsain d'agitation où la misère rendait plus
dangereuse la fascination de l'or allemand. Tout cela
aurait dû être dispersé. Nous avions des armes :
l'expulsion et l'internement. En temps de guerre, on
ne peut s'arrêter à trop de scrupules. Tous ces gens-
là, qui ne voulaient se battre ni pour leur patrie ni
pour la nôtre, n'avaient rien à faire chez nous. Cependant la police s'abstint, et de cette tolérance insensée
l'audace des plus mauvais s'accrût jusqu'au délire.

L'Allemagne, de son côté, ne pratiquait pas l'inertie et, là comme ailleurs, ne négligeait pas ses chances. Elle sut trouver des hommes qui façonnèrent selon ses goûts et pour sa plus grande gloire cette pègre amorphe. Elle poursuivait là un double avantage. Dans ce bouillon de culture où, parmi la misère, la faim, les nostalgies de l'exil, la détresse des vies perdues, foisonnaient les microbes de l'anarchie, elle préparait de bons ferments pour l'heure qui devait sonner fatalement dans la malheureuse Russie, et puis elle entretenait chez nous une contagion redoutable.

Dès les premiers jours de la guerre, en effet, tout ce monde s'agita. Comme par hasard il se rencontra là tout de suite les hommes qu'il fallait pour réveiller les vieilles rancunes et ranimer les vieux espoirs. On vit dans la rue Mouffetard se glisser vers de fiévreux palabres toute sorte d'ombres furtives. De petits soviets s'organisèrent dans les bouges. Là, des orateurs se levaient hagards, et de la broussaille poisseuse des barbes sortaient les voix amères qui disaient la haine de la Russie inclémente, de la France inhospitalière, qui annonçaient le triomphe prochain et bienfaisant de l'Allemagne, qui enseignaient l'égalité, devant le mépris des penseurs libres, des autocraties et des démocraties capitalistes, qui prêchaient le refus de servir, la grève et le sabotage, enfin qui distillaient tout cet alcool venimeux dont s'empoisonne, là-bas, à plein gosier, la fureur triste des soviets.

Bientôt de petits journaux surgirent, parés de titres où se reconnaît la prétention naïve des autodidactes. C'étaient le *Mysl* (la Pensée), le *Jisme* (la Vie), le *Golos* (la Voix). Le premier résultat de leur campagne fut de ralentir, puis d'arrêter complètement les engagements militaires. Après des mois de propagande impunie, la censure se décida à les interdire successivement. Mais l'Allemagne ne se décourage pas si vite ; elle fonda, pour les remplacer, une feuille plus importante et plus régulière, le *Nache Slowo* (la Parole libre), dont l'anarchiste Martoff était le rédacteur principal. Vous ne vous étonnerez pas que ce Martoff s'appelle Tscrbaum, ni qu'auprès de lui on trouve Rappoport et Hambourg. Mais l'âme du journal, et aussi de toute la propagande, c'était Trotsky, qui bien entendu ne s'appelle pas Trotsky, mais Braunstein, et qui est aujourd'hui, avec Lénine, le chef des maximalistes et l'un des principaux auteurs de la trahison russe.

Pendant près de deux ans, le *Nache Slowo* poursuivit sa campagne, et il fallut, en septembre 1916, l'intervention du ministre de la Guerre pour qu'il fût supprimé.

D'où venaient les fonds de ce *Nache Slowo ?* C'est en Autriche que les premiers subsides avaient été remis à Trotsky par un certain Racowski, socialiste roumain à la solde du gouvernement de Vienne. L'Allemand Helfau, dit Parvus, qui opérait tantôt à Zurich et tantôt à Stockholm, avait fourni le reste.

Et ce journal que nous tolérions ainsi, dont les rédacteurs, tous étrangers, recevaient de nous l'hospitalité et prospéraient à l'ombre de nos lois, que disait-il ? Écoutez-le.

Il réclamait la conclusion immédiate de la paix. Il publiait le manifeste de Zimmerwald, interdit par la censure. Il professait que la France et non l'Allemagne avait commencé la guerre. En novembre 1915, il se flattait d'avoir fait échouer, grâce à l'intervention de certains socialistes minoritaires français, un projet d'enrôlement dans les armées alliées de tous les réfugiés mobilisables. Dans le numéro du 9 février 1916, il osait imprimer que « les Polonais jouissaient d'un bonheur parfait depuis qu'ils étaient placés sous la domination allemande ». Dans le numéro du 1er mars

1916 paraissait une profession de foi où on pouvait lire : « Notre but est la reconstitution de l'Internationale au moyen de la lutte révolutionnaire du prolétariat de tous les pays contre la guerre, contre l'impérialisme et contre les bases de la société capitaliste. Nous devons avant tout engager une lutte sans merci contre les socialistes patriotes qui empoisonnent la conscience du prolétariat et paralysent sa volonté ; nous souscrivons au parti de Zimmerwald. » Et il ajoutait : « Notre tactique d'abord défensive deviendra offensive. » Plus tard, le *Nache Slowo* se vantera d'avoir organisé la grève des ouvriers casquettiers et celle des Galeries Lafayette.

Naturellement cette propagande était suivie avec intérêt en Allemagne, et une feuille fondée tout exprès à Berlin, les *Nouvelles Russes*, reproduisait les principaux articles pour les répandre à profusion parmi les prisonniers de guerre et dans la Pologne occupée. C'est toujours le même système. L'Allemagne entretient dans les pays ennemis une presse où, pour leur donner plus de crédit, elle expose sous une marque étrangère ses propres doctrines, qui lui reviennent ensuite toutes renouvelées, traduites du français, du russe ou de l'italien. C'est ainsi qu'elle reproduit, dans la *Gazette des Ardennes*, les articles qu'elle a d'abord fait écrire à Paris par ses Messieurs Badins. Le ministère de l'Intérieur et la Préfecture de police savaient tout cela, mais le *Nache Slowo* s'imprimait et circulait librement comme le *Bonnet Rouge*.

Cependant l'audace de Trotsky et sa germanophilie devinrent telles que les plus avancés parmi les anarchistes durent se désolidariser d'avec lui. M. Briand supprima le journal. Mais que fit-on de Martoff et de Trotsky? On les expulsa sur la Suisse. Coupable faiblesse, toujours la même. Comment ! Voilà des suspects que nous avons gardés trop longtemps, et on les envoie répandre en Suisse la haine qu'ils viennent d'amasser contre nous et que porte à son comble l'expulsion ! On les envoie raconter à nos ennemis tout ce que nous leur avons permis chez nous de voir et d'entendre ! C'est absurde. On le verra bien, lorsque de Genève ils continueront leur route qui, par Berlin et Pétrograd, les conduit à Brest-Litowsk.

Bien entendu, d'ailleurs, ils ne partirent pas sans avoir assuré la continuation de leur œuvre. Mecheriakoff et Dridzdo les remplacèrent et le *Nache Slowo* devint le *Natchalo* (le Début). Toujours alimenté par l'or allemand que lui dispensait Helfau, dit Parvus, le *Natchalo* continua de propager le même poison. Il s'en allait en ballots vers le front des brigades russes, comme vers nos propres troupes les tracts de Sébastien Faure ou les numéros mal blanchis du *Bonnet Rouge*. C'est ce mouvement parallèle des deux propagandes qui, de Paris, rejoignent nos soldats et les soldats russes, que dans un prochain chapitre nous verrons se développer librement sous la haute protection de M. Malvy.

*P.-S.* — M. Rappoport à la suite de cet article demanda à la Chambre l'autorisation de poursuivre M. Barrès. Une commission fut nommée pour examiner cette demande. Elle convoqua M. Barrès et M. Rappoport.

M. Barrès adressa au président de la Commission la lettre suivante :

*Paris, 14 Février 1918.*

*Monsieur le Président,*

*Vous voudrez bien m'excuser si je ne me rends pas à l'invitation que vous m'avez fait l'honneur de m'adres-*

ser. C'est le respect même que j'ai pour la Commission que vous présidez qui me fait décliner ce débat devant elle.

A l'époque tragique où nous sommes, s'il y a une restriction qui s'impose, c'est celle des inutiles querelles personnelles, et j'estime que la plainte de M. Rappoport tend à transformer en une querelle personnelle une critique tout historique où il ne s'agit des individus qu'en fonction d'une campagne collective.

Cette campagne maximaliste à Paris, souverainement dangereuse pour la réussite de la guerre nationale qu'une invasion de près de quatre années nous force à conduire, est pour moi démontrée par des documents que M. Rappoport est à même de critiquer et de réfuter dans les divers journaux dont il dispose, et là seulement..

Au cours des polémiques diverses que j'ai pu avoir à soutenir depuis déjà bien des années, j'ai la conscience de n'avoir jamais manqué à la grande règle d'équité chère à nos pères : Audiatur altera pars. Que M. Rappoport apporte des arguments sérieux à l'encontre de ma thèse et à l'appui de la sienne, je les examinerai avec la même bonne foi.

Veuillez agréer, monsieur le Président, l'expression des sentiments les plus distingués de votre dévoué collègue.

MAURICE BARRÈS.


La Commission, après avoir entendu M. Rappoport décida à l'unanimité de rejeter sa demande.

Aucun ami de M. Rappoport ne se présenta devant la Chambre pour combattre les conclusions de la Commission.

M. Rappoport s'abstint de poursuivre, comme il en avait toute facilité, le journal l'*Écho de Paris*.

## II

## M. MALVY ET SÉBASTIEN FAURE

16 Janvier 1918.

Non, je ne dirai rien aujourd'hui de M. Joseph Cail-laux ; les faits parlent assez et terriblement. Achevons de décrire à grands traits le développement à Paris de l'anarchie russe.

Bien que négligeant mille détails, nous en avons tout de même assez dit pour faire voir comment les Boches avaient formé, à Paris et en Suisse, une petite équipe d'anarchistes-espions, nourris par eux avec amour, qu'au bon moment ils ont appelés à Berlin et débarqués par delà leurs lignes à Pétrograd, pour y consommer la trahison. Cette équipe avait ses moni-teurs. En Suisse, c'était le socialiste Grimm, dont la connivence avec l'Allemagne a été établie. En France, c'était un tel, un tel et surtout le hideux camarade de M. Malvy, Sébastien Faure. « Tout homme a deux pays, le sien et puis la France. » Mais à ceux qui n'ont pas de pays, l'Allemagne s'offre. Croira-t-on que c'est une simple coïncidence, si tous ceux qui répudient la patrie se sont faits les champions de cette Allemagne, où l'idée nationale a le plus de sauvage étroitesse ? Il faudra montrer quelque jour comment, par un plan concerté, l'Allemagne a confisqué à son profit tous les cosmopolitismes, celui des cours, celui des affaires, celui des villes d'eaux, celui de l'anarchie. Mais ce n'est pas aujourd'hui notre dessein. Contentons-nous de montrer comment, protégés par les mêmes puissants complices, les anarchistes russes et les nôtres travaillèrent ensemble à la même œuvre, à la victoire allemande.

Au mois de février 1917, dans un rapport adressé au ministre de la Guerre et que Clemenceau au Sénat a qualifié de « terrible réquisitoire », le général en chef a dressé le tableau de la propagande anarchiste en France. Tableau accablant pour M. Malvy et pour ses services, qui ont tout su et qui n'ont rien empêché. Diffusion de tracts, brochures et feuilles volantes sur le front, réunions anarchistes où l'on attire les permissionnaires, agitation gréviste principalement dans les usines de guerre, correspondances avec les soldats du front, ce sont toujours les mêmes doctrines défaitistes que l'on répand par ces divers moyens et ce sont toujours les mêmes hommes qui poursuivent le même dessein sinistre. Une douzaine d'agitateurs, dit le général en chef. C'est l'équipe maximaliste que l'Allemagne entretient dans chaque pays, équipe qui ne peut rien par elle-même, mais qui peut tout si elle possède dans les gouvernements des intelligences. Nous voyons qu'en Russie Sturmer et Protopopoff ont ouvert la voie à Lénine et à Trotsky. C'est ce que faisaient en France Caillaux et Malvy.

Rien n'est plus suggestif à cet égard que les relations de Malvy et de Sébastien Faure. Sébastien Faure était, comme Almereyda, l'ami de M. Malvy qui lui prodiguait ses confidences et ses subventions.

M. Malvy se souvient-il, par exemple, qu'au début de 1916, le gouvernement militaire de Paris voulut interdire une réunion défaitiste annoncée par Sébastien Faure, mais que le ministre de l'Intérieur intervint et exigea la levée de l'interdiction ? La thèse soutenue était toujours la même : la transaction. Sébastien Faure, comme on l'a dit de Garfunkel, comme on le murmure de Duval, appartenait à la police. Pas plus que le crime, disaient les bons apôtres de la place Beauvau, on ne peut supprimer l'anarchie. N'est-il pas habile de faire par des hommes à soi cette propagande qu'on ne peut tout à fait empêcher ? Effroyable système qui permet à une administration corrompue de composer avec le crime, peut-être d'en profiter, et qui permet à un Sébastien Faure d'oser contre la résistance morale de la nation armée des entreprises dont l'audace déconcerte et que durent subir impuissants nos grands chefs. Malgré leurs accusations précises et répétées, Sébastien Faure ne fut pas inquiété. Et il fallut pour que la police s'occupât de lui qu'il fût, en même temps qu'un traître, un satyre. Encore, quoique le délit eût été public et qu'il eût été désigné par la clameur de haro, le laissa-t-on s'échapper. Et ce n'est que d'hier que, saisi à Marseille, il a fini de courir.

Le misérable nous a révélé lui-même le secret de son impunité. Le 26 janvier 1915, M. Malvy le reçut longuement, et, dans une circulaire répandue dans les milieux anarchistes, il nous a conservé de l'entretien un récit extrêmement curieux et qui ne manquera pas de retenir l'attention de la Haute-Cour.

Déjà l'*Action française* nous a signalé ce prodigieux document. Je suis à même de préciser ce que furent ses effets.

Sébastien Faure, dès le début de la guerre, avait composé un appel pour la paix dont il avait répandu aux armées un grand nombre d'exemplaires. Des mobilisés s'en étaient faits sur le front les propagateurs. L'autorité militaire s'était émue, avait ouvert une enquête et décidé de poursuivre les soldats coupables. M. Malvy, pour l'avertir du danger, convoqua Sébastien Faure. Oh ! M. Malvy n'a pas un mot pour flétrir des manœuvres criminelles, il rend hommage aux « raisons très nobles » qui ont poussé son interlocuteur,

Il lui demande simplement, gentiment « d'interrompre *momentanément* sa propagande ». Pour le convaincre, il exagère l'effet produit : « Il est certain que tous ceux qui fatigués par la guerre, exténués par les privations, frappés par le deuil et par la peine, auront lu votre Appel, ne manqueront pas de dire : « Ah ! oui, il est temps « d'en finir avec cet état de choses, à n'importe quel « prix. Sébastien Faure a raison. Protestons contre cette « guerre maudite, réclamons la paix, forçons le gouver- « nement à la signer à n'importe quel prix. »

Voilà ce qu'en 1915 le ministre de l'Intérieur pensait de la résistance morale de notre pays et de notre armée.

« Les officiers, continue-t-il, ont appris l'existence de votre Appel. Ils ont appris que leurs hommes le li- saient avidement et le commentaient passionnément dans leurs tranchées... » Une enquête a été ouverte, un dossier terrible réuni, l'autorité militaire a voulu pren- dre des sanctions. Mais, heureusement, « le ministère actuel a dans son sein des hommes qui sont des adver- saires convaincus des mesures trop rigoureuses... Ils se sont opposés aux mesures très sévères que les militaires avaient l'intention d'appliquer ». Et ici l'incroyable aveu :

« Je suis parvenu à ce que tous les documents con- cernant cette affaire, rapports, interrogatoires et lettres, me fussent remis. J'ai tout brûlé... Tout est anéanti : rapports, procès-verbaux de l'enquête, lettres de vos amis... Tout est réduit en cendres et il n'en sera plus question. »

On dira : Sébastien Faure a fait parler à sa guise M. Malvy. C'est lui qui, pour les besoins de sa cause, imagine les propos qu'il place dans la bouche de son interlocuteur. Nous voudrions le croire. Mais l'inter- view publiée dans la forme d'une circulaire aux cama- rades anarchistes a été répandue partout. Personne ne l'a démentie. Personne ne s'est opposé à sa diffusion. Il y a mieux : elle a paru à Gourdon dans le propre journal de M. Malvy, qui l'a ainsi authentiquée. Quant à son objet, on le voit assez clairement. Faire dire par le propre ministre de l'Intérieur que les soldats, que le pays sont las de la guerre et que la propagande pacifiste est merveilleusement efficace, quel encouragement ! Et puis on prévient tous les pacifistes, anarchistes et défaitistes qu'il y a au ministère de l'Intérieur un homme qui les comprend, qui les protège et qui brûle leurs dossiers. Sans doute Sébastien Faure a promis d'interrompre « momentanément » sa propagande. Le bon billet ! Sûr maintenant de l'impunité, il va au contraire la développer. Il provoquera les réclamations obstinées et inutiles du haut commandement, mais l'interview de M. Malvy sera dans ses mains une sauvegarde et une arme.

Nous la voyons, en effet, cette interview, s'étaler tout au long dans les colonnes du *Nache Slowo*, le journal anarchiste publié en russe à Paris par Braunstein, dit Trotsky (numéro du 20 février 1916).

Cette publication révèle entre l'anarchie française, le maximalisme russe et M. Malvy, un accord profond qui résonne en allemand. Aussi bien les manœuvres de Sébastien Faure et celles des Trotsky et des Mecheriakoff se développent parallèlement, elles portent les mêmes fruits.

Le rapport du général Nivelle, en février 1917, signale qu'un effort semblable s'accomplit pour détruire la résistance morale de nos soldats et celle des soldats alliés, principalement des soldats russes qui combattent sur notre front. Parmi les meneurs, il nomme, à côté de Sébastien Faure et d'Hélène Brion, Mecheriakoff, directeur du *Natchalo* (qui a remplacé le *Nache Slowo*), il se plaint que le *Natchalo* arrive aux tranchées russes, comme à nos propres tranchées les tracts de nos anarchistes. Plus tard, après les événements de mai-juin, le général Pétain indiquera, parmi les causes des désordres et mutineries militaires, la contagion des brigades russes. Trotsky et Mecheriakoff avaient fait chez nous leurs expériences. L'un des généraux russes se plaignit que ses troupes étaient infestées par le pullulement des journaux et des tracts germanophiles, dont les uns, fabriqués à Genève, passaient tranquillement la frontière ; dont les autres, non moins tranquillement, étaient imprimés à Paris et acheminés vers le front. Le général s'étonnait, et nous comprenons sa surprise ; mais nous ne pouvons la partager : M. Malvy était ministre de l'Intérieur, MM. Leymarie et Maunoury étaient les maîtres de la Sûreté générale et de la Préfecture de police.

Le redirons-nous encore? Devant le Conseil de guerre, devant la Haute-Cour, les principaux responsables auront à s'expliquer. Mais il y a d'autres responsabilités, et, par conséquent, d'autres sanctions. Il faut que la Sûreté générale et la Préfecture de police soient désinfectées. Clemenceau, dans l'inoubliable discours du 22 juillet qui l'a porté au pouvoir, a montré qu'il connaissait le mal. Le pays attend de lui qu'il applique à fond le remède, sans précipitation et sans faiblesse, avec cette hardiesse prudente qui est sa marque et la marque des chefs.


# XXXIV

## LE CONSULAT DE LA DÉFAITE

*Le procès de M. Caillaux.*

18 Janvier 1918.

Les lumières du bal commencent à s'éteindre, les danseurs s'éclipsent, la musique s'est tue, les fleurs sont fanées. La bande internationale des traîtres, livide, aux premières lueurs de l'aube, est traînée vers les cachots et le poteau d'exécution. Regardons le chef, le traître du bal.

Le document trouvé dans le coffre-fort de Florence, et qui ne serait rien moins qu'un plan complet de réorganisation de la France, jette une clarté singulière sur la portion la plus secrète et la plus intéressante de la personnalité de M. Caillaux. N'hésitons pas à dire le mot : il n'a rêvé rien moins que d'être le premier consul d'un régime d'après-guerre qui aurait été une réédition modernisée du Consulat.

Dissolution du Parlement, appel au peuple, personnel nouveau, et jusqu'à la garde corse, rien n'y manque si les renseignements donnés par les journaux sont exacts. Rien n'y manque sauf la victoire. C'est là, en effet, l'étrange erreur de cet esprit brillant, déraisonnable et, pourquoi faut-il que la vérité m'oblige à le dire? criminel.

Dans cette réorganisation du Consulat, M. Caillaux n'a pas vu que l'élément vital était la combinaison du génie de Bonaparte, certes, mais aussi de la victoire. Le Consulat, c'est bien le redressement des excès politiques, la réparation des ruines révolutionnaires, l'apaisement de l'anarchie, l'ordre remis dans la maison ; mais c'est d'abord la maison rendue à ses propriétaires, le pays débarrassé de l'ennemi. La bonne volonté d'un peuple, fier de sa force et qui en demande l'utile emploi au plus éclatant représentant de cette force, voilà essentiellement le Consulat.

Imaginez Bonaparte, avec ses prodigieuses facultés, essayant d'appliquer le même système à une France vaincue et humiliée, il n'est qu'un aventurier qui poursuit l'impossible. D'ailleurs, l'événement l'a montré. Il rentre de l'île d'Elbe, il croit qu'il va vaincre, il règne ; Waterloo arrive, il abdique.

L'extraordinaire paradoxe de M. Caillaux aura été de vouloir faire sortir un 18 brumaire de Waterloo. Quand on regarde de près ses diverses intrigues et qu'on essaye d'en dégager le trait commun, on trouve toujours qu'il a ponté (les termes de jeu sont les seuls qui conviennent ici) constamment et inlassablement sur la défaite de la France. Son grand crime est là. Il n'a pas cru à son pays. Quand, après la bataille de Cannes, les sénateurs allaient au-devant de Varron, pourtant vaincu, de quoi le félicitaient-ils? De n'avoir pas désespéré de la patrie. Cette anecdote, que l'on nous apprenait au collège, renferme une grande leçon, dont la chute de M. Caillaux est un douloureux et vivant commentaire. Désespérer de sa patrie, quand on est un homme d'État et qui agit, c'est inévitablement contribuer à sa défaite, c'est ranger cette défaite parmi les données de son ambition, pour tout dire, c'est l'escompter. Il y a là une variété inédite de trahison qui n'est pas celle de l'argent. On pourrait presque l'appeler d'ordre intellectuel. Elle vient d'une dépravation profonde de la mentalité politicienne. Suivez-en les conséquences. Si le pays doit être vaincu, à quoi bon se battre? Plus tôt la défaite arrivera, moins elle sera sanglante, moins aussi elle sera coûteuse. Agissons donc sur l'opinion pour que les inconvénients et les périls de la guerre soient montrés dans leur crudité la plus dure, et les avantages de la réconciliation avec l'adversaire présentés sous leur jour le plus tentant. Ne perdons pas contact avec cet adversaire. Lui-même, nous le tenterons, en lui offrant une économie d'effort et de sacrifice. Double et difficile besogne, qui exige pour être accomplie les ténèbres d'une conspiration continue et dont les ouvriers ne peuvent être que ces gens de sac et de corde qu'ont recueillis de tous temps autour d'eux les Catilina. Ainsi s'explique cette besogne de défaitisme, de rumœurs infâmes, d'appui aux Boches et aux bochisants, cette création d'une multitude de feuilles ignobles, cette entreprise universelle de salissage, cette organisation de mutineries militaires, cette distribution d'or allemand, tout ce que Caillaux a tenté et trop réussi depuis trois ans, par le moyen de Malvy et de Leymarie, avec ses bandes de Vigo, de Duval, de Garfunkel, avec tous ceux que nous avons nommés et décrits, avec tous ceux qu'il faudra continuer de démasquer et d'arrêter. La dénaturation des sentiments simples amène ceux qui en sont les victimes à détruire en eux tous les scrupules sur le choix des moyens. Le machiavélisme ignoble, toujours en train de faire appel à des mercenaires de bagne, toujours engagé dans des tripotages véreux et dans des tractations louches, voilà le programme préparatoire du Consulat de la défaite.

Évoquez en regard le vainqueur d'Arcole et de Lodi, l'homme qui invitait ses soldats à regarder en face quarante siècles d'histoire pour les égaler et les surpasser en héroïsme, le réconciliateur qui allait chercher le talent partout où il était, qui voulait que tout Français n'eût qu'une devise : l'honneur national, et vous comprendrez que les projets de M. Joseph Caillaux ont trouvé le moyen d'unir la suprême impiété à la suprême extravagance.

Il y a dans Tite-Live un passage très émouvant, celui où le vieil Annibal se met à rire d'un rire presque spasmodique devant les conditions très dures infligées par Rome à Carthage vaincue. Comme ses concitoyens le lui reprochaient : « Je ris, leur dit-il, mais si vous voyiez mon cœur ! Et mon rire n'est pas plus intempestif que vos larmes. Il fallait pleurer quand on vous a démoli vos fortifications, brûlé vos navires, défendu vos alliés étrangers. Il fallait pleurer quand on vous a donné une Carthage désarmée et nue au milieu des nations armées de l'Afrique. Mais vous ne sentez des maux publics que ce qui touche à vos fortunes privées, et vous verrez un jour, je le crains, que le mal dont vous vous plaignez aujourd'hui est bien léger par rapport à celui que vous subirez plus tard. » Jamais l'irréparable malheur qui suit la défaite n'a peut-être été résumé dans un plus significatif symbole. Il est incroyable qu'une intelligence de l'acuité de celle de M. Caillaux n'ait pas vu que l'on n'organise pas la faillite de son pays sans qu'une universelle catastrophe s'abatte sur tout ce pays. Aussi le Consulat que le prisonnier de la Santé rêvait n'était-il que l'organisation de la démission française à l'extérieur, et à l'intérieur de la proscription et de la tyrannie. C'est le banquier qui joue à la baisse contre sa propre main, et comme disait l'autre dans un mot trop souvent cité, parce qu'il est trop souvent vrai, la grande pensée de M. Caillaux est plus que criminelle, elle est bête.

Mais Thiers ? direz-vous. En effet, M. Caillaux, qui se révoltait quand je le comparais à Retz, à Catilina, se targuait d'être le Thiers de demain. Toute la différence est que Thiers a dû subir la défaite, en effet, mais après avoir tout fait pour l'empêcher et qu'il avait commencé par courir l'Europe pour nous recruter des alliances. Autant dire que le vieux pèlerin de 1870 avait fait exactement le contraire du voyageur argentin et italien de 1914 et de 1916.

M. Joseph Caillaux a inventé une nouvelle espèce de trahison. Ce n'est pas celle de Judas, a-t-il dit à la tribune, dans sa mémorable défense, aujourd'hui anéantie. Non, il ne s'est pas installé dans ce crime tout plein d'argent par un infâme appétit d'argent. C'est l'appétit du pouvoir qui seul le mouvait, et la méthode qu'il a choisie depuis trois ans pour rentrer au gouvernement vient d'un manque de foi dans son pays. Il a joué sur la défaite, parce qu'il ne croyait pas en la France. C'est l'homme qui ne croit pas à la vertu de sa mère. Il y a du parricide dans son cas.


# XXXV

## APPEL AUX PRÉSIDENTS DES GROUPES

*Le Parlement.*

21 Janvier 1913.

Le président de la Chambre est impuissant à maintenir la liberté de la tribune et la décence des débats. Ce n'est nullement de sa faute. Je ne vois personne qui puisse mieux que lui tenir l'emploi d'arbitre, de modérateur et de régulateur, mais l'Assemblée se refuse à toute discipline suivie. Quand M. Paul Deschanel essaye de réprimer les violences des violents, il reçoit, tout comme un autre, leurs brocards, leurs injures, leurs menaces, et tout naturellement il cède et désire que l'on cède devant les plus intraitables. Ceux-ci règnent, de par un consentement un peu honteux de toutes les sages et prudentes personnes de la Chambre. A quoi bon irriter nos irritables collègues? On se résigne, on en veut à ceux qui ne se résignent pas. Qu'est-ce que ce gêneur de Puglicsi-Conti, qui réplique à des véhémences par des véhémences, à des outrages par des outrages et qui, frappé au visage, met la main sur son arme? De ce train-là, plus de délibérations.

Aussi bien n'en avons-nous plus. On parle, on crie, on s'insulte, on se menace ; quasi tout le monde fait trop de tapage, y compris la sonnette du président, et bientôt les partis modérés sont réduits à se taire.

Ils se consolent en pensant qu'il y a plus de philosophie dans leur silence que dans cette effroyable débauche de vociférations. Quant au gouvernement, il trouve sa dignité et sa force dans la brièveté tout à fait raisonnable et spirituelle de M. Clemenceau qui, en quatre mots, au milieu des tempêtes, donne ses directions comme un capitaine dans son porte-voix.

Disons-le en passant : il est curieux de voir que M. Caillaux avait été vivement frappé par les vices et les médiocrités du Parlement d'aujourd'hui. Il avait lié partie avec les éléments terroristes, et comme ils le défendaient, il les soutenait. Mais il les jugeait. Dans ses pensées de derrière la tête, il ne croyait pas que l'on pût désormais tirer aucun rendement de cet instrument décrépit. Si nous en croyons les détails que nous donnent les journaux sur les papiers de Florence, M. Caillaux enlevait à la Chambre le droit de voter les lois ; elle se contenterait désormais de voter des motions, des vœux, des projets qui seraient examinés, refusés ou acceptés, et, dans ce dernier cas, élaborés en forme de loi par un Conseil d'État.

Il est inutile que nous examinions de plus près les pensées du prisonnier de la Santé, puisque nous n'en possédons pas un texte certain et que d'ailleurs voilà son complot par terre. M. Caillaux aura vécu certaines parties du rôle classique d'un aspirant dictateur ; il a donné des gages aux révolutionnaires qu'il rêvait de dompter ; il préparait le 13 vendémiaire et le 18 fructidor, qui, dans son esprit, lui permettraient de réussir ensuite à son profit un 18 brumaire. Ces rêveries, odieuses parce qu'elles supposaient la défaite et qu'il semble bien que nous allons voir qu'elles étaient coordonnées avec les plans allemands, sont en même temps mêlées de farce, parce qu'on y voit une prodigieuse mégalomanie et nulle grandeur. Nous croyons avoir assez dit que de la même manière que Catilina est un

César essayé, M. Joseph Caillaux ne pourrait être qu'un Bonaparte dégradé. A Caillaux et à Catilina, il manque la victoire. Mais son aspiration au consulat, fut-ce au consulat de la défaite, est un singulier signe de l'heure. Cette hideuse tentative dans l'ombre contribue à nous prouver que l'heure venue, en pleine lumière, dans un généreux accord les hommes de tous les partis devront entreprendre une grande tâche de régénération.

Nous sommes quasi unanimes pour juger qu'après la guerre la disposition générale qu'il y a aujourd'hui dans les esprits et dans les cœurs, et qui les subordonne à la Défense nationale, devra être maintenue et exprimée dans de nouvelles institutions républicaines, mieux calculées pour assurer la paix intérieure et extérieure, la stabilité, le bien-être et la force. L'âme nationale existe très vigoureuse dans ce Parlement dont je viens de dire les graves défauts. On la voit, on l'entend, chaque fois qu'il s'agit du salut public, mais à l'ordinaire elle est déchirée, irritée, morcelée entre les partis, et ces mêmes hommes qui aimeraient tant être des frères, qui le furent dans plusieurs journées, se regardent comme des Caïns.

Ce malaise, si fort que nous le voyons parfois s'échauffer en fièvre haineuse, provient essentiellement d'une double cause.

Les partis politiques qui se disputent le pouvoir, pour attirer à eux le nombre (et c'est fatal, puisque nous vivons sous le régime du nombre), ont attisé les passions mauvaises, exploité les tendances égoïstes et sacrifié systématiquement les intérêts généraux du pays aux intérêts immédiats et particuliers de leurs électeurs.

Le parti radical-socialiste vivait de la politique anticléricale et de la distribution des places ; il tendait en outre, par nécessité de fortune électorale et sous la poussée de la concurrence socialiste, à verser vers le pacifisme.

Le parti socialiste, adoptant avec une ferveur et une sorte de foi mystiques les articles du dogme socialiste allemand, strictement réservés à l'exportation, vivait de l'exploitation du rêve pacifiste, de l'internationale ouvrière et de la lutte des classes.

Il faut donc, pour assainir la situation politique en France, s'attaquer aux causes du mal.

Serait-il impossible de déterminer le parti radical-socialiste à abandonner la politique anticléricale? Cette politique est stérile, génératrice de la forme la plus pernicieuse de guerre civile : la guerre religieuse ; elle est de nature à dissocier décidément à la longue l'unité nationale. Elle ne vit que de légendes surannées et de la crainte de dangers chimériques. Ne pourrait-on amener certains chefs du parti radical-socialiste, capables de penser librement et fervents patriotes, à accepter, dans un sincère esprit, l'application loyale de la loi sur la Séparation des Églises et de l'État, à se concerter avec le Saint-Siège et l'Épiscopat français pour appeler le clergé catholique à collaborer, avec les autres cultes et les instituteurs, à l'éducation morale des enfants, tout en veillant strictement à ce que, dans cette œuvre d'assainissement moral, tous s'abstiennent également d'intrusion dans le domaine politique?

Serait-il impossible que dans le parti socialiste des hommes clairvoyants que nous y connaissons, dont nous voyons depuis trois ans l'activité patriotique, et qui savent ce qu'est le monstrueux rêve du pangermanisme, s'employassent à définir les véritables intérêts des masses ouvrières? Qu'ils multiplient leur propagande et qu'à la faveur des enseignements de la guerre ils démontrent au peuple que le pacifisme, l'internationale ouvrière, la lutte des classes ne sont qu'articles de camelote d'exportation boche, destinés à semer la guerre civile, sous la forme sociale, révolutionnaire, anarchiste, chez les peuples qui sont les concurrents économiques de l'Allemagne. Il n'y a plus de classes en France ; tous les citoyens y sont égaux ; leur véritable intérêt leur commande, non de considérer le patron comme un ennemi, mais de s'associer à lui pour participer à sa prospérité et à l'essor économique de la France.

Il semble possible de dire aux Français : ne soyez plus antiradical, ne soyez plus antisocialiste, ne soyez plus anticlérical; soyez antiboche, soyez Français et vous ferez la France grande, puissante et prospère, au profit commun. Les heures sublimes que la France a vécues au lendemain de la déclaration de guerre, les terribles années passées par les soldats en face de l'envahisseur, appellent tous les partis et les sous-partis à faire trêve aux luttes politiques passées, à s'accorder dans un effort commun et à substituer à l'action politicienne un mouvement d'action économique et de régénération sociale.

Le Parlement devrait s'orienter dans cette voie, vers cet azur. Par ses perpétuels orages, il met au contraire un obstacle à l'apaisement et à la réconciliation que le pays appelle afin de ne pas mourir. Son président, ses présidents de goupes et le gouvernement ne croient-ils pas qu'ils pourraient quelque chose contre ce déchaînement des pires passions d'avant-guerre et pour calmer des fièvres et des défiances qui ne sont tout de même pas incurables ? Ne voudront-ils rien tenter ? Ils trouveraient sur tous les bancs, dans tous les milieux, des éléments de cohésion et de coordination stable. Leur immobilité fait peser sur eux une réelle responsabilité.

# XXXVI

# CE QUE PEUVENT ET DOIVENT FAIRE LES FEMMES

*Imposons-nous des restrictions volontaires.*

23 Janvier 1918.

Je m'adresse à vous, madame, à vous, lectrice inconnue, qui voulez bien, ce matin, me lire, et je vous prie que vous me laissiez vous transmettre l'appel de notre ministre de l'Agriculture et du Ravitaillement.

M. Boret a besoin de votre collaboration. Il me l'a dit ; il désire que vous vous employiez à créer des habitudes nouvelles de simplicité et de frugalité. Il vous demande de réduire avec méthode toutes vos consommations et celles de votre famille, et de faire par votre exemple et votre propagande que ce soit élégant et louable, cette année, de tout simplifier. Bref, on compte sur vous, mesdames, pour mettre à la mode le rationnement volontaire.

Le gouvernement a publié les décrets et les conseils. Ses décrets, c'est bien, la force publique les appuie. Mais ses conseils, comment leur communiquer de la vie? Comment de froids papiers administratifs deviendront-ils des pensées qui se mettent en marche et qui vont troubler la quiétude des égoïstes, obliger les endormis et les sourds? Les simples conseils de l'autorité, en France, fussent-ils excellents, c'est faiblard ; mais ce qu'une femme en vue décrète est bien fort. On

vous demande, madame, que vous renonciez à ces
« cinq à sept » où l'on mange et qui vous conviennent
si peu ; que vous vous contentiez de deux repas solides,
constitués d'éléments sains et simples, sans aucun superflu. Il n'est point question de se condamner à la famine ou au jeûne. Supprimez le plat supplémentaire,
que d'ailleurs vous toucheriez à peine ; ne mettez pas
au rancart ce vêtement qui est encore décent ; réduisez vos achats de chapeaux et de bottines. Cela se
verra, cela se saura ; vous aurez des imitateurs, et
votre geste, sans grande efficacité s'il reste isolé,
prendra une importance énorme en se reproduisant
des centaines et des milliers de fois. Il complétera par
une multitude de mesures spontanées les règlements
gouvernementaux.

Cette invitation au rationnement volontaire
s'adresse à toutes les classes de la société ; toutes elles
doivent apporter leur part d'abnégation, mais c'est
d'en haut que l'exemple viendra le plus utilement. Il
faut qu'une émulation se crée parmi les favorisés de
la fortune pour diminuer leur train de vie. Ceux pour
qui la question de prix est secondaire et qui ont les
moyens d'acheter ce qui leur plaît doivent être les
premiers à s'imposer des règles de simplicité, de frugalité et d'économie.

Ainsi le demande le gouvernement. Et pourquoi
donc? Parce que les bateaux sont en nombre limité
et que, tandis qu'ils nous apportent des marchandises que vous consommez, ils ne nous apportent pas
de soldats.

Les États-Unis nous rendent des services considérables dans le domaine économique : les Alliés ont
reçu d'eux des centaines de millions de vivres ; on ne
peut exagérer l'importance de cet appui, mais, au
point de vue des effectifs et des navires de commerce,
la situation apparaît moins brillante. L'Amérique a des

hommes. Peut-elle les transporter? Le ministre de la Guerre américain nous parle d'un million et demi de soldats que les États-Unis à cette heure ont levés. Pour le transport en France et le ravitaillement des belles armées qu'on pourrait puiser là-dedans, jugez ce qu'il faudrait de tonnage.

Chaque fois que nous nous abstenons de consommer, c'est-à-dire de détruire un morceau de pain, un quartier de viande, du lait, du sucre, une bande de cuir, une pièce de drap, nous diminuons d'autant la quantité des matières qu'il faut importer pour répondre à nos besoins. Les soldats français veulent avoir des frères d'armes américains de plus en plus nombreux sur la ligne de feu. Pour que ce vœu de victoire et de paix soit réalisé, réduisez votre consommation personnelle et tâchez d'obtenir qu'autour de vous chacun réduise la sienne.

Je vous parle cuisine, lingerie, vestiaire, madame, et je prends le point de vue de l'utilité matérielle, mais vous savez aussi que c'est une question de cœur. Je pense bien que vous n'êtes pas dupe quand plusieurs de ces soldats généreux veulent bien vous dire qu'ils aiment qu'à l'arrière la vie continue aisée, large, heureuse. N'abusez pas de cette magnanimité. Ayons toujours sous les yeux leurs souffrances, leurs sacrifices et leur supériorité morale. Je viens de recevoir un admirable livre que je feuillette tout en écrivant cet article. Une de ses pages éclaire ma pensée. Le huitième régiment d'infanterie après avoir arrêté les 27 et 28 février 1916 le flot germain à l'ouest de Douaumont, après avoir terriblement souffert, est relevé ; le voilà dans des wagons à bestiaux, le train roule et les soldats assis aux portières regardent. « Nous allons traverser un village. Qu'est-ce donc? Les enfants, les femmes se mettent sur le pas des portes, accourent vers nous. Les mouchoirs flottent ; les voix crient :

« Bravo ! bravo ! » Ces braves gens avaient reconnu en nous des défenseurs de Verdun, et de tout leur cœur ils nous manifestaient leur reconnaissance et leur admiration. Ce premier salut de la France fit jaillir les larmes de mes yeux. Nous étions si peu préparés à cette manifestation de sympathie ! Quelques permissionnaires, en effet, racontaient à leur retour, en une sombre litanie, qu'à l'arrière on se moquait pas mal de nous, que le pays avait assez à s'occuper de ses plaisirs. Nous nous étions habitués à vivre repliés sur nous-mêmes, à faire notre devoir, le cœur navré, pour des gens qui n'en étaient pas tous dignes, et voici que tout à coup nos préjugés, comme un voile, tombaient. Nous avions en cet instant la sensation très vive de la France entière tournée amoureusement vers nous et suivant d'un regard attendri nos souffrances et nos misères. Nous étions confondus et ravis. » (*Mon régiment, journal de Paul Dubrulle*, mort au champ d'honneur, chez Plon, avec une biographie par Henry Bordeaux).

Nous ne modifierons pas les dures inégalités de la guerre ; une partie de la population est en dehors de la bataille, quelques-uns n'y sont ni de leur personne, ni par des êtres chers, ni par leurs intérêts, mais ils seront jugés d'après les sentiments qu'ils éprouvent devant cette tragédie de la patrie et qui les y associent.

Ils seront jugés par les soldats et par les étrangers. N'oublions pas que la nation américaine elle-même est obligée de comprimer sa propre consommation pour pouvoir satisfaire nos demandes. Elle se soumet à des privations pour favoriser notre ravitaillement. Il est important, par dignité et par habileté, de donner à ceux de ses membres qui vivent chez nous le spectacle d'un peuple qui n'a pas que des qualités militaires et qui sait à l'arrière s'imposer tous les sacrifices nécessaires pour ne demander à ses amis que l'aide indispen-

sable. Ce ne serait pas une bonne chose que les Américains pussent dire : « On ne se prive de rien à Paris. »

La grande offensive allemande va peut-être commencer. Je suis sûr qu'il n'y a pas une digne Française
qui ne se dise : « Que pourrais-je faire pour ces braves
qui me protègent de leur poitrine ! » Une chose précise,
entre autres, madame : accueillez le conseil de rationnement volontaire que vous adresse le gouvernement
et acceptez d'avance, appelez avec joie les privations
et les désagréments qui vous associent légèrement à
l'effort effroyable poursuivi durant quatre années par
vos fils, vos maris, et vos sauveurs inconnus. Il ne
vous est pas permis de servir la France par de grandes
actions ; du moins n'étouffez pas votre âme.

*P.-S.* — « Vous avez raison, m'écrit un personnage fort autorisé, qui désire que je ne le nomme pas ;
les violences du Parlement nuisent à la reconciliation
française, mais, dans l'état des choses, comment pour-
rions-nous les supprimer ou les atténuer ? »

C'est bien simple. Pour commencer, décidons que
les interruptions ne figureront plus à l'*Officiel*. Petit
moyen, sans inconvénients réels et d'immense avantage immédiat.

# TABLE DES MATIÈRES

## DIX-SEPTIÈME PHASE

DIFFICULTÉS INTÉRIEURES. — LES REVERS DE L'ITALIE. — LE TRIOMPHE DES MAXIMALISTES. — L'ARMISTICE DE BREST-LI-TOWSK. — PRISE DE JÉRUSALEM.

(Du 1ᵉʳ octobre 1917 au 25 janvier 1918)

TOURS, IMP. DESLIS FRÈRES ET Cⁱᵉ, 6, RUE GAMBETTA.